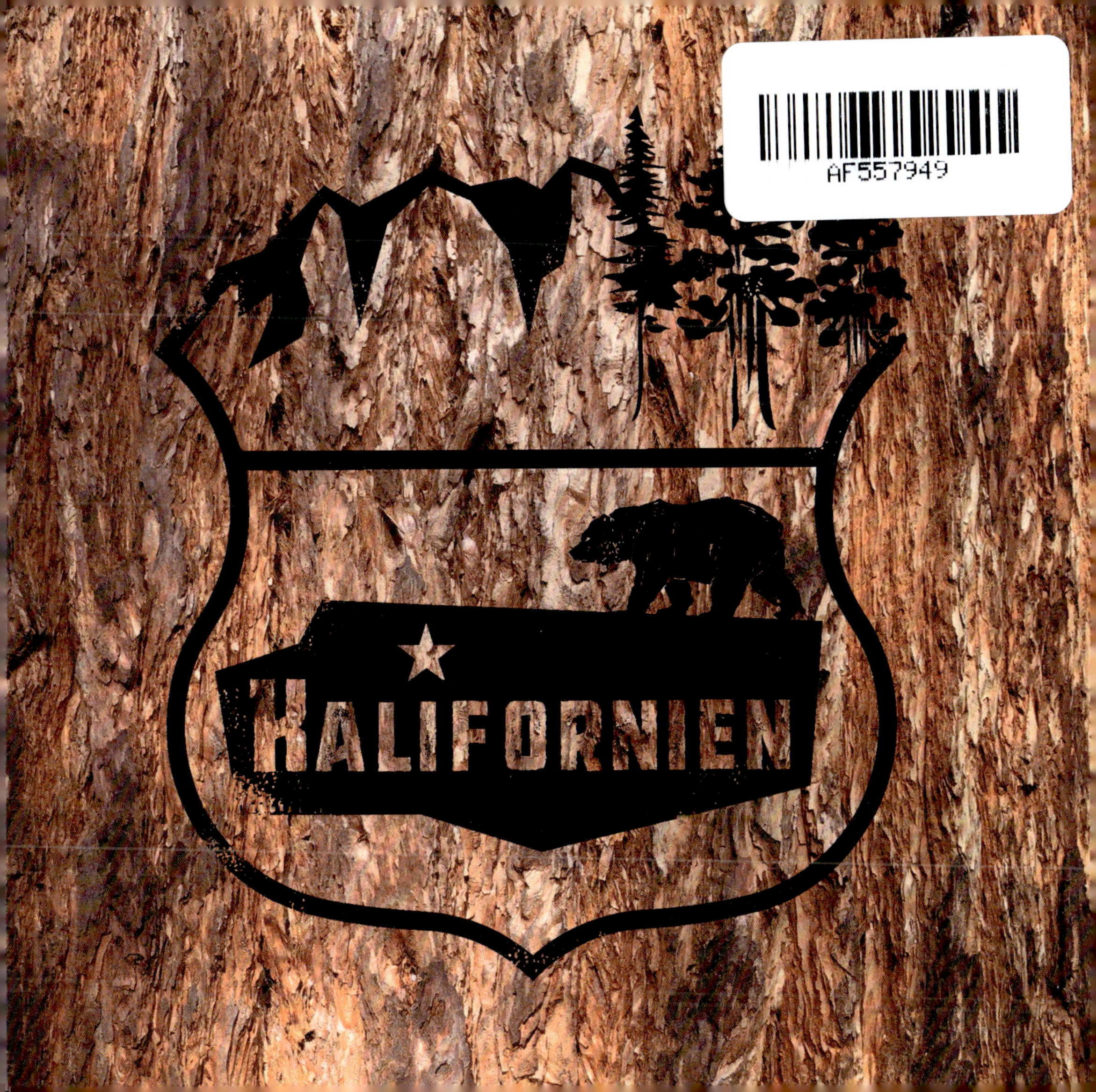
KALIFORNIEN

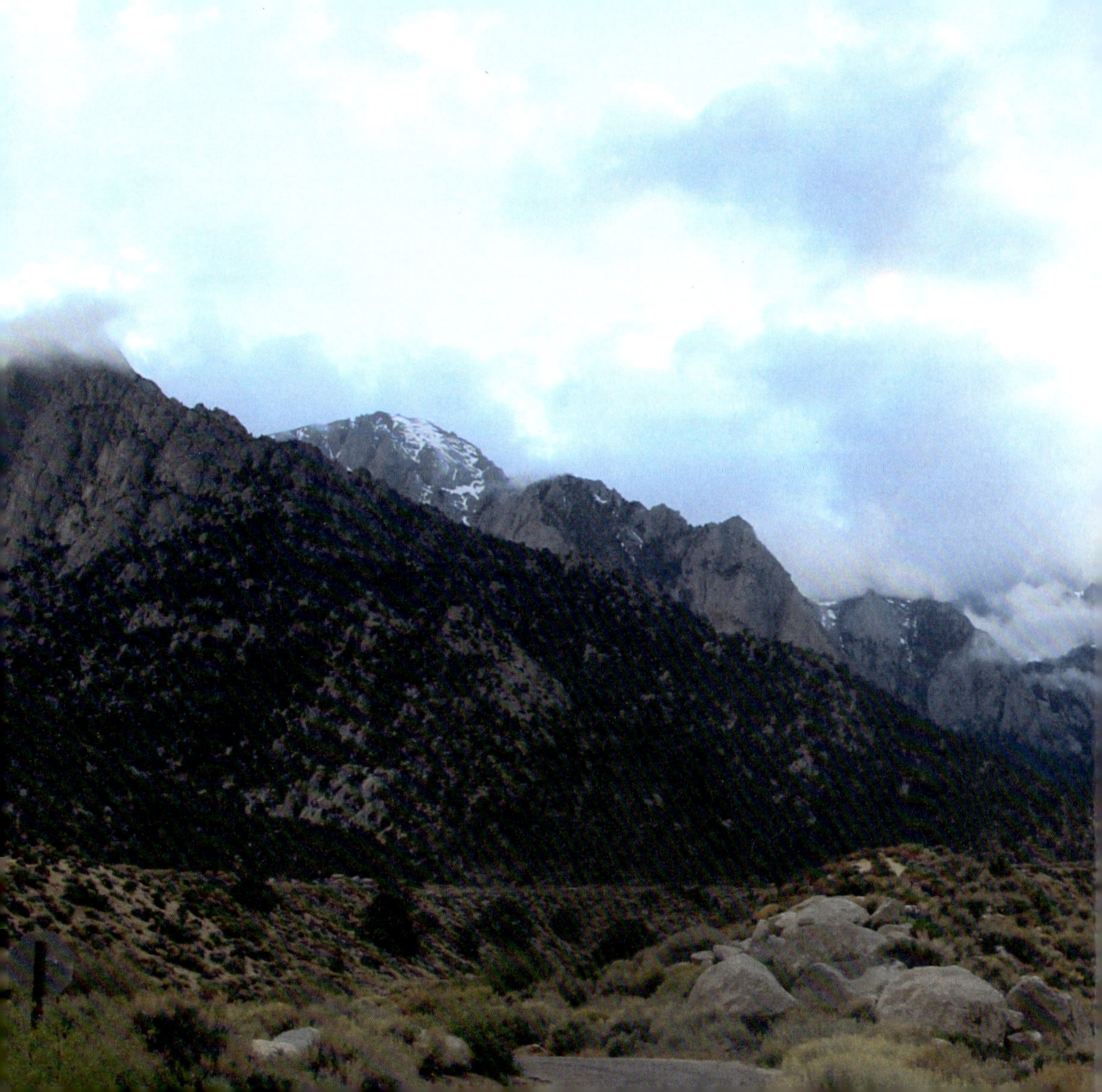

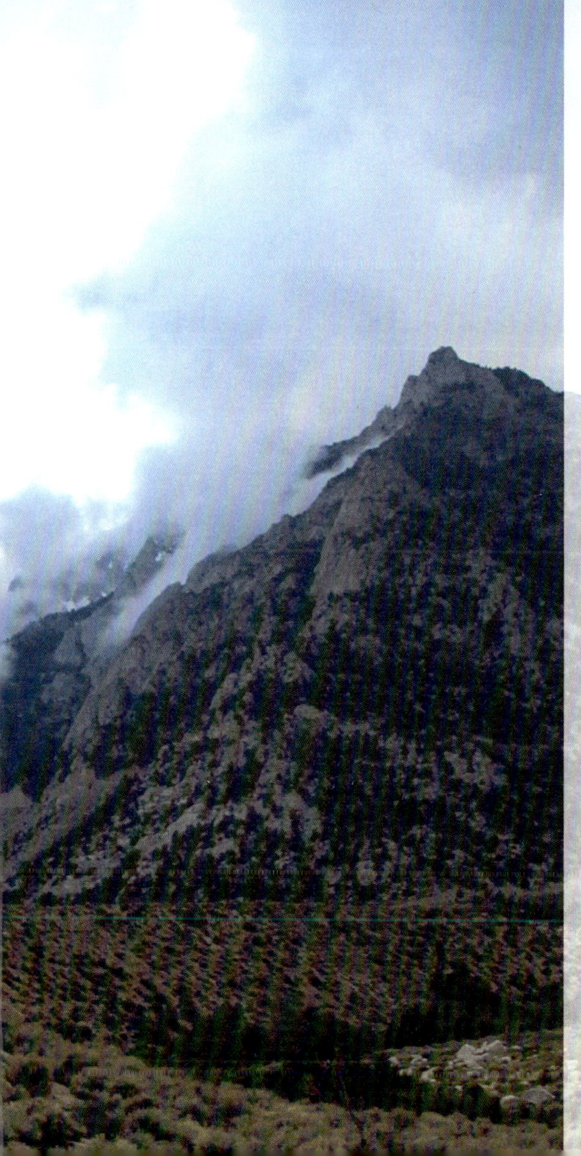

Wandern in Kalifornien

Das Buch ist erhältlich unter
one-step-beyond-wandern.de oder telefonisch
unter +49 40 3908536.

Konzept und Text: Dagmar Grutzeck, One Step Beyond®
Design, Karten, Illustrationen, Satz: Ina Müller-Degener,
Starfish – adverstising, event, illustration
Druck: Rasch, Bramsche
Lektorat: Text first, Hamburg

one-step-beyond-wandern.de

Fotonachweis:
Horst Fontanari, Hamburg: Seiten 8, 36, 42, 46, 48, 62, 114, 132, 164, 182, 186, U7
Ina Müller-Degener, Wien: Seite 94
Dagmar Grutzeck, Hamburg: alle anderen Fotos

Weitere Wanderbücher erhältlich unter
one-step-beyond-wandern.de

2 4 6 8 10 12 14 16 18 20 22 24 26 28 30 32 34 36 38 40 42 44 46 48 50 52 54 56 58 60 62 64 66 68 70 72 74 76 78 80 82 84 86 88 90 92 94 96 98 100

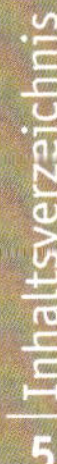
5 | Inhaltsverzeichnis

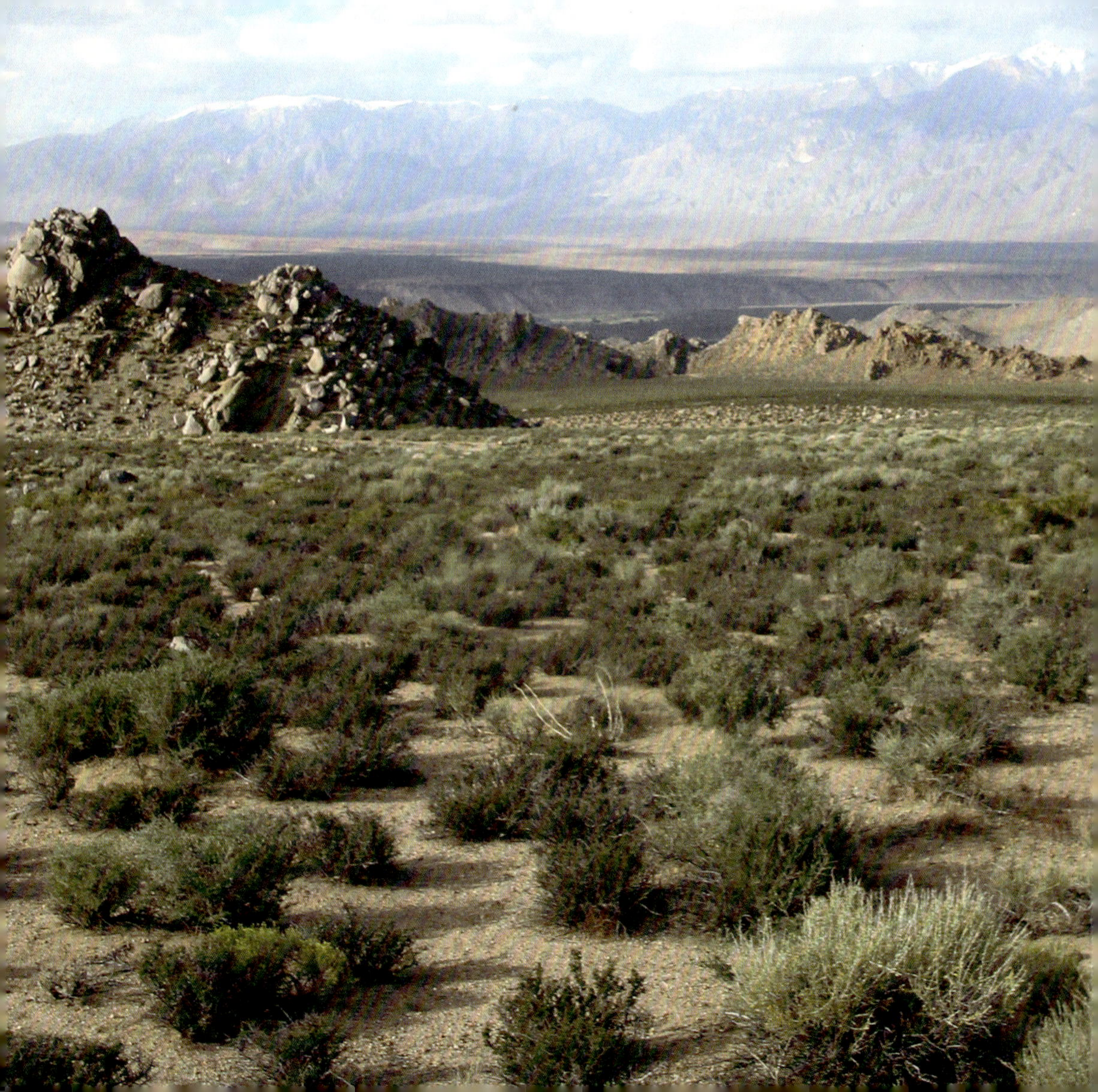

„Cherish THESE NATURAL WONDERS,
cherish THE NATURAL RESOURCES,
cherish THE HISTORY AS A SACRED HERITAGE."

Theodore Roosevelt

Liebe Freunde einsamer Landschaften,
Wandersleute und Liebhaber fremder Berge,

noch immer gibt es das „ungezähmte Kalifornien" zu entdecken – dies liegt nicht zuletzt am 26. Präsidenten der Vereinigen Staaten. Theodore Roosevelt war einer der größten Umweltschützer seiner Zeit. Heute sind wir dankbar für die zahlreichen Schutzgebiete, die er ins Leben gerufen hat und in denen eine ökonomische Nutzung gar nicht oder nur eingeschränkt erlaubt ist. So ist das wilde Hinterland vielfach erhalten geblieben und mit zahlreichen Wanderwegen durchzogen.

Wir nehmen Sie mit auf eine bewegende Reise durch die Cascade-Sierra Mountains, die die Kaskadenkette und die Sierra Nevada umfassen. Im Gegensatz zu den Kaskaden, die sich vom nördlichen Kalifornien bis hoch nach Kanada ziehen und aus vielen, oftmals hohen Vulkanen bestehen, bildet die Sierra Nevada einen einzigen, langen Gebirgszug. Von Westen steigt er langsam an, während er im Osten mit einem der steilsten Felsabbrüche der Welt zum Großen Becken abfällt. So wirkt der Westteil fast lieblich mit seinen sanften Hängen, vielen Bäumen und grünen Tälern, während sich die Ostseite schroffer zeigt – mit großen Höhenunterschieden und steil aufragenden Gipfeln. In diesem Buch wollen wir unser Faible für die hochalpine Bergwelt in Kalifornien mit Ihnen teilen und stellen Ihnen 24 unserer Lieblingstageswanderungen aus sechs unterschiedlichen Gebieten vor. Rund um jede Tour versorgen wir Sie mit Karten, Beschreibungen der Wege und der Infrastruktur sowie unseren „Special Tips". Wir erzählen Ihnen unsere Erlebnisse, stellen heimische „Bewohner" vor und zeigen Ihnen besonders empfehlenswerte Unterkünfte.

Begleiten Sie uns auf unseren Wegen und seien Sie neugierig auf das, was Kalifornien neben den bekannten Touristenattraktionen noch zu bieten hat: Lernen Sie die beglückende Einsamkeit schätzen, die selbst bekannte Nationalparks noch zu bieten haben. Genießen Sie spektakuläre Ausblicke von hohen Gipfeln, kuriose Formen aus Vulkangestein sowie die große Vielfalt an Gebirgsseen. Aber Achtung: Sollten Sie nach der Lektüre Fernweh haben und sofort loswollen, dann ist dies beabsichtigt und wir haben unser Ziel erreicht. Der Rest liegt dann bei Ihnen.

Herzlichst
Ihre Wanderer von ONE STEP BEYOND

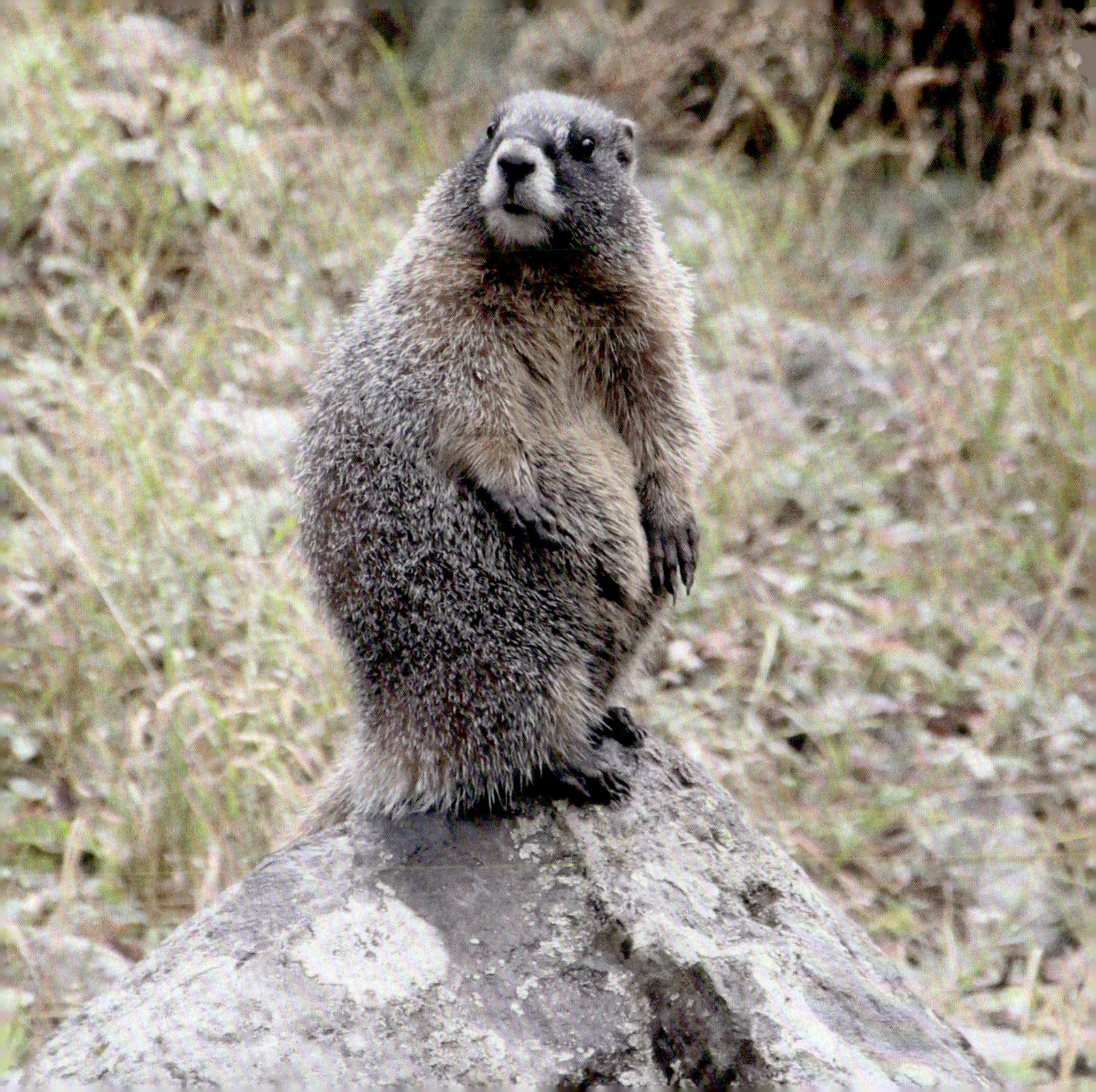

NONE OF NATURE'S LANDSCAPES ARE UGLY SO LONG AS THEY ARE WILD

Kaliforniens Cascade-Sierra Mountains Region

Bereits im Jahr 1965 träumten „The Mamas and the Papas“ in ihrem weltbekannten Hit vom warmen Wetter in Kalifornien, das nicht umsonst auch bekannt ist als der „Golden State“. Neben sonnigen Stränden mit felsigen Küsten, vielseitigen Großstädten und kulinarischen Highlights hat der drittgrößte Bundesstaat der USA auch eine abwechslungsreiche, hochalpine Gebirgswelt zu bieten. Sowohl die Sierra Nevada als auch ein Teil der Kaskadenkette gehören zu Kalifornien und zur so genannten Cascade-Sierra Mountains Region. Hierzu zählen auch bekannte Nationalparks wie der Yosemite NP und der Sequoia NP. Während Millionen von Menschen alljährlich ihre Aussichtspunkte abfahren, können diejenigen, die mit ein wenig körperlichem Einsatz und Entdeckerfreude das Hinterland erkunden, großartige Landschaften und eine vielfältige Tier- und Pflanzenwelt erleben. Neben den unbekannteren Teilen der großen Nationalparks existiert eine Vielzahl an weiteren interessanten Gegenden wie das Lake Tahoe Basin oder das Owens Valley. Auf den

Wanderwegen lassen sich Spuren vergangener Goldgräberzeiten finden. Indianische Namen von Bergen und Seen zeugen von den Ureinwohnern, die einst hier lebten. Gigantische Bäume, wilde Flüsse, hohe Vulkankegel und überdimensionale Granitdome prägen den abwechslungsreichen Charakter der Cascade-Sierra Mountains.

Wer jemals gesehen hat, wie die Herbstsonne im Yosemite NP graues Gestein zum Glühen bringt, oder die tiefblauen Seen der Desolation Wilderness in ihren weißen Felstälern entdecken konnte, auf davonlaufende Jungbären getroffen ist oder die unvergleichliche Aussicht vom Lassen Peak genossen hat, wird immer wieder hierher kommen wollen, um diese einmalige Gegend zu erleben.

DIE CASCADE-SIERRA MOUNTAINS
Zahlen und Fakten

Mit vielen über 4.000 m hohen Bergen gehören sowohl die Sierra Nevada als auch die Kaskadenkette zu den Cascade-Sierra Mountains. Sie sind Teil der von Feuerland bis Alaska reichenden Kordilleren.

Die Sierra Nevada erstreckt sich über rund 650 km Länge von Nord nach Süd. Sie stellt die südliche Fortsetzung der Kaskaden dar und beheimatet mit dem über 4.421 m hohen Mount Whitney den zweithöchsten Berg in den USA. Die Kaskadenkette reicht von Nordkalifornien bis nach Kanada und gehört zum so genannten Pazifischen Feuerring.

SPIRIT OF '76
CELEBRATION DAYS

DER RUF DES WESTENS
Expansion und Vertreibung

Der Druck auf die Siedlungsgebiete an der Ostküste der USA durch die zunehmende Einwanderung aus Europa führte seit Mitte des 19. Jahrhunderts zur Westwanderung. Gleichzeitig wirkte der unermesslich scheinende Landreichtum des Westens als Magnet für Immigranten aus Europa. Als in Kalifornien 1848 Gold gefunden wurde, kam es zu einer wahren Massenbewegung sowie zu blutigen Auseinandersetzungen mit den Ureinwohnern, die erbitterten Widerstand leisteten gegen Vertreibung, Enteignung und Unterdrückung. Indianerüberfälle auf weiße Siedler häuften sich, was wiederum zu Vergeltungsmaßnahmen führte.

In dem seit 1850 zu den USA gehörenden Kalifornien sah sich die indianische Bevölkerung einem immensen Ausmaß an Unterdrückung ausgesetzt. Teilweise knüpfte man hier an Praktiken der Spanier an, beispielsweise mit der Legalisierung von Zwangsarbeit und der Versklavung von Kindern. Die quasi unkontrollierte Inbesitznahme des Westens durch weiße Siedler führte in der Folge zum Verlust von Freiheit und Land der Ureinwohner bis hin zur Ausrottung vieler indigener Völker.

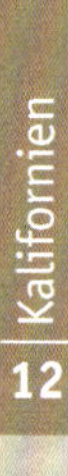

ERDGESCHICHTE

Wie entstanden die Cascade-Sierra Mountains?

Die Kaskadenkette und die Sierra Nevada haben eine ähnliche erdgeschichtliche Vergangenheit. Ihre Geschichte begann, als im Rahmen der Kontinentalverschiebung vor mehr als 200 Mio. Jahren die Pazifische Platte anfing, sich unter die Nordamerikanische Platte zu schieben. Hohe Temperaturen führten zu Gesteinsaufschmelzungen in der abtauchenden Platte. Das flüssige Magma gelangte durch enormen Druck über Spalten an die Erdoberfläche und bildete dort einen vulkanischen Bogen. So entstand die die Kaskadenkette, die in ihrer heutigen Form seit rund 35 Mio. Jahren besteht. Die Sierra Nevada entstand früher, vor rund 100 Mio. Jahren. Im Kern besteht das Gebirge aus einem unterirdisch entstandenen Batholith, einer riesigen Gesteinsformation. Diese wiederum besteht aus erkaltetem Magma, das durch plattentektonische Aktivität an die Oberfläche gebracht wurde. Vergletscherung, Erosion sowie nicht zuletzt die gewaltigen unterirdischen Kräfte formten die Berge und Täler und verändern auch weiterhin die Cascade-Sierra Mountains.

Vulkane

MAGMA

UMWELTSCHUTZ IN KALIFORNIEN

Die Idee vom Nationalparksystem

Mitte des 19. Jahrhunderts sprach sich die Kunde von der landschaftlichen Schönheit des heutigen Yosemite NP herum, was die ersten Touristen in die Gegend führte. Der Bau von Straßen und ersten Hotels ließ nicht lange auf sich warten.

Bereits damals gab es jedoch Umweltschützer, die den Aufbau einer Infrastruktur auf Kosten der Natur mit Sorge betrachteten.

Sie forderten von der Regierung, Maßnahmen zum Schutz der Umwelt festzuschreiben. 1864 unterzeichnete Präsident Abraham Lincoln das Gesetz zur Errichtung eines Parks unter kalifornischer Verwaltung, der das Gebiet des heutigen Yosemite Village und des Mariposa Grove of Giant Sequioas umfasste. Dadurch entstand der so genannte Yosemite Grant. Der Yosemite Grant gilt als Meilenstein in der Geschichte der amerikanischen Nationalparks, da er der Gründung des Yellowstone NP 1872, des offiziell ersten Nationalparks, vorausging. Dank dem frühen Umweltaktivisten John Muir und weiteren prominenten Unterstützern wurde Yosemite 1890 Nationalpark. Heute besuchen Millionen von Menschen jährlich die Nationalparks, was neue ökologische und logistische Probleme schafft.

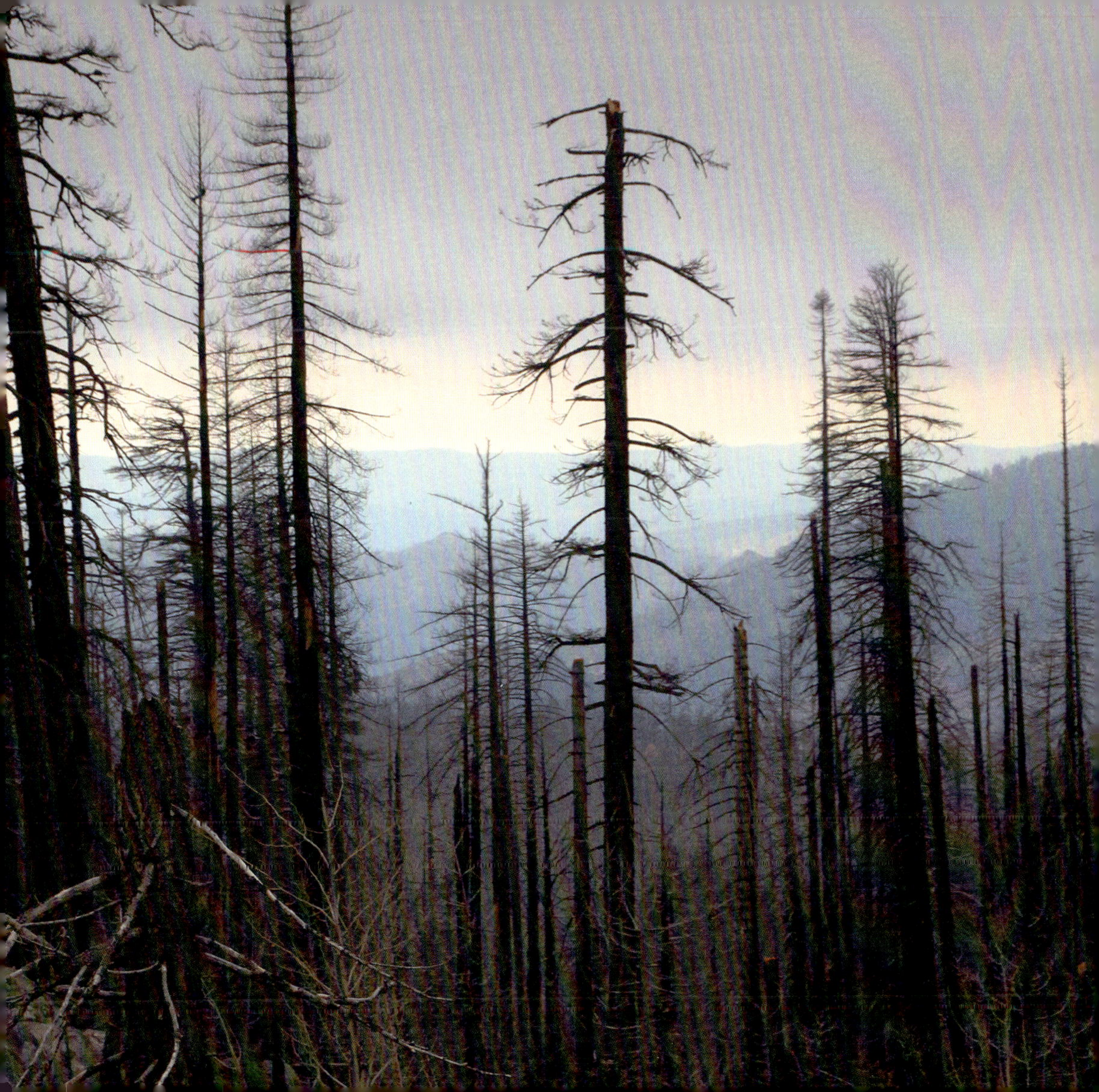

THE ADVENTURE IS WORTH
A THOUSAND DAYS OF EASE

Wandern in Kaliforniens Cascade-Sierra Mountains

Kaliforniens Hinterland mit seinen hohen Bergen, unzähligen Seen und tiefen Schluchten ist ein wahrer Abenteuerspielplatz für anspruchsvolle Wanderer. Wer Lust hat, längere Touren per pedes zu bewältigen, wird mit einer grandiosen Natur belohnt, die abwechslungsreiche Facetten für ihre Besucher bereit hält. Das Gute: Das Gros der Touristen bleibt spätestens nach wenigen Kilometern zurück und man hat den Weg oftmals fast für sich allein. In diesem Buch werden reizvolle, weniger überlaufene Tageswanderungen in bekannten Nationalparks und Wilderness-Gebieten vorgestellt. Pro Wanderung sollte man einen ganzen Tag einplanen und auch einen Übernachtungsort in der Nähe wählen.

Aufgemerkt Die im Buch enthaltenen Beschreibungen der Wanderungen und Wegdistanzen sind genau und verbindlich, auch wenn die Angaben mit der Beschilderung vor Ort nicht immer übereinstimmen.

Damit das Wandern in den Cascade-Sierra

Mountains zu einem ungetrübten Vergnügen wird, ist es wichtig, einige Besonderheiten zu kennen und zu berücksichtigen. Die Wanderungen auf die Berge in den hier vorgestellten Gebieten starten meist auf 2.000 m Höhe – da, wo die heimischen Gipfel häufig bereits enden. Es gibt wilde Tiere, denen man zuhause in Europa beim Wandern nicht begegnet, auf deren Präsenz man jedoch vorbereitet sein sollte. Das Hinterland ist oft rau und infrastrukturell nicht erschlossen, was einerseits Achtsamkeit erfordert und andererseits den ganz besonderen Reiz ausmacht.

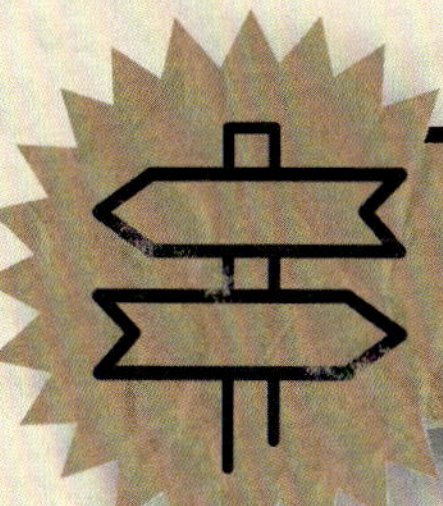

AUGEN AUF UND ACHT GEBEN
Die Wanderwege in Kaliforniens Hinterland

In Kaliforniens Nationalparks sind die Wanderrouten relativ gut ausgeschildert, wenngleich das Wegesystem weit verzweigt und deshalb das eigene Ziel oft noch nicht am Trailhead angeschrieben ist. Die Wege in den Parks sind in der Regel relativ gut gepflegt – je populärer, umso besser.

Aufgemerkt Außerhalb der Nationalparks werden die Wege nicht immer gut in Stand gehalten und sind auch häufig unzureichend beschildert. So kann es vorkommen, dass Abzweige schwer zu sehen sind oder Baumstämme den Weg versperren. In diesem Fall sollte man nicht in Panik geraten, sondern Orientierungspunkte suchen und mit Beschreibungen im Buch abgleichen.

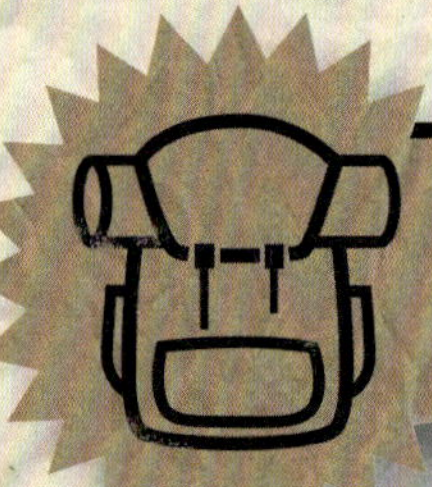

PROFUNDES NATURERLEBNIS

Wandern und Zelten passen gut zusammen

Zelten ist in den USA ein ganz besonderes Vergnügen, weil die Campingplätze häufig großzügig angelegt sind und sich oft inmitten grandioser Natur nahe der Trailheads befinden. In Kalifornien existieren jede Menge toller Plätze in Eins-a-Lage: Am See, auf dem Berg oder mitten im Wald gelegen, können sie einem romantische Nächte am Lagerfeuer, Besuche von interessanten Tieren sowie auch manchmal ein ungeplantes Abenteuer bescheren – sofern man bereit ist, auf Komfort zu verzichten, und seinen Campingplatz sorgfältig auswählt. Die Anlagen sind sehr unterschiedlich, was Preis, Ausstattung, Auslastung und Zugangsbestimmungen betrifft. Manche Plätze können nicht reserviert werden, sondern basieren auf dem „First come, first serve"-Prinzip. Insbesondere an den Wochenenden und in den amerikanischen Ferien bzw. an Feiertagen können sich diese Plätze schnell füllen, insbesondere wenn sie klein und schön gelegen sind. Es empfiehlt sich daher, früh vor Ort zu sein und eine Alternative „in petto" zu haben. Reservieren, falls möglich, kann man unter reserveamerica.com oder recreation.gov.

Wer Mehrtagestrips im Hinterland plant, muss unterwegs „wild" campen. In Kalifornien benötigt man oft ein so genanntes Permit, eine Genehmigung. Es wird nach einem bestimmten Quotensystem vergeben, damit nicht zu viele Menschen gleichzeitig eine Gegend bevölkern. Meist kann man sie ein halbes Jahr im Voraus online reservieren (unter nps.gov oder recreation.gov) oder vor Ort erhalten (Ranger Station).

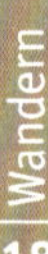

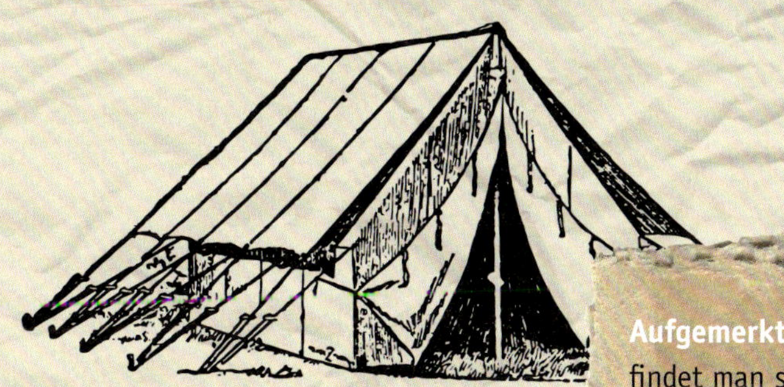

Aufgemerkt Unter freecampsites.net findet man sehr unkompliziert gebührenfreie Campingplätze oder Plätze, die ganz wenig kosten. Anhand einer Karte kann man sehen, wo sich die Plätze befinden, und eine Kurzbeschreibung benennt die Vor- und Nachteile.

CAMPEN

- Zelt mit möglichst hoher Wassersäule (bestimmt die Wasserdurchlässigkeit, damit es von oben und unten nicht nass wird)
- Thermounterlage zum Schlafen (hier nicht sparen und lieber eine etwas dickere nehmen)
- Schlafsack
- Warme Decke
- Plastikkanister mit Wasserhahn (damit man nicht oft zum eventuell weit entfernten Wasserhahn laufen muss)
- Campinggeschirr: Teller, Besteck, Tassen, Kochtopf, italienische Kaffeekanne
- Kocher (Vorsicht, amerikanische Gaskartuschen passen meist nicht auf deutsche Kocher)
- Zum Grillen: Kohlen, Anzünder, eigener kleiner Grillrost (kann man über den vor Ort legen), Zange
- Biologisch abbaubare Seife
- Eventuell Solardusche
- Verschließbare Plastiksäcke zum Verstauen von Lebensmitteln, Geschirr etc.
- Zwei Taschenlampen
- Batterien
- Feuerzeug

WANDERN

- Gute, eingelaufene Wanderschuhe
- Atmungsaktive T-Shirts (eines zum Wechseln, falls es regnet)
- Atmungsaktive Wanderjacke
- Regenjacke
- Pullover
- Lange Wanderhose
- Ausreichend Wasser und Verpflegung
- Kamera
- Sonnenhut/Sonnenbrille/Sonnencreme
- Wanderkarte

- (Feuchtes) Toilettenpapier
- Taschentücher
- Insektenspray
- Taschenmesser
- Erste-Hilfe-Set (Pflaster, Mullbinden, Schmerztabletten, Desinfektion, Wundsalbe)
- Mülltüten

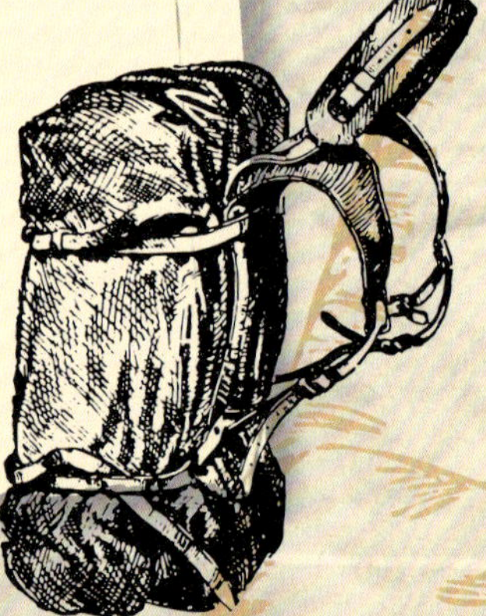

Aufgemerkt Wer mehrere Nationalparks besuchen möchte, sollte sich den Jahrespass „America the Beautiful" kaufen. Er kostet 80 $. Das rentiert sich schnell, kostet doch bereits der Eintritt in einen Park bis zu 25 $ (Stand 2019). Erhältlich ist er an allen Parkeingängen sowie in Visitor Centers und er kann einmal übertragen werden.

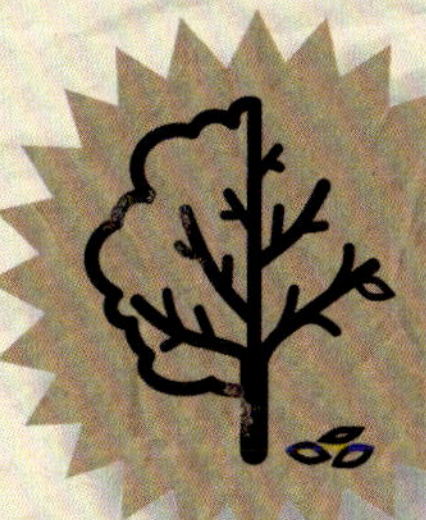

SAISONALE BESONDERHEITEN
Wanderzeit in Kaliforniens Bergen

In Kaliforniens höheren Lagen beginnt die Wandersaison im Mai – abhängig von den Schneeverhältnissen. In Höhen über 3.000 m kann man sogar im Juli noch Schnee vorfinden. Im Juni beginnt die Blütezeit unzähliger Wildblumen, während die Monate September und Oktober mit prachtvollen Laubverfärbungen aufwarten, die einen reizvollen Kontrast zu den Bergen darstellen.

In den großen amerikanischen Schulferien, die schwerpunktmäßig im Juli liegen, an Wochenenden und Feiertagen kann es auf den Straßen, auf den Wanderwegen und in den Unterkünften sehr voll werden. Viele Amerikaner sind gern in der Natur und haben wenig Urlaub. Zu diesen Zeiten sollte man Unterkünfte unbedingt reservieren.

Manche höher gelegenen Straßen wie der Lassen National Hwy, die dafür relevant sind, einige hier vorgestellte Wanderungen zu erreichen, sind zwischen November und Mai in der Regel geschlossen (aktuelle Informationen unter nps.gov).

Aufgemerkt Der Yosemite NP ist von Juni bis September überfüllt, daher sollte man seinen Besuch, falls möglich, in den Herbst legen und das Yosemite Valley ganz meiden.

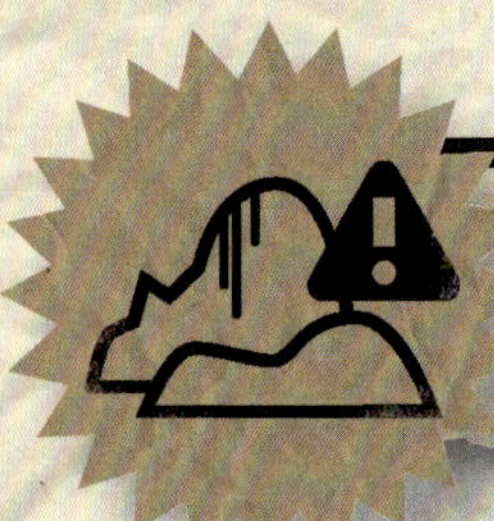

NATURGESETZE BERÜCKSICHTIGEN
Der Berg und seine Tücken

Wer bergwandert, sollte immer auf plötzliche Wetterumschwünge gefasst sein. Temperatureinbrüche, Regenfälle, Nebel und starke Winde können wie aus dem Nichts auftreten und zu Unterkühlung führen, insbesondere wenn man durch Schwitzen oder Regen nass geworden ist. Thermalwäsche oder Wolle isolieren den Körper auch bei Nässe, nasse Baumwolle hingegen trägt zur Auskühlung des Körpers bei. Eine Kopfbedeckung verhindert Wärmeverlust, da viel Körperwärme über die Kopfhaut abgegeben wird.

Beim Wandern wird ein Hut auch als Schutz vor zu intensiver Sonnenstrahlung benötigt, die sonst zu einem Sonnenstich oder Hitzschlag führen kann. Eine Sonnenbrille, Sonnencreme mit sehr hohem Lichtschutzfaktor und ausreichend Flüssigkeit ergänzen den Schutz vor Sonnenbrand, Austrocknung und schädlichem UV-Licht.

Gewitter in den Bergen sind gefährlich, allerdings treten sie in den Cascade-Sierra Mountains bei weitem nicht so häufig auf wie in den Rocky Mountains. Wenn man dennoch einmal in eines gerät, lautet die

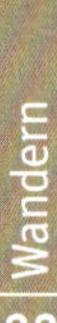

Devise, möglichst schnell abzusteigen, unter Baumgruppen Schutz zu suchen, jedoch niemals unter einzelnen Bäumen oder Felsen. Auf keinen Fall sollte man sich auf den nassen Boden legen. Falls es keine Schutzmöglichkeiten gibt, ist es empfehlenswert, in die Hocke zu gehen.

Höhenkrankheit vermeiden Die Höhenkrankheit kann jeden treffen, der zu schnell auf mehr als 2.000 m aufsteigt. Grund hierfür ist der abnehmende Sauerstoffgehalt in der Luft. Kopfschmerz, Schwindel, Luftnot, Herzrasen, Schlaflosigkeit und Übelkeit können die Folgen sein.

BITTE BEACHTEN

- Sich langsam an die Höhe gewöhnen, am besten zwei Nächte in höheren Lagen schlafen, bevor man noch weiter nach oben wandert
- Bei leichten Symptomen: ausreichend Pausen machen
- Bei schweren Symptomen: möglichst schnell hinabsteigen
- Zuckerhaltige Nahrung wie Früchte oder Müsliriegel zu sich nehmen

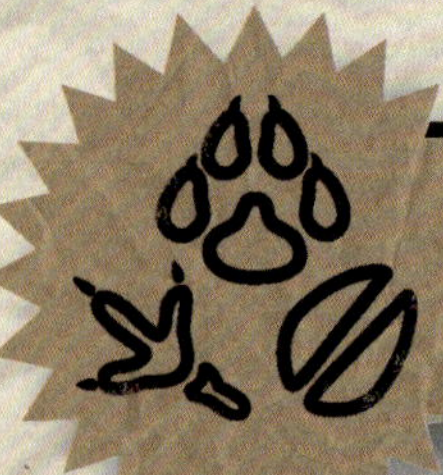

SINNE SCHÄRFEN

Wie verhält man sich bei Tierbegegnungen?

Kaliforniens Hinterland wird von einer großen Tiervielfalt bevölkert. Neben diversen harmlosen Tieren wie Hörnchen, Mardern, Murmeltieren, Hirschen und unzähligen Vogelarten gibt es dort auch welche, die dem Menschen gefährlich werden können, wie Klapperschlangen, Pumas und Schwarzbären. Für alle Tiere gilt: ihnen Raum lassen, Ruhe bewahren und sich ansonsten an ihrem Anblick erfreuen – am besten mit einem Fernglas. Situationen, die für den Menschen gefährlich werden können, entstehen äußerst selten. Wie sollte man sich jedoch verhalten, wenn man doch einmal plötzlich auf Bär und Co. trifft?

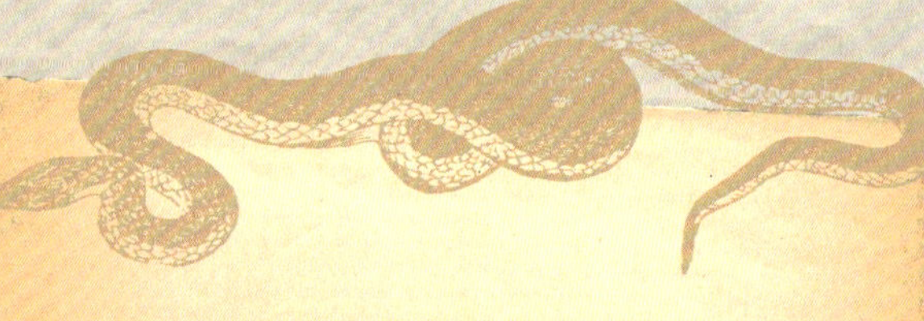

Klapperschlangen geben mit ihrer Schwanzrassel Warnlaute von sich, wenn sie sich bedroht fühlen. Bisse sind für Erwachsene nur sehr selten tödlich.

BITTE BEACHTEN

- Nicht zu nah herantreten
- In großem Bogen an der Schlange vorbeilaufen
- In felsigem Gebiet: schauen, wo man seine Hände und Füße platziert
- Bisse niemals aussaugen
- Druckverband zwischen Wunde und Herz anlegen
- Arzt aufsuchen

BITTE BEACHTEN

Auf Schwarzbären trifft man in der Sierra Nevada und der Kaskadenkette relativ häufig. Meist verschwinden sie, sobald sie einen bemerken.

- Nie einem Bären hinterherlaufen, er könnte sich bedroht fühlen, vor allem wenn Junge dabei sind
- Niemals vor einem Bären davonlaufen, das könnte seinen Jagdinstinkt wecken; Bären können viel schneller laufen als jeder Mensch
- Will der Bär nicht verschwinden, sollte man sich groß machen, laut schreien und ihn mit kleinen Tannenzapfen o. ä. bewerfen
- Niemals Nahrung, Kosmetika oder auch nur Zahnpasta draußen oder im Auto lassen. Bären lieben alles, was interessant duftet, und können auch in verschlossene Autos einbrechen
- Nahrungsmittel auf dem Campingplatz immer in den dafür aufgestellten bärensicheren Schränken oder beim Wandern in bärensicheren, tragbaren Boxen verstauen

Aufgemerkt Tragbare Bärenboxen kann man beim Ranger oder im Visitor Center kaufen oder ausleihen.

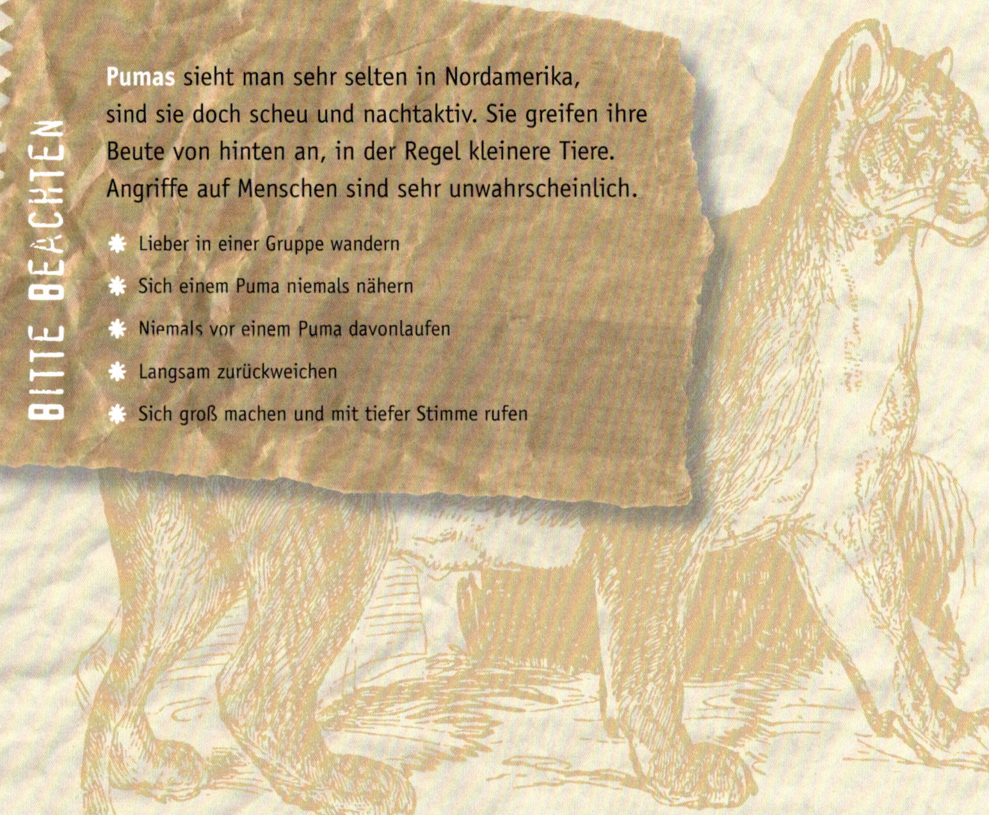

BITTE BEACHTEN

Pumas sieht man sehr selten in Nordamerika, sind sie doch scheu und nachtaktiv. Sie greifen ihre Beute von hinten an, in der Regel kleinere Tiere. Angriffe auf Menschen sind sehr unwahrscheinlich.

- Lieber in einer Gruppe wandern
- Sich einem Puma niemals nähern
- Niemals vor einem Puma davonlaufen
- Langsam zurückweichen
- Sich groß machen und mit tiefer Stimme rufen

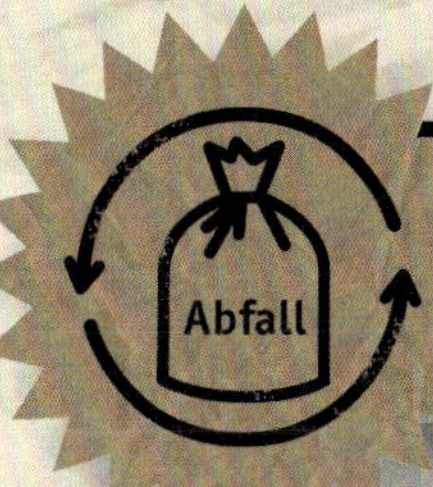

ÖKOSYSTEME ERHALTEN

Leave no trace – feed no animal

Das Hinterland von Kalifornien hält für Naturfreunde eine Vielfalt an spektakulären Landschaften und eine abwechslungsreiche Flora und Fauna bereit. Der Mensch ist hier zu Gast und sollte daher Natur und Bewohner zu jeder Zeit respektvoll behandeln, um die Ökosysteme zu bewahren.

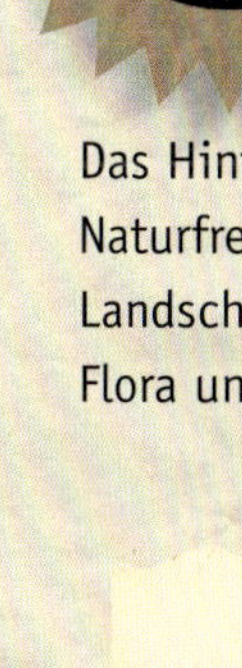

BITTE BEACHTEN

- „Pack it out – pack it in", zu Deutsch: Nimm den Abfall wieder mit
- Wege nicht verlassen, um die Vegetation zu erhalten. Notfalls über Sand oder Fels laufen
- Keine Tiere aufscheuchen oder verfolgen, sie benötigen ihre Kraft für sich selbst und sollten sie nicht vergeuden, um vor Menschen wegzulaufen
- Niemals Tiere füttern! Sie gewöhnen sich daran und verlernen, für sich selbst zu sorgen
- Aus dem gleichen Grund: auf dem Zeltplatz keine Lebensmittel und Abfälle unbeaufsichtigt liegen lassen
- Sich selbst und Dinge wie beispielsweise Geschirr nur mit biologisch abbaubarer Seife waschen und dabei mindestens 60 m Abstand zu jeder Art von Gewässer halten
- Gleiches gilt für den Fall, dass man in der freien Natur „ein Geschäft verrichten muss"

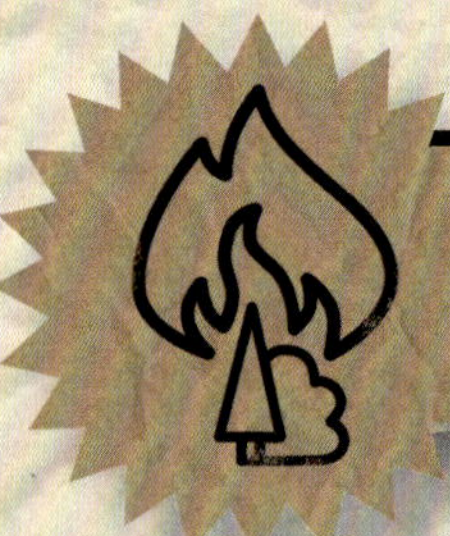

KLIMAWANDEL UND MISSMANAGEMENT
Waldbrände in Kalifornien

Kalifornien hat in den vergangenen Jahren unter extremen Waldbränden gelitten. Die 30 größten Feuer seit dem Jahr 2000 in Kalifornien zerstörten etwa 2,05 Millionen Hektar Land. Das entspricht circa der Fläche von Rheinland-Pfalz. Waldbrände gehören grundsätzlich zum natürlichen Ökozyklus in den Wäldern der USA. Sie verbrennen das Unterholz sowie tote Bäume und schaffen damit Platz für neues Wachstum. Gerade in Kalifornien geraten Waldbrände jedoch zunehmend außer Kontrolle. Die wachsende Intensität der Brände liegt einerseits am Klimawandel; die Sommer werden immer heißer sowie länger und lassen die Vegetation komplett austrocknen – der ideale Nährboden für Feuer. Blitze, ein unachtsamer Umgang mit Lagerfeuern oder gar Brandstiftung können ausgedörrtes Buschwerk im Handumdrehen entzünden. Andererseits bemängeln Kritiker ein unzureichendes Forstmanagement, das zu wenig gegen die große Dichte kalifornischer Wälder unternimmt, sowie die Tatsache, dass immer näher an den Wald herangebaut wird. Wer hier wandert, wird unweigerlich auf verbrannte Areale treffen, die öde und trostlos aussehen, manchmal aber auch eine ganz spezielle, skurrile Schönheit haben können.

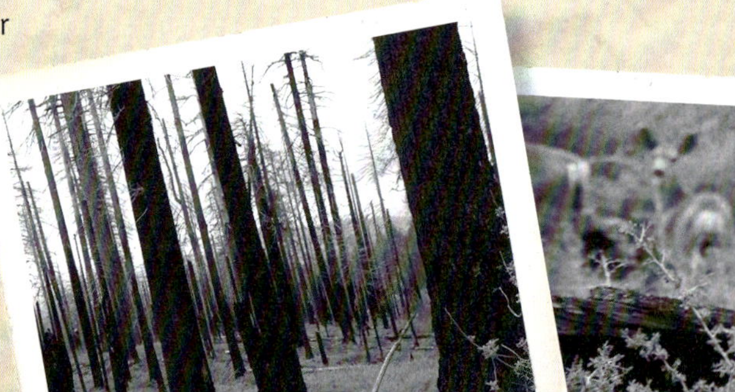

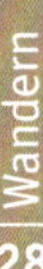

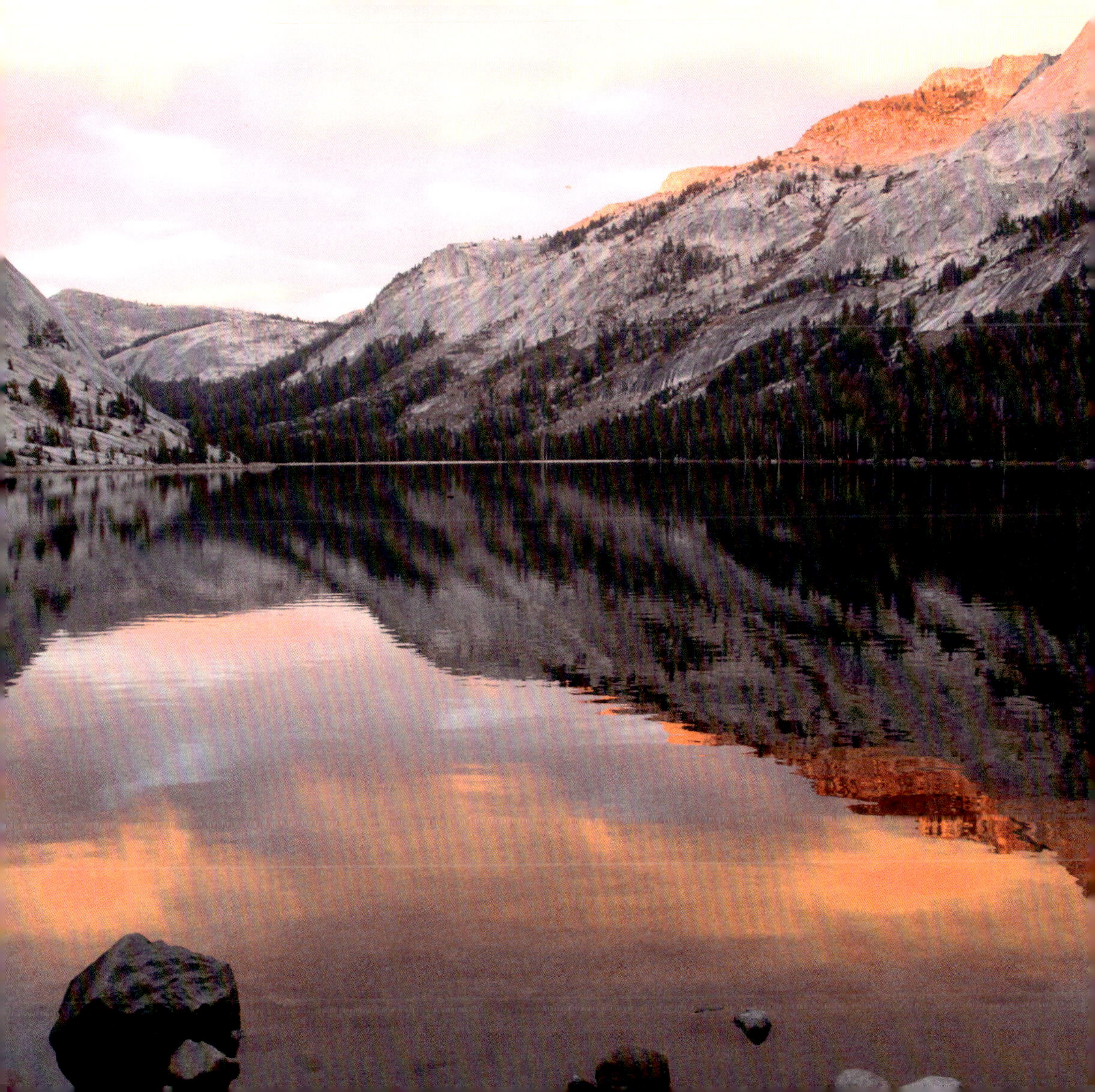

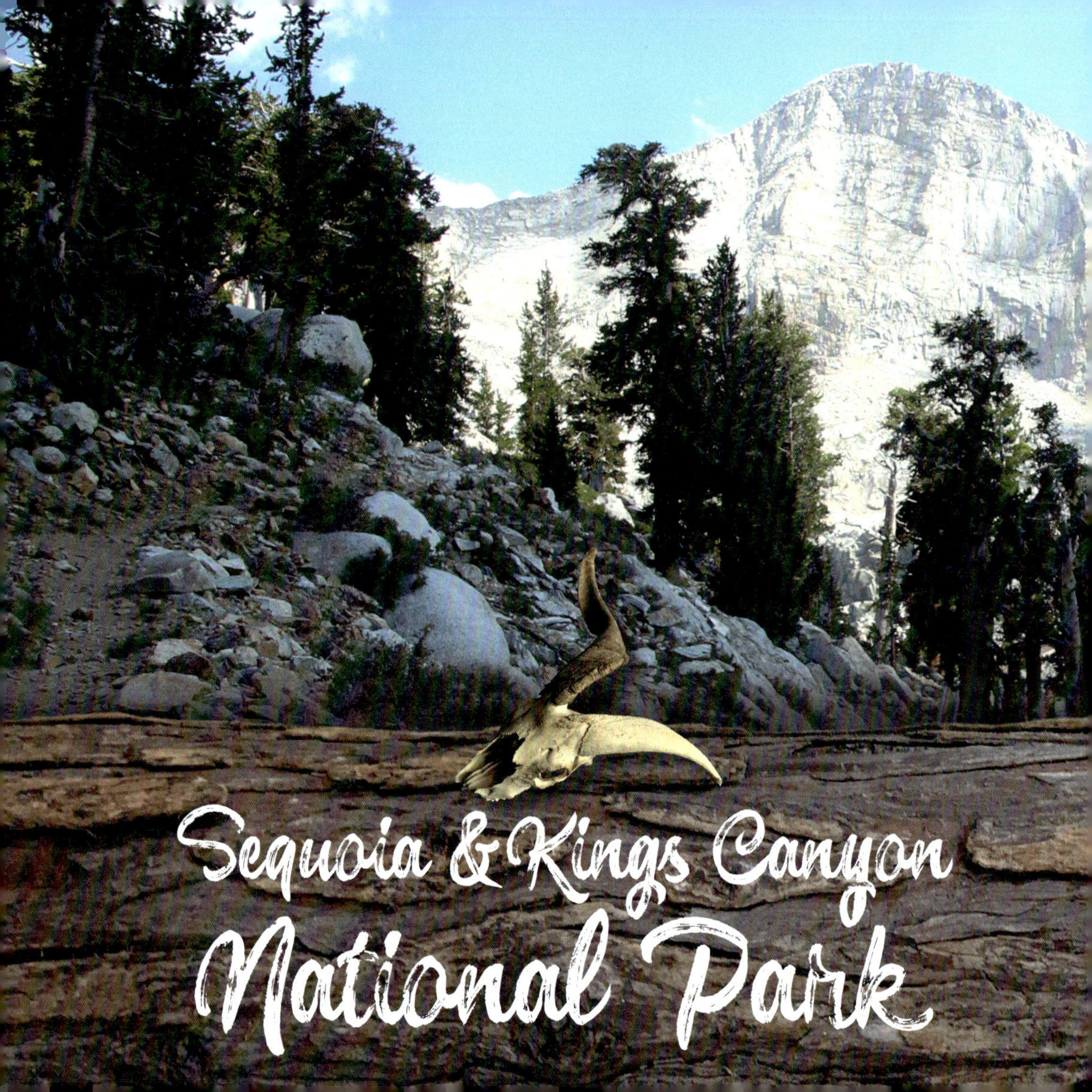
Sequoia & Kings Canyon
National Park

Teilnehmer einer Expedition stießen 1833 als erste weiße Amerikaner auf die „unglaublich großen Bäume" im heutigen Sequoia National Park. Erst zwanzig Jahre später wurde die Entdeckung der Mammutbäume beachtet. Man begann sie zu fällen, Holzwirtschaft zu betreiben sowie zersägte Segmente zu Ausstellungszwecken zu verschicken. Seit der Nationalparkgründung 1890 stehen die Haine unter Schutz. Der Kings Canyon NP ist anders als sein Zwilling und beherbergt die tiefste Schlucht Nordamerikas. Hier findet man Einsamkeit und raue Schönheit zwischen gewaltigen Felswänden und imposanten Wasserfällen.

Der Doppelpark, dessen Ostgrenze die Sierra Nevada bildet, bietet aufgrund großer Höhenunterschiede diverse Lebensräume für zahlreiche Lebewesen.

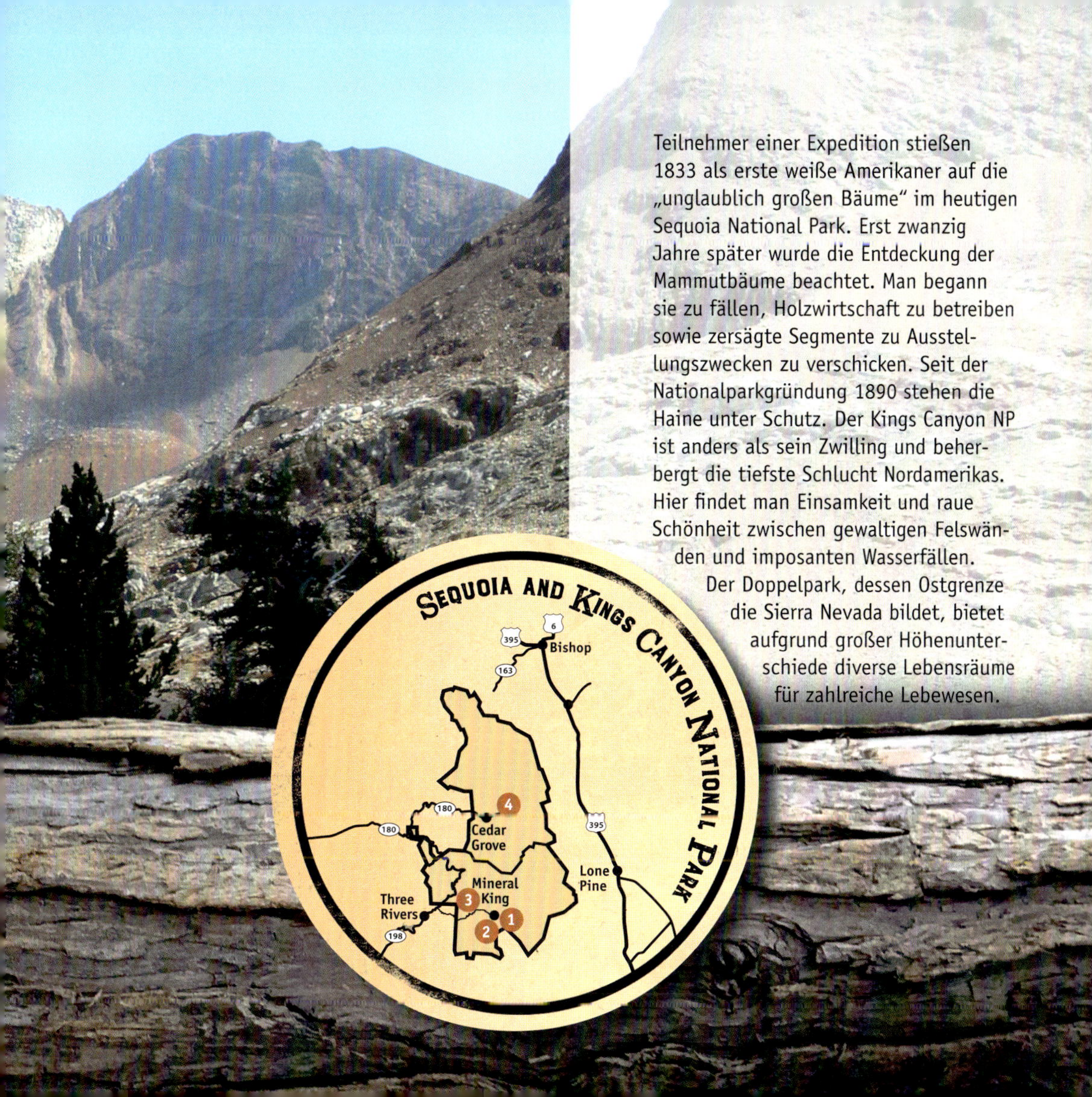

BASE CAMPS

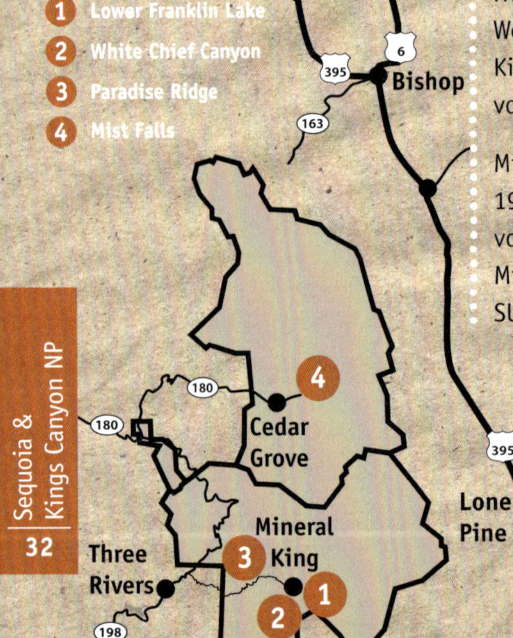

Anfahrt

Sequoia & Kings Canyon NP: Der Park hat drei Eingänge. Von Süden kommend auf Hwy 198. Hwy 198 (Generals Hwy) führt von Three Rivers zum Südwesteingang (Ash Mountain), Sequoia NP (6 mi nördlich von Three Rivers) bis zum Nordwesteingang (Big Stump), Kings Canyon NP (47 mi nördlich vom Südwesteingang). Hier Zugang zum Hwy 180 (Kings Canyon Scenic Byway).

Hwy 180 (Kings Canyon Scenic Byway) führt von Westen kommend über den Nordwesteingang in den Kings Canyon NP bis zum Cedar Grove (37 mi östlich vom Nordwesteingang).

Mineral King (Sequoia NP): von Three Rivers auf Hwy 198, dann rechts auf Mineral King Rd (⚠ eng, kurvig), vorbei am südlichsten Eingang (Lookout Point) bis nach Mineral King (4 mi nördlich, dann 25 mi westlich). Kein SUV mit „High Clearance" notwendig.

Three Rivers

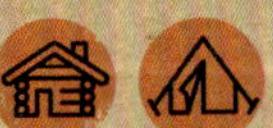
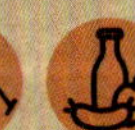
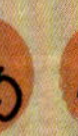
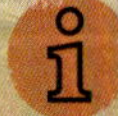

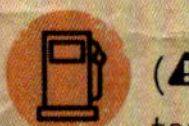
(⚠ keine Tankstellen im Park, wenige, teure Tankstellen im angrenzenden NF)

Mineral King

Silver City Mountain Resort (☎ 559-415-6055; silvercityresort.com; Mineral King Rd, 21 mi östlich des Hwy 198; ⏲ Mitte Mai bis Mitte Okt.; WLAN): wunderschönes Resort mit 15 Cabins mit eigenem oder Gemeinschaftsbad, einige aus den 1930er Jahren (keine Elektrizität); unterschiedliche Ausstattung. Restaurant mit köstlichem Essen und selbstgebackenen Pies, kleiner Gemischtwarenladen (Snacks, Camping- und Grillartikel). ⚠ Einziges Hotel in Mineral King.

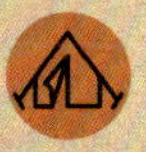

Atwell Mill Campground (Mineral King Rd, 19 mi östlich des Hwy 198; ⏲ Mitte Mai bis Mitte Okt., je nach Wetterlage; nicht reservierbar): im Wald gelegen, 21 einfache Zeltplätze, Toilette, Wasser.

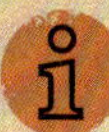

Cedar Grove

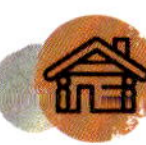

Cedar Grove Lodge (☎ 866-807-3598; visitsequoia.com; 86724 Hwy 180; ⏲ Mitte Mai bis Anfang Okt.; WLAN): einfache Lodge im Motelstil in grandioser Natur direkt am Kings River. 21 Zimmer; Bettwäsche, Handtücher, Kühlschrank, Klimaanlage, kein TV. Restaurant mit durchschnittlichem Essen, kleiner Gemischtwarenladen. ⚠ Einziges Hotel in Cedar Grove.

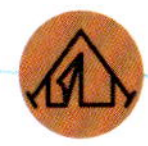

Sheep Creek Campground (Hwy 180, 0,8 mi westlich von Cedar Grove Village; ⏲ Ende Mai bis Mitte Okt., je nach Wetterlage; nicht reservierbar): im Wald am Fluss gelegen, 111 einfache Zelt- und RV-Plätze, Toilette, Wasser. Weitere Campingplätze entlang des Hwy 180 verfügbar.

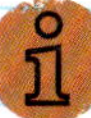

Lower Franklin Lake

via Franklin Lakes Trail

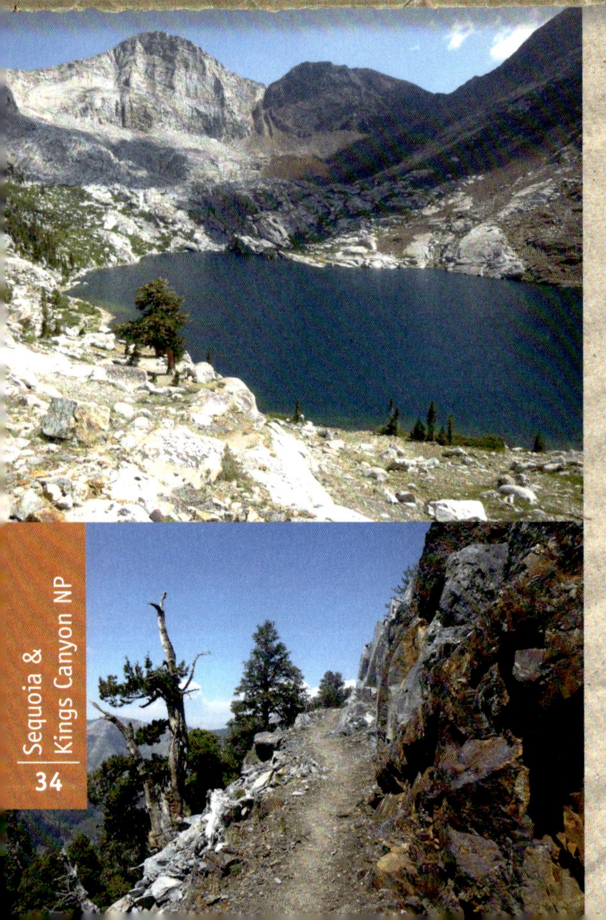

Gestern sind wir in Mineral King angekommen, einem abgelegenen, wenig überlaufenen Tal im Sequoia NP. Hier haben wir im Silver City Resort mitten im Wald unsere kleine Hütte von 1930 bezogen, um von hier aus einige Wanderungen zu unternehmen. Einst wohnten hier die Minenarbeiter, die im Mineral King Valley Silber abgebaut haben. Nach einem Frühstück auf unserer Veranda fahren wir für 4 mi die Mineral King Rd in Richtung Osten bis zu ihrem Ende. Dort teilt sich die Straße in zwei kurze Arme; wir nehmen den linken Abzweig und parken nach wenigen Metern am Straßenrand. Hier befindet sich der Franklin Pass Trailhead, wo unsere lange Wanderung zum Lower Franklin Lake beginnt. Vor uns liegt ein dicht bewaldetes, großes Tal, dessen verschiedene Grüntöne einen malerischen Kontrast zum blauen Himmel bilden.

Wir starten den Franklin Lakes Trail und laufen ein kleines Stück geradeaus am linken, östlichen Hang entlang, der das liebliche Tal des East Fork Kaweah River begrenzt. Der Weg führt moderat aufwärts, im Wechsel mit ebenen Passagen, durch Wiese und Buschwerk in Richtung Süden. Um uns herum sehen wir auf Wald und runde Bergkuppen. Nach 1,5 km überqueren wir den kleinen Crystal Creek. Wir sind fast allein auf dem Pfad und genießen die Ruhe, die nur vom Rauschen eines Wasserfalls unterbrochen wird. Nach 1,9 km wird der Weg steiler und dreht in südöstliche Richtung. Den Wasserfall erreichen wir nach 2,9 km, hier überqueren wir den Franklin Creek – trockenen Fußes hüpfen wir über einige strategisch günstig platzierte Steine. Kurz danach zweigt ein Pfad rechts ab, wir halten uns links und bleiben auf der Hauptroute. Nun führt der Weg in Serpentinen den Hang hinauf. Nach 4,2 km verläuft der Weg wieder gerade bergauf, nach 5,3 km und einer kleinen Abwärtspassage laufen wir erneut einige Serpentinen, die uns den Aufstieg erleichtern. Es ist heiß und wir bleiben stehen, um die traumhaft schöne Umgebung zu betrachten. Zu unserer Rechten ragen oberhalb des Tals graue Gipfel mit orangeroten Maserungen auf. Auf einer Fuchsschwanz-Kiefer sitzt ein dickes Murmeltier. Es genießt die Sonne

Murmeltiere sind in der gesamten Nordhälfte der USA verbreitet. Die Mehrzahl der Spezies lebt in Kolonien, die aus einem dominanten Paar sowie deren jüngeren Verwandten bestehen. Murmeltiere begrüßen sich; sie reiben ihre Nasen aneinander und stecken die Köpfe zusammen. Im Frühsommer beschädigen die pelzigen, furchtlosen Nager im Mineral King Valley gern die Kabel parkender Autos. Wer auf Nummer sicher gehen will, wickelt sein Auto wie ein Geschenk in eine Plane ein.

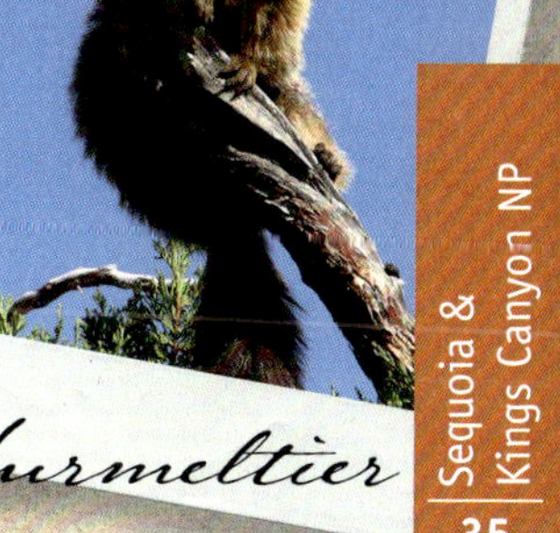

Murmeltier

und zeigt sich vollkommen unbeeindruckt von unserer Anwesenheit. Wir gehen weiter und erreichen nach 5,9 km einen Abzweig. Der Weg zu den Franklin Lakes führt scharf links nach Norden und schwenkt dann bald erneut nach Osten. Einige Male führt der Weg an steilen Abhängen entlang, die jedoch nicht allzu beängstigend sind. Nach 7,4 km laufen wir in nördliche Richtung durch ein hübsches Tal, das mit Moos und Wildblumen bedeckt ist, und queren erneut den Fluss. Der Weg wird nun sehr steinig und schwer begehbar, führt in einer Rechtskurve um den Tulare Peak herum und zieht sich dann aufwärts nach Südosten. Nach 9,2 km erreichen wir den graublauen Lower Franklin Lake, in einem Talkessel liegend. Der orangerot schattierte Tulare Peak liegt nun vor uns, Florence Peak thront als graue Eminenz daneben. Auf den flachen Felsen oberhalb des Sees nehmen wir ein ausgedehntes Sonnenbad und essen unseren mitgebrachten Lunch. Dann machen wir einen kurzen Abstecher zum südlich gelegenen zweiten Franklin Lake, bevor wir den langen Rückweg antreten.

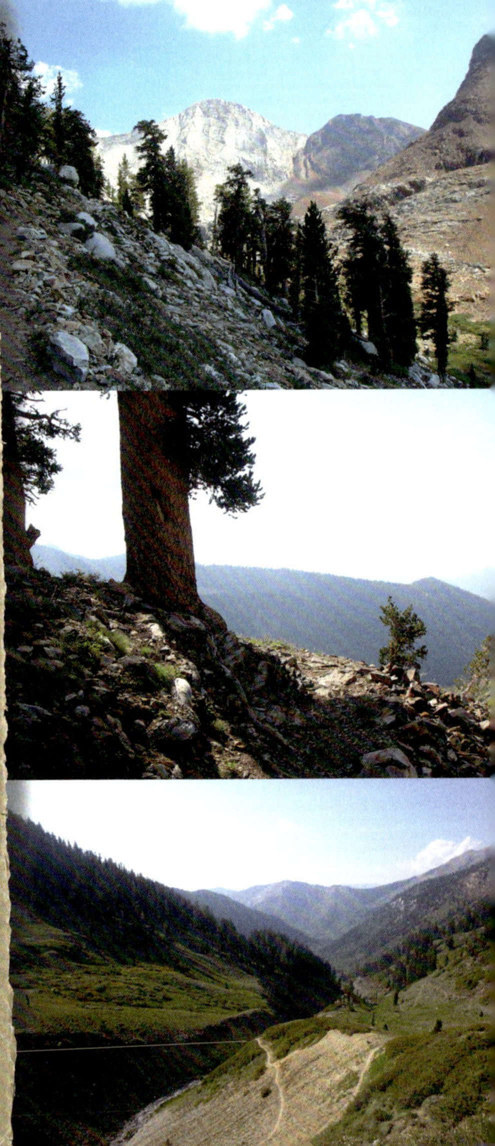

FACTS & FIGURES

Weg zum Trailhead:
Anfahrt ab Mineral King (Silver City Resort): 4 mi auf Mineral King Rd bis zur Gabelung (östlich). Dann linken, kurzen Abzweig nehmen, dort parken und bis zum Ende der Straße laufen, wo sich der Trailhead befindet. SUV mit „High Clearance“ empfohlen.

Anfahrt ab Three Rivers: 4 mi auf Hwy 198 in Richtung Norden. Dann rechts auf Mineral King Rd, dort 25 mi bis zur Gabelung. Hier linken, kurzen Abzweig nehmen, dort parken und bis zum Ende der Straße laufen, wo sich der Trailhead befindet. SUV mit „High Clearance“ empfohlen.

Länge: ★★★☆☆
18,4 km (11,5 mi) hin und zurück.

Wanderzeit: ★★★★☆
7,5 Std.

Höhe:

Trailhead:	2.386 m (7.828 ft)
Lower Franklin Lake:	3.235 m (10.614 ft)
HM hin/zurück:	± 871/22 m

Wegbeschaffenheit: ★★★☆☆
Weg wird zunehmend steinig.

Kondition: ★★★★☆

Betrieb: ★★☆☆☆

Beste Jahreszeiten:
(Früh-)Sommer, Herbst.

Tanken:
Three Rivers.

Basecamps:
Mineral King,
Three Rivers (⚠ längere Anfahrt).

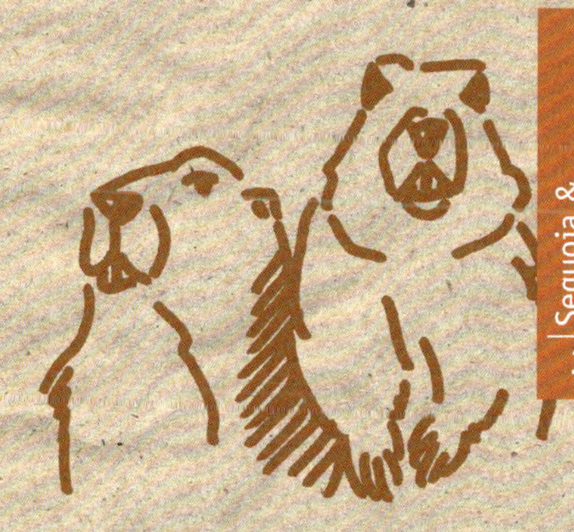

SPECIAL TIP

Lohnenswerter Mehrtagestrip Wer die außergewöhnlich schöne Gegend rund um die Franklin Lakes intensiver erkunden möchte, kann aus der Tageswanderung einen Mehrtagestrip machen. Übernachtungsmöglichkeiten gibt es am Lower Franklin Lake und am rund 8 km weiter östlich gelegenen Forester Lake. Hierfür folgt man dem Weg vorbei am Lower Franklin Lake und weiter über den gleichnamigen Pass. Vorsicht: Der Weg über den Pass und zurück erfordert die Überwindung von weiteren 800 Höhenmetern. Für das Campen im Sequoia NP benötigt man eine Genehmigung (sechs Monate im Voraus online erhältlich unter recreation.gov oder in der Ranger Station in Mineral King).

TICKER --- TICKER --- TICKER---TICKER ---TICKER---TICKER

0-1,9 km (0-1,2 mi) Franklin Lakes Trail führt moderat aufwärts, im Wechsel mit ebenen Passagen, am linken Hang des East Fork Kaweah River-Tals (südlich) --- **1,5 km** (0,9 mi) Überquerung des Crystal Creek --- **1,9-2,9 km** (1,2-1,8 mi) Weg führt steiler aufwärts (südöstlich) --- **2,9 km** (1,8 mi) Wasserfall; Überquerung des Franklin Creek --- **2,9-4,2 km** (1,8-2,6 mi) Weg führt in Serpentinen aufwärts --- **4,2-5,3 km** (2,6-3,3 mi) Weg führt gerade aufwärts --- **5,3-5,9 km** (3,3-3,7 mi) Weg führt nach kurzer Abwärtspassage in Serpentinen aufwärts (östlich) --- **5,9 km** (3,7 mi) Weg teilt sich; Weg zu den Franklin Lakes führt links (nördlich) --- **5,9-9,2 km** (3,7-5,8 mi) Weg führt aufwärts durch felsiger werdendes Terrain in großem Bogen rechts um den Tulare Peak herum (nördlich/östlich/südöstlich) --- **7,4 km** (4,6 mi) Weg führt für 200 m durch ein kleines Tal; Überquerung des Franklin Creek (nördlich) --- **9,2 km** (5,8 mi) Lower Franklin Lake erreicht

Lower Franklin Lake

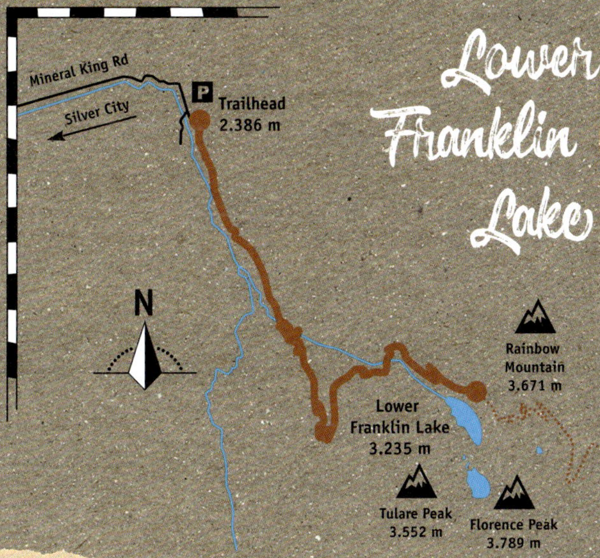

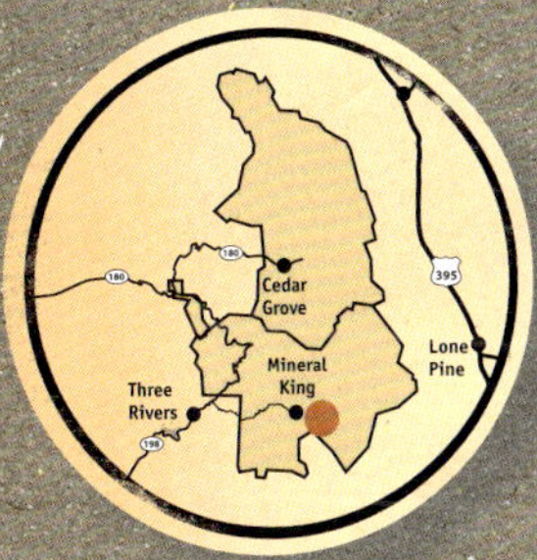

Mineral King Rd
Silver City
P
Trailhead
2.386 m
N
Rainbow Mountain
3.671 m
Lower Franklin Lake
3.235 m
Tulare Peak
3.552 m
Florence Peak
3.789 m
Forester Lake

Cedar Grove
Mineral King
Three Rivers
Lone Pine
180
395
198

0 m 700 m 1.400 m

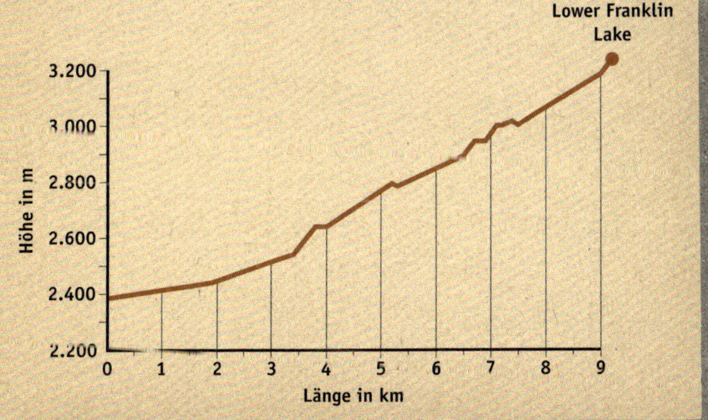

White Chief Canyon

via White Chief Canyon Trail

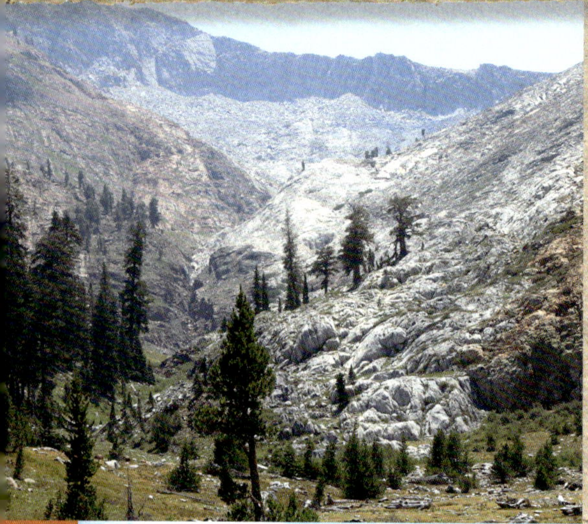

Am zweiten Tag im Mineral King Valley wollen wir uns auf die Spuren der hiesigen Minengeschichte begeben und werden zu einem alten Schacht im White Chief Canyon wandern. Der Canyon ist eine Schlucht mit Wänden aus Granit und Kalkstein und bildet den Lebensraum für viele Wildtiere. Ende des 19. Jahrhunderts wurden dort und an anderen Orten in Mineral King Gold und Silber entdeckt. Wir fahren wie gestern 4 mi in Richtung Osten bis zum Ende der Mineral King Rd. Bei der Gabelung nehmen wir heute den rechten Abzweig und parken nach wenigen Metern auf einem Parkplatz. Hier befindet sich der Eagle-Mosquito Trailhead, wo unsere Wanderung entlang des westlichen Hangs des East Fork Kaweah River Valley startet. Der Trip heute wird deutlich kürzer und weniger anstrengend sein als die Wanderung zu den Franklin Lakes.

Wir laufen aufwärts geradeaus in Richtung Süden. Farne, Büsche und Nadelbäume wachsen an den Hängen und geben der Landschaft ihre grüne Färbung. Der Vandever Mountain ist bereits sichtbar und überragt das südliche Ende des Tals. Links neben ihm sehen wir den Farewell Gap, einen Sattel zwischen den Bergen, über den der Weg aus dem Sequoia NP hinausführt. Nach 0,5 km überqueren wir den Spring Creek über eine Brücke. Ein zweites Mal kreuzt unser Weg nach 1,4 km ein Flüsschen, das sich leicht überqueren lässt. Ab jetzt wird es richtig steil und wir ringen nach Luft – eine gute Gelegenheit, einmal stehen zu bleiben und die Aussicht auf die Bergwelt zu genießen. Nach 1,6 km erreichen wir einen Abzweig, wir gehen geradeaus weiter in Richtung White Chief Canyon. Kurze Zeit später führt der Weg für 200 m in Serpentinen den rechten Hang hinauf. Der Weg bleibt steil und wird steinig. Nach 2,4 km schwingt er nach Osten und dann nach Westen, um dann in einer großen, nord-südlichen S-Kurve dem Flussverlauf des Kaweah River zu folgen. Wir müssen nun mehrfach den Fluss überqueren, der bald wieder in südliche Richtung verläuft. Nach 2,9 km ebnet sich der Weg für 400 m ein und wir laufen über eine Wiese. Hier beginnt der White Chief Canyon, ein unwirklich schöner Ort mit

Der Weißwedelhirsch ist die häufigste Hirschart Nordamerikas. Namengebend ist der Schwanz, der oberseits braun ist, unterseits aber weiß. Auf der Flucht wird er aufgerichtet, so dass man ein weißes „Fluchtsignal" sieht. Die Männchen tragen ein Geweih, das jeweils nach der Brunft abgeworfen und danach wieder neu gebildet wird. 10 % der Männchen verlieren die samtartige Haut über den Geweihstangen nicht, die sie gewöhnlich abwerfen. Dieser Phänotyp weist auch einen Körperbau auf, der eher dem der Weibchen entspricht. Sie gelten als nicht zeugungsfähig.

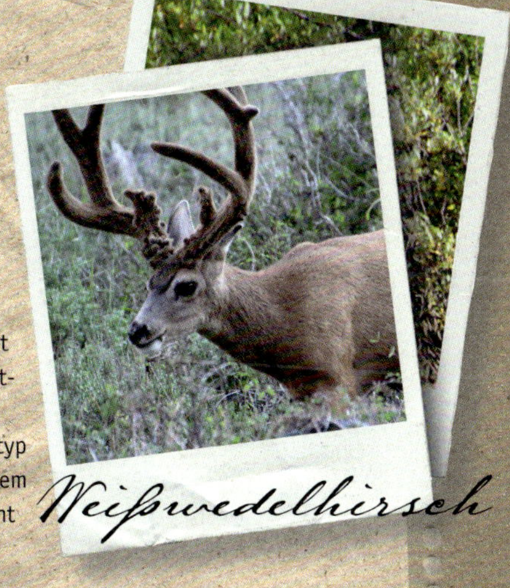
Weißwedelhirsch

weißgrauen, schroffen Felswänden, durch den der Fluss friedlich mäandert und der mit kleinen Baumgruppen gesprenkelt ist. Ein Hirsch springt vor uns aus dem Gebüsch und sucht schnell das Weite. Rechts neben dem Weg treffen wir auf Relikte einer alten Goldgräberhütte. Das letzte Stück des Wegs führt moderat bergauf und endet nach 4,5 km am Kaweah River. Hier führt ein Pfad rechts über den Fluss zum Schacht der ehemaligen White Chief Mine hinauf. Wir wagen den 200 m langen, heiklen Aufstieg über Fels und Geröll bis zu ihrem Eingang. Der Eintritt ist auf eigene Gefahr, und so betreten wir den Schacht auch nur kurz, um ein wenig geschichtsträchtige Luft zu atmen. Wer noch Energie übrig hat, kann von der Mine aus dem felsigen, mit Steinmännchen markierten Weg hinauf in ein höher gelegenes Gletscherbassin folgen, der Aufstieg soll sich lohnen. Neben der landschaftlichen Schönheit des Bassins kann man dort Überbleibsel aus der Zeit finden, als hier Gold und Silber abgebaut wurden. Wir haben jedoch für heute genug geleistet und freuen uns auf ein gegrilltes Steak mit Gemüse.

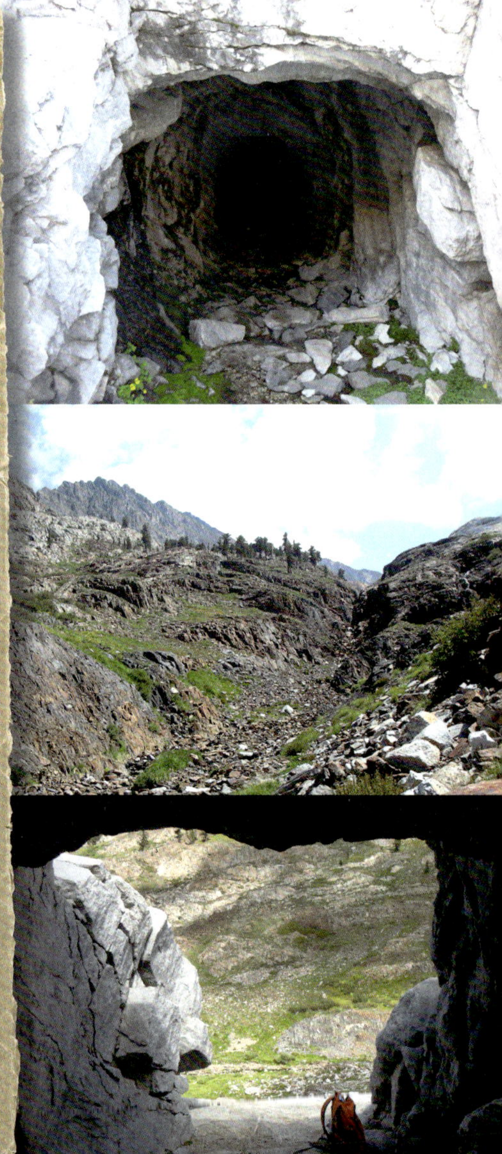

FACTS & FIGURES

Weg zum Trailhead:
Anfahrt ab Mineral King (Silver City Resort): 4 mi auf Mineral King Rd in Richtung Osten bis zur Gabelung. Hier ersten, rechten Abzweig nehmen, nach wenigen Metern kommt ein Parkplatz. Hier befindet sich der Trailhead. SUV mit „High Clearance“ empfohlen.

Anfahrt ab Three Rivers: 4 mi auf Hwy 198 in Richtung Norden. Dann rechts auf Mineral King Rd, dort 25 mi bis zur Gabelung. Hier ersten, rechten Abzweig nehmen, nach wenigen Metern kommt ein Parkplatz. Hier befindet sich der Trailhead. SUV mit „High Clearance“ empfohlen.

Länge: ★★☆☆☆
9 km (5,6 mi) hin und zurück.

Wanderzeit: ★★☆☆☆
4 Std.

Höhe:

Trailhead:	2.393 m	(7.851 ft)
White Chief Canyon:	2.898 m	(9.508 ft)
HM hin/zurück:		± 505 m

Wegbeschaffenheit: ★★★☆☆

Kondition: ★★☆☆☆

Betrieb: ★★☆☆☆

Beste Jahreszeiten:
(Früh-)Sommer, Herbst.

Tanken:
Three Rivers.

Basecamps:
Mineral King,
Three Rivers (⚠ längere Anfahrt).

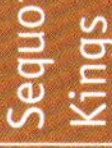

SPECIAL TIP

Tal mit ambitioniertem Namen Abgeschieden gelegen und infrastrukturell wenig erschlossen, hat das Mineral King Valley einen ganz besonderen Charme. Das sanfte Tal mit seinen grünen Wiesen und runden Hügeln, umrahmt von vielfarbigen Berggipfeln, konnte sich seine Ursprünglichkeit weitgehend bewahren – trotz früherer Versuche, es wirtschaftlich auszubeuten. 1871 wurde in Mineral King Gold entdeckt. Das zog in den folgenden Jahren viele Glücksritter an. Die Hoffnung auf große Reichtümer starb jedoch schnell. Noch einmal wurde das versteckte Naturparadies bedroht, als Walt Disney in den 1960er Jahren dort ein Skigebiet einrichten wollte. Naturschützer konnten den Plan jedoch verhindern. 1978 wurde das Tal Teil des Sequoia NP.

TICKER --- TICKER --- TICKER---TICKER ---TICKER---TICKER

0-1,4 km (0-0,9 mi) White Chief Canyon Trail führt moderat aufwärts, dann fast eben am rechten Hang des East Fork Kaweah River-Tals (südlich) --- **0,5 km** (0,3 mi) Überquerung des Spring Creek --- **1,4 km** (0,9 mi) Überquerung des Eagle Creek --- **1,4-2,2 km** (0,9-1,4 mi) Weg führt steil aufwärts - bis auf eine kurze ebene Passage (1,8-2,0 km) --- **1,6 km** (1,0 mi) Weg teilt sich; Weg zum White Chief Canyon führt geradeaus --- **2,2-2,4 km** (1,4-1,5 mi) Weg führt in Serpentinen aufwärts --- **2,4-2,9 km** (1,5-1,8 mi) Weg schwingt in großen Bögen aufwärts und folgt dem Kaweah River; mehrere Flussüberquerungen (erst östlich/westlich, dann nördlich/südlich) --- **2,9-3,3 km** (1,8-2,0 mi) Weg führt fast eben über eine Wiese in den Canyon hinein --- **3,3-4,5 km** (2,0-2,8 mi) Weg führt moderat aufwärts durch den Canyon --- **4,5 km** (2,8 mi) White Chief Canyon (Ende) erreicht

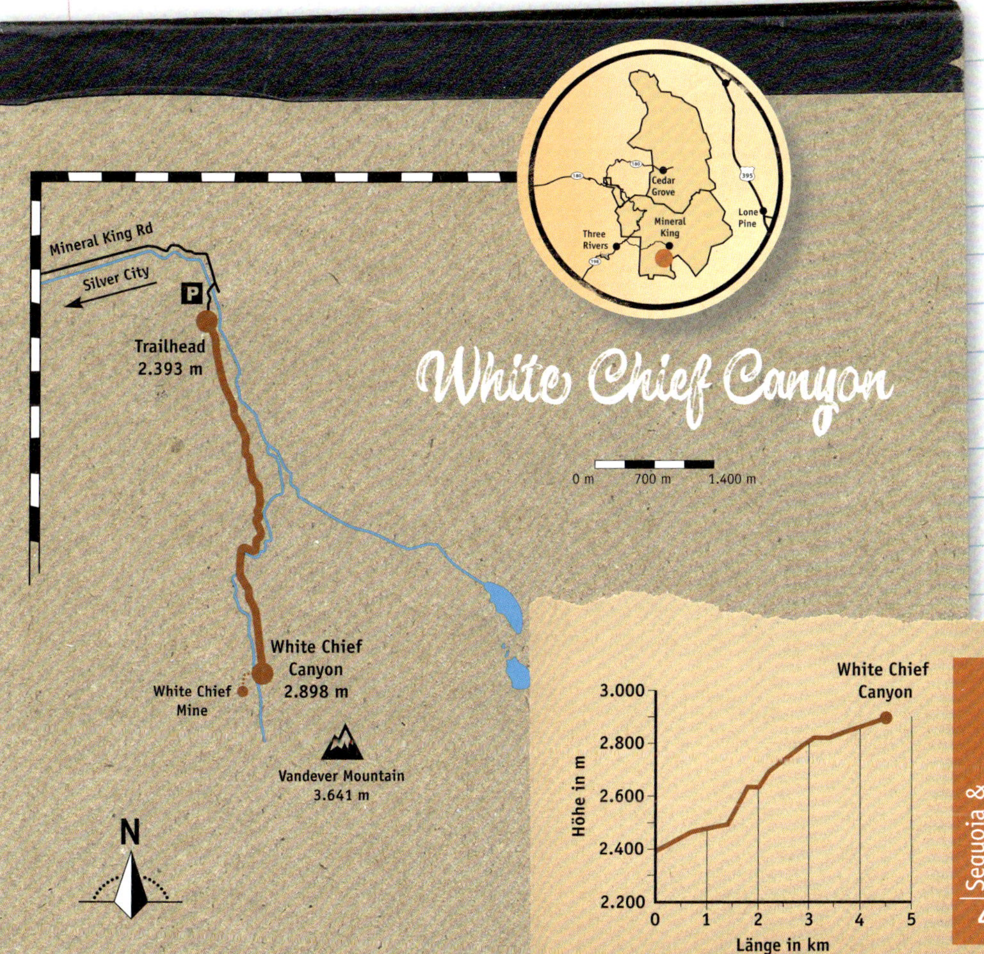

White Chief Canyon
Mineral King Rd
Silver City
P
Trailhead
2.393 m
White Chief
Canyon
2.898 m
White Chief
Mine
Vandever Mountain
3.641 m
N
0 m
700 m
1.400 m
Cedar
Grove
Lone
Pine
Three
Rivers
Mineral
King
180
395
198
White Chief
Canyon
3.000
2.800
2.600
2.400
2.200
Höhe in m
0
1
2
3
4
5
Länge in km

Paradise Ridge
via Paradise Ridge Trail

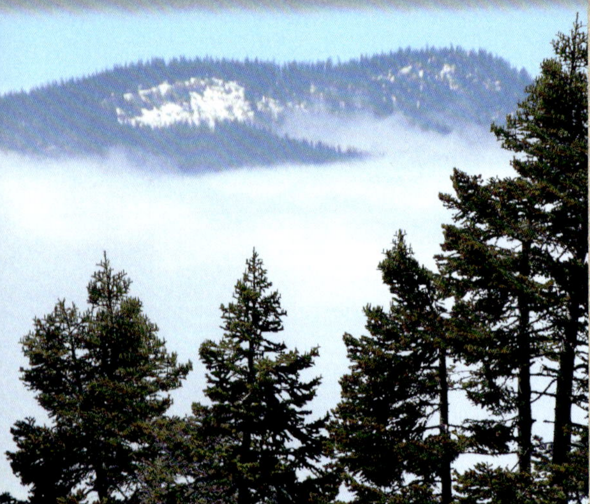

Der morgendliche Blick aus unserem Hüttenfenster verheißt nichts Gutes, denn wir können kaum etwas sehen. Das Resort samt umliegendem Wald ist komplett in dichten Nebel gehüllt. In unserer Cabin gibt es keine Heizung und es ist ziemlich frisch, also essen wir unser Frühstück heute lieber im gemütlichen Restaurant neben dem heißen Ofen. Am späten Vormittag klart es ein bisschen auf, so dass wir uns dafür entscheiden, die kurze Wanderung zum Paradise Ridge zu machen. Hier soll sich der Atwell Grove befinden. Dies ist der am höchsten gelegene Hain mit den Mammutbäumen, für die der Sequoia NP so berühmt ist. Wir fahren vom Silver City Resort 1,6 mi westlich auf der Mineral King Rd und parken beim Atwell Mill Campground. Rund 400 m weiter in Richtung Westen befindet sich unser Trailhead auf der anderen, rechten Straßenseite.

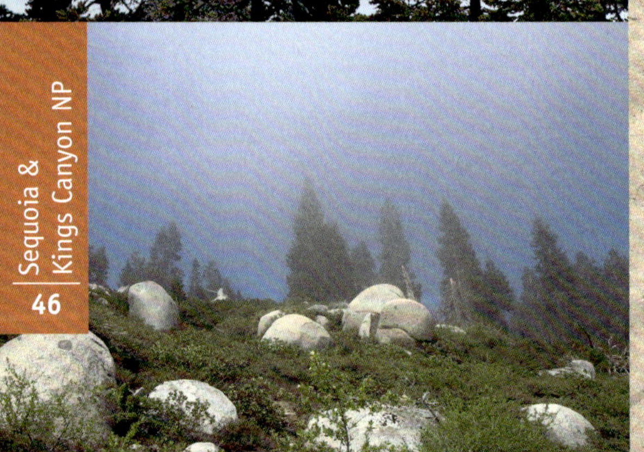

Die Riesenmammutbäume sind an den Westhängen der Sierra Nevada beheimatet – in Höhenlagen zwischen 1.350 und 2.500 m. Sie erreichen Wuchshöhen von bis zu 95 m und können an der sehr weit ausladenden Basis einen Stammdurchmesser von bis zu 17 m erreichen. Die ältesten Exemplare sind über 2.500 Jahre alt. Heute sind nur noch zwei Drittel der ehemaligen Bestände erhalten, allerdings befinden sich die meisten von ihnen in Naturschutzgebieten, was sie vor einer Abholzung bewahrt.

Der Paradise Ridge Trail startet direkt oberhalb der Mineral King Rd und wir laufen den Berg hoch, der das Mineral King Valley an seiner Nordseite begrenzt. Zunächst führt der Weg ein kurzes Stück eben geradeaus und dann in engen Serpentinen meist aufwärts durch einen Nadelwald in Richtung Norden. Bald treffen wir auf den unteren Bereich des Atwell Grove. Hier hat vor einiger Zeit ein Waldbrand gewütet. In dem immer noch dichten Nebel sehen die Stämme kleinerer Mammutbäume, die verkohlt am Wegesrand stehen oder in Blumenteppichen liegen, wie Teile einer skurrilen Märchenwelt aus. Die Feuchtigkeit hat zarte Netze zwischen den Baumstämmen, den Farnen und den Säckelblumen gesponnen. Der Wald ist hier licht und es duftet intensiv nach Vanille, was einen seltsamen Kontrast zur gedämpften Atmosphäre bildet. Nach 0,8 km schwingt der

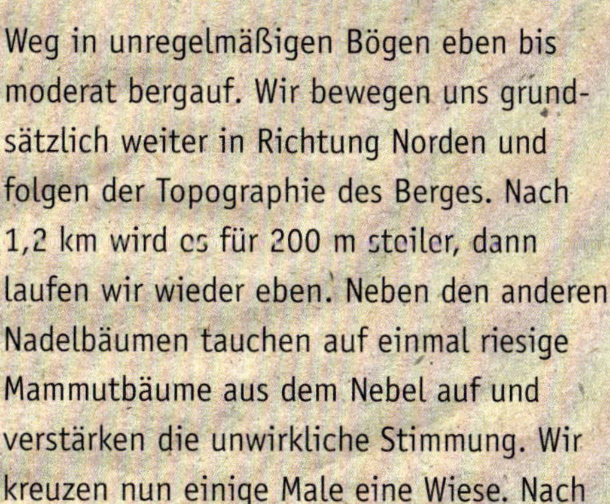

Weg in unregelmäßigen Bögen eben bis moderat bergauf. Wir bewegen uns grundsätzlich weiter in Richtung Norden und folgen der Topographie des Berges. Nach 1,2 km wird es für 200 m steiler, dann laufen wir wieder eben. Neben den anderen Nadelbäumen tauchen auf einmal riesige Mammutbäume aus dem Nebel auf und verstärken die unwirkliche Stimmung. Wir kreuzen nun einige Male eine Wiese. Nach

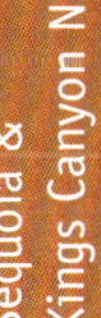

1,6 km führt der Weg in langen Ost-West-Serpentinen weiter den Hang hinauf. Ich höre einen Fluss rauschen und vermute, es ist der Atwell Creek, der weiter unten in den Kaweah River mündet. Jetzt wechseln sich kurze steile Aufwärts- mit Abwärtspassagen ab. Nach 2,0 km führt der Weg konstant bergauf und nach 2,5 km wird die Steigung für 400 m wieder erheblich moderater. Wir suchen uns einen Baumstamm und machen eine Pause, um uns von dem anstrengenden Auf und Ab zu erholen. Dann geht es weiter und nach 2,9 km führt der Weg nun in engen, kurzen Serpentinen weiter aufwärts. Bald laufen wir noch einmal eine kurze ebene Strecke in Richtung Nordosten. Nach 3,6 km führt der Weg erst eben und dann weitgehend aufwärts in Richtung Nordwesten. Das Paradise Ridge erreichen wir nach 4,9 km. Von hier aus könnte man weitere, beschwerliche 4,8 km in Richtung Westen zum Paradise Peak laufen, was sich heute jedoch nicht lohnt. Bevor wir den Rückweg antreten, reißt der Himmel auf und offenbart einen großartigen Blick auf die umliegenden, wie in Watte gehüllten Berge.

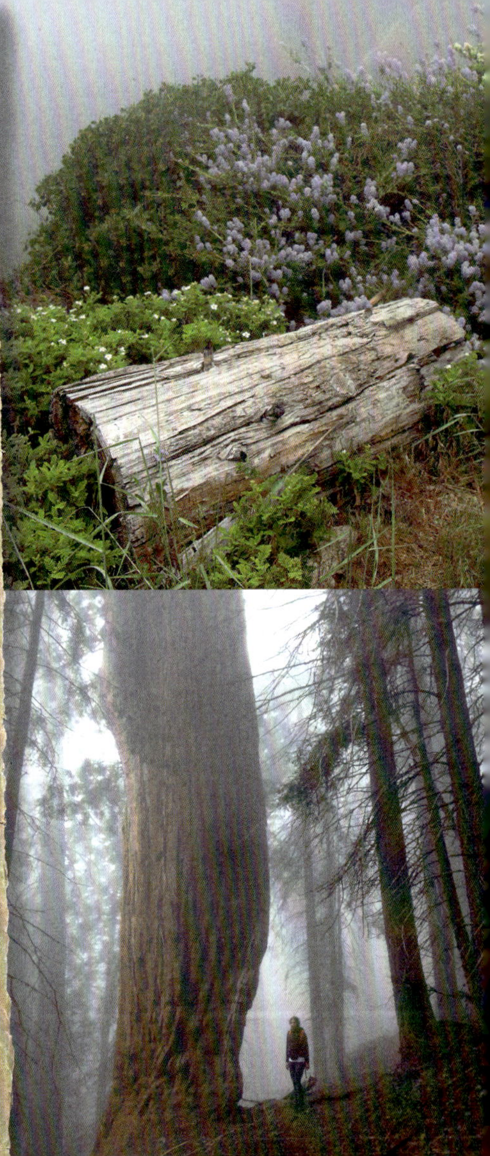

FACTS & FIGURES

Weg zum Trailhead:
Anfahrt ab Mineral King (Silver City Resort): 1,6 mi auf Mineral King Rd in Richtung Westen bis zum Paradise Ridge Trailhead rechts an der Straße (nördlich). Kurz davor parken beim Atwell Mill Campground auf der anderen Straßenseite (Parkplatz). Kein SUV mit „High Clearance" notwendig.

Anfahrt ab Three Rivers: 4 mi auf Hwy 198 in Richtung Norden. Dann rechts auf Mineral King Rd, dort rund 19 mi bis zum Paradise Ridge Trailhead links an der Straße (nördlich). Kurz danach parken beim Atwell Mill Campground auf der anderen Straßenseite (Parkplatz). Kein SUV mit „High Clearance" notwendig.

Länge: ★★☆☆☆
9,8 km (6,1 mi) hin und zurück.

Wanderzeit: ★★☆☆☆
4 Std.

Höhe:

Trailhead:	1.992 m	(6.535 ft)
Paradise Ridge:	2.579 m	(8.461 ft)
HM hin/zurück:	± 629/42 m	

Wegbeschaffenheit: ★★★☆☆

Kondition: ★★★☆☆

Betrieb: ★★☆☆☆

Beste Jahreszeiten:
(Früh-)Sommer, Herbst.

Tanken:
Three Rivers.

Basecamps:
Mineral King,
Three Rivers (⚠ längere Anfahrt).

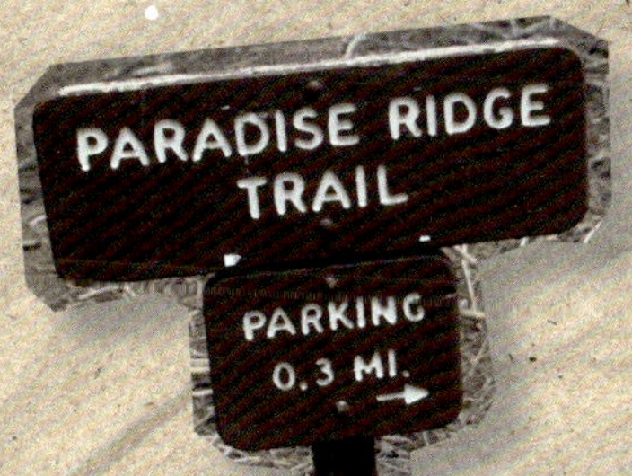

SPECIAL TIP

Schöner wohnen geht nicht Das charmante Silver City Resort liegt mitten im Wald unter Kiefern und Mammutbäumen. 15 einfache oder luxuriöse Holzhütten bieten Wanderern und Erholungssuchenden mit oder ohne Kinder originelle Unterkünfte. Im Restaurant serviert man unter anderem Burger mir Pommes frites und Wassermelone sowie selbstgebackenen Waldbeeren-Pie. Nach einer kalorienverbrauchenden Wanderung kann man sich ohne Reue der Schlemmerei hingeben. Bei schönem Wetter genießt man das Essen auf der Holzterrasse und macht im Anschluss noch ein munteres Feuer vor seiner Cabin (buchbar unter silvercityresort.com).

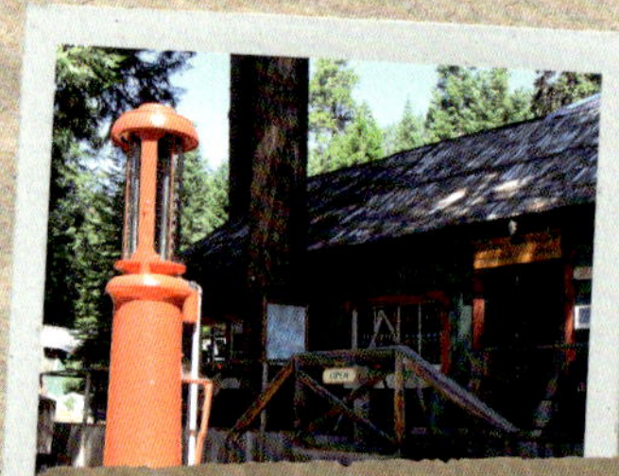

TICKER --- TICKER --- TICKER---TICKER ---TICKER---TICKER

0-0,8 km (0-0,5 mi) Paradise Ridge Trail führt meist aufwärts, zunächst gerade, dann in engen Serpentinen, durch Nadelwald und den unteren Bereich des Atwell Grove (nördlich) --- **0,8-1,2 km** (0,5-0,8 mi) Weg schwingt in unregelmäßigen Bögen eben bis moderat aufwärts --- **0,7 km** (0,4 mi) Weg führt kurz abwärts --- **1,2-1,4 km** (0,8-0,9 mi) Weg führt steil bergauf, Wald wechselt sich mit Wiese ab --- **1,4-2,0 km** (0,9-1,3 mi) Weg führt erst eben, dann auf- und abwärts im Wechsel in großen Ost-West-Serpentinen (grundsätzlich nördlich) --- **2,0-2,5 km** (1,3-1,6 mi) Weg führt aufwärts --- **2,5-2,9 km** (1,6-1,8 mi) Weg führt sehr moderat aufwärts durch lichten Wald --- **2,9-3,2 km** (1,8-2,0 mi) Weg führt in kurzen, engen Serpentinen aufwärts --- **3,2-3,6 km** (2,0-2,3 mi) Weg führt eben (nordöstlich) --- **3,6-4,9 km** (2,3-3,1 mi) Weg führt gerade, erst eben, dann aufwärts, durch offenes, felsiges Terrain (nordwestlich) --- **4,9 km** (3,1 mi) Paradise Ridge erreicht

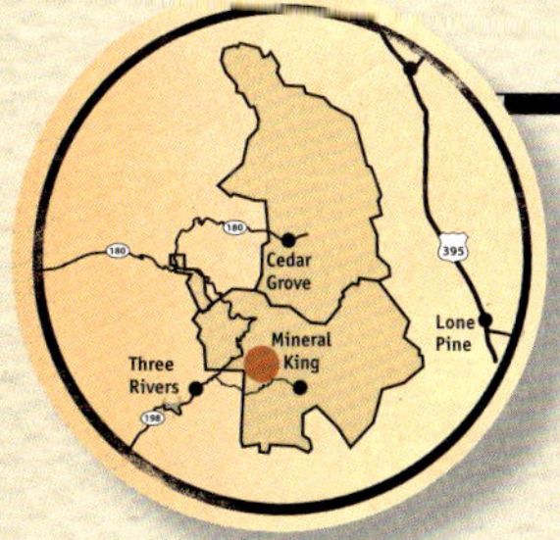

Paradise Ridge

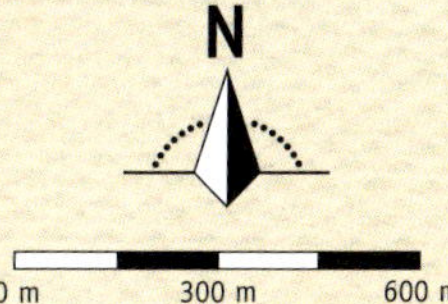

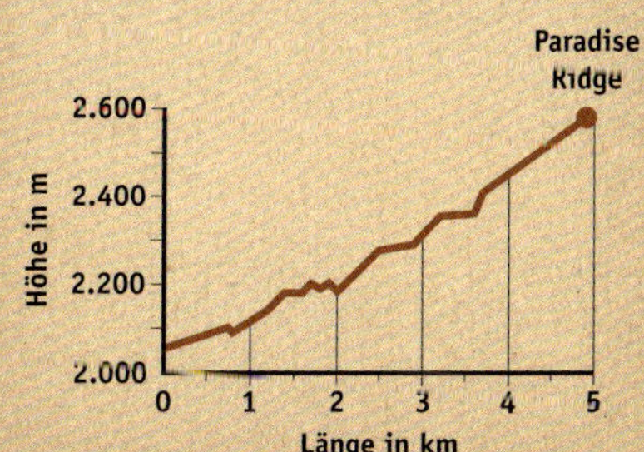

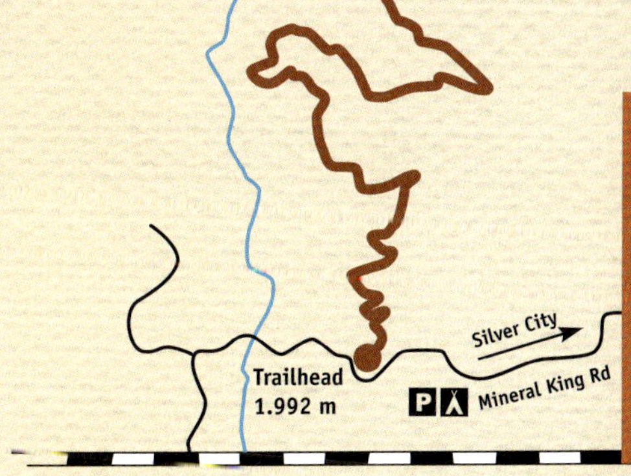

Mist Falls
via Woods Creek Trail

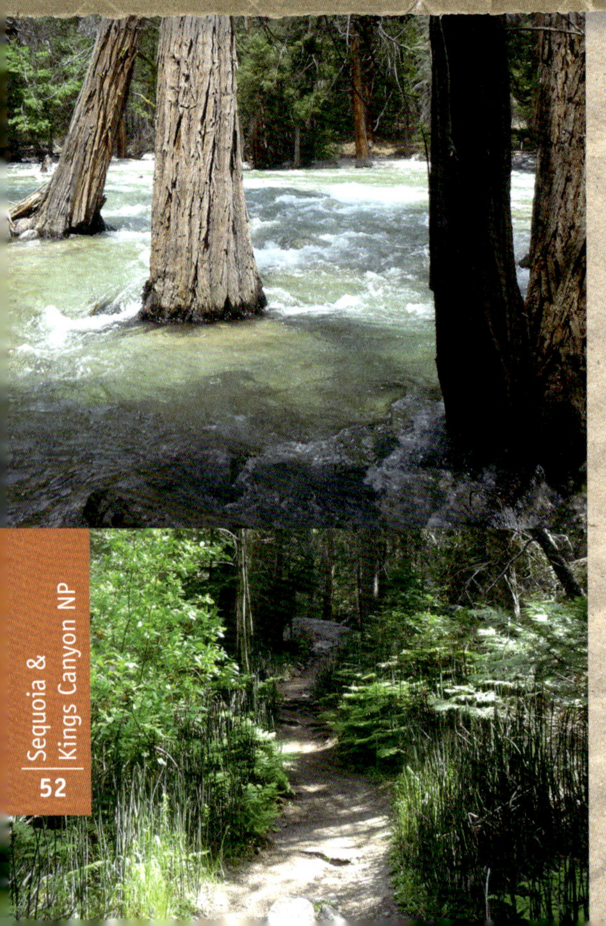

Nachdem wir den Sequoia NP kennengelernt haben, zieht es uns nun in den Kings Canyon NP, der einen völlig anderen Charakter hat als sein Partner im Verbund. Wir machen Station auf dem großzügig angelegten und wunderschönen Sheep Creek Campground, der idyllisch im Wald liegt. Die warmen Temperaturen hier im Canyon haben uns gestern zu einem langen Abend am Lagerfeuer verholfen. Daher machen wir uns heute erst spät auf den Weg, um den Kings Canyon näher zu erkunden. Das Ziel unserer heutigen, recht kurzen Wanderung sind die Mist Falls, Teil des gewaltigen Kings River, der aktuell besonders viel Wasser mit sich führt. Wir fahren durch den tief eingeschnittenen Canyon in Richtung Osten bis zum Ende des Hwy 180, wo sich ein großer Parkplatz und der Roads End Trailhead befinden. Hier parken wir und laufen los.

Der Woods Creek Trail verläuft zunächst eben durch einen lichten Wald in östliche Richtung. Nach einigen Metern überqueren wir einen kleinen Fluss, der vermutlich spätestens ab August nur noch wenig Wasser mit sich führt. Wir laufen am Grund des Kings Canyon entlang. Die tiefe Schlucht ist hier noch weit und offen. Sie wird links und rechts von hohen, schroffen Felswänden begrenzt. Der Sandweg ist breit und es fühlt sich noch an wie ein Spaziergang durch eine wunderschöne Natur. Es ist sehr idyllisch, die Wildblumen sprießen und die Vögel singen aus voller Kehle. Nach 1,8 km verengt sich der Canyon und ebenso verschmälert sich der Weg. Der Wald wird dichter und wir riechen Feuer: Der letzte Waldbrand ist noch nicht lange her, vermuten wir, und sehen auch bald schon verbrannte Bäume. Nach 2,4 km führt der Weg für 50 m moderat bergab, dann ein Stück aufwärts und wieder eben. Die Natur wird üppig und wild; viele Farne, Büsche sowie kleinere Tannen sind vom Brand verschont geblieben und bilden ein grünes Dickicht. Wir laufen nun neben dem grüntürkisen Kings River her, der breit und kraftvoll viele Felsen und Bäume jenseits seines regulären Flussbetts umspült. Nach 3,0 km teilt sich der Weg und wir müssen den linken Abzweig nehmen. Nun mäandert der Weg in moderatem Auf und Ab am röhrenden Kings River entlang weiter durch den Wald. Langsam wird es

Das kennzeichnende Merkmal fast aller 29 Arten von Klapperschlangen ist die Schwanzrassel, mit der sie Warnlaute produzieren können. Bis auf wenige Ausnahmen leben Klapperschlangen in trockenen und warmen Gebieten in Amerika. Die Westliche Klapperschlange lebt in Höhen von bis zu 3.500 m und wird nur bis zu 50 cm lang. Wie alle Grubenottern hat sie seitlich am Kopf zwei Gruben. Darin befindet sich ein Organ, das wie ein Hitzesensor funktioniert. Die Schlange kann kleinste Temperaturschwankungen registrieren und anhand derer erkennen, ob sie ein Beutetier vor sich hat.

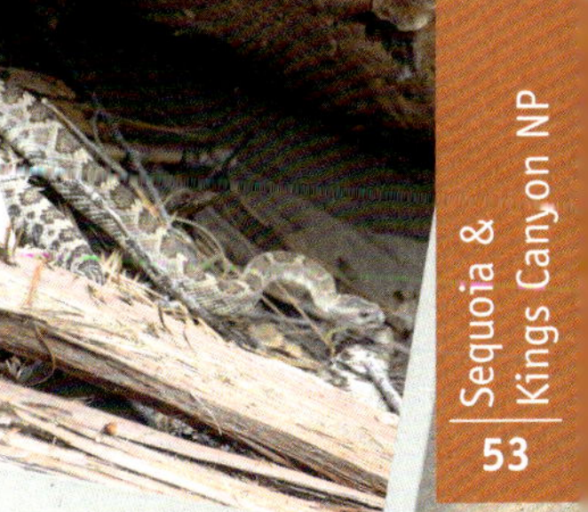

Klapperschlange

felsiger und nach 4 km führt der Weg steiler aufwärts. Der Fluss bleibt zunächst rechts unter uns zurück, dann, nach 4,2 km, treffen wir ihn erneut. Hier ist er noch breiter und überschwemmt den anliegenden Wald mit gewaltiger Kraft – wir können uns kaum losreißen von diesem Naturschauspiel. Plötzlich höre ich ein lautes Geräusch. Es ist schnell identifiziert: eine Klapperschlange flüchtet sich nur einige Schritte vor mir mit erhobener Schwanzrassel in eine Felshöhle. Dort wähnt sie sich in Sicherheit, hört auf zu rasseln und lässt sich ungerührt fotografieren. Wir laufen weiter aufwärts und erreichen nach 5,8 km ein weißes Felsplateau. Hier haben wir tolle Ausblicke in das Tal, aus dem wir gekommen sind. Es geht nach 6,1 km weiter bergauf über Felsen, der Weg wird nun auch steiniger. Nach 6,4 km haben wir die Mist Falls erreicht. Mit ungebremster Power tobt eine gewaltige Wassermenge das Flussbett hinunter und produziert sehr viel Gischt. Weiter oben sind die Blicke auf den Wasserfall nicht besser, daher ist das untere Ende der Mist Falls ein schöner Abschluss für eine zauberhafte Wanderung.

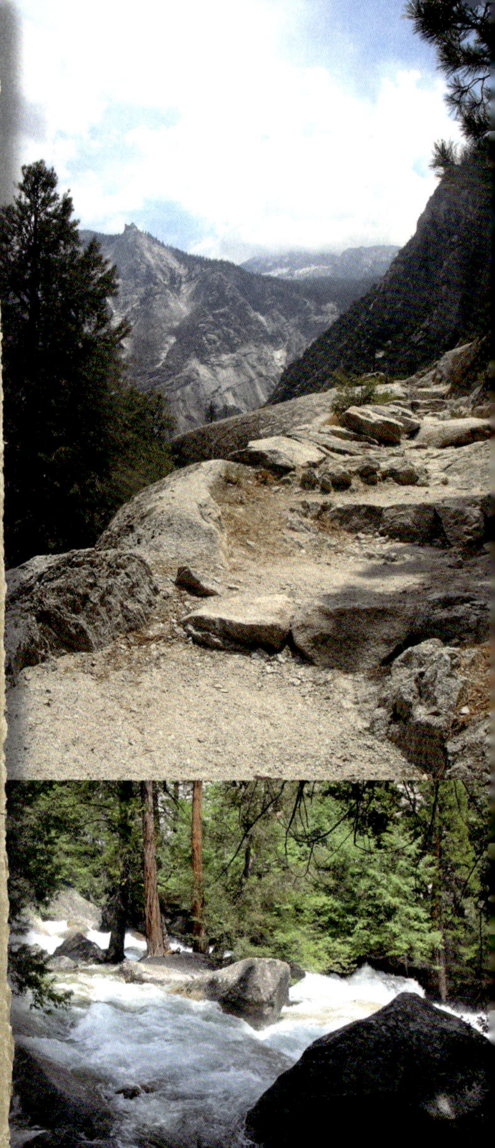

FACTS & FIGURES

Weg zum Trailhead:
Anfahrt ab Cedar Grove: 5,4 mi auf Hwy 180 in Richtung Osten. Dann parken beim Roads End Trailhead (Parkplatz). Kein SUV mit „High Clearance" notwendig.

Anfahrt ab Nordwesteingang (Big Stump): 33 mi auf Hwy 180 in Richtung Osten (⚠ streckenweise kurvige Straße). Dann parken beim Roads End Trailhead (Parkplatz). Kein SUV mit „High Clearance" notwendig.

Länge: ★★☆☆☆
12,8 km (8,0 mi) hin und zurück.

Wanderzeit: ★★☆☆☆
4,5 Std.

Höhe:

Trailhead:	1.528 m	(5.013 ft)
Mist Falls:	1.739 m	(5.705 ft)
HM hin/zurück:		± 211 m

Wegbeschaffenheit: ★★★☆☆

Kondition: ★★☆☆☆

Betrieb: ★★★☆☆

Beste Jahreszeiten:
Frühling, Sommer, Herbst.

Tanken:
Hume Lake (⚠ teuer).

Basecamps:
Cedar Grove,
Three Rivers (⚠ längere Anfahrt).

SPECIAL TIP

Übernachten im Kings Canyon Das riesige Tal ist mit 2.500 m Höhendifferenz die tiefste Schlucht Nordamerikas. Im Gegensatz zum alpinen bis hochalpinen Klima im Sequoia NP ist es im Kings Canyon überwiegend warm und trocken. Da die sagenhafte Fahrt über den Hwy 180 in die Schlucht hinein schon über eine Stunde dauert, sollte man mindestens eine Übernachtung im Canyon einplanen. Unter den zahlreichen Campingmöglichkeiten ist der Sheep Creek Campground eine gute Wahl: Mitten im Wald gelegen und mit Blick auf die hohen Steilwände der Schlucht hat man viel Platz für sich und sein Zelt und kann die beeindruckende Natur in Ruhe genießen.

TICKER --- TICKER --- TICKER---TICKER ---TICKER---TICKER

0-2,4 km (0-1,5 mi) Woods Creek Trail führt fast eben durch lichten Wald (östlich/südöstlich/östlich) --- **2,4-3,0 km** (1,5-1,9 mi) Weg führt moderat abwärts und aufwärts im Wechsel (östlich) --- **3,0 km** (1,9 mi) Weg teilt sich; Weg zu den Mist Falls führt links --- **3,0-3,4 km** (1,9-2,1 mi) Weg führt erst moderat, dann steiler aufwärts, Wald wechselt sich mit offenem Terrain ab (nördlich) --- **3,4-4,2 km** (2,1-2,6 mi) Weg führt eben --- **4,2-6,4 km** (2,6-4,0 mi) Weg führt aufwärts im Wechsel mit ebenen Passagen (Felsplateaus) --- **6,4 km** (4,0 mi) Mist Falls erreicht

Mist Falls

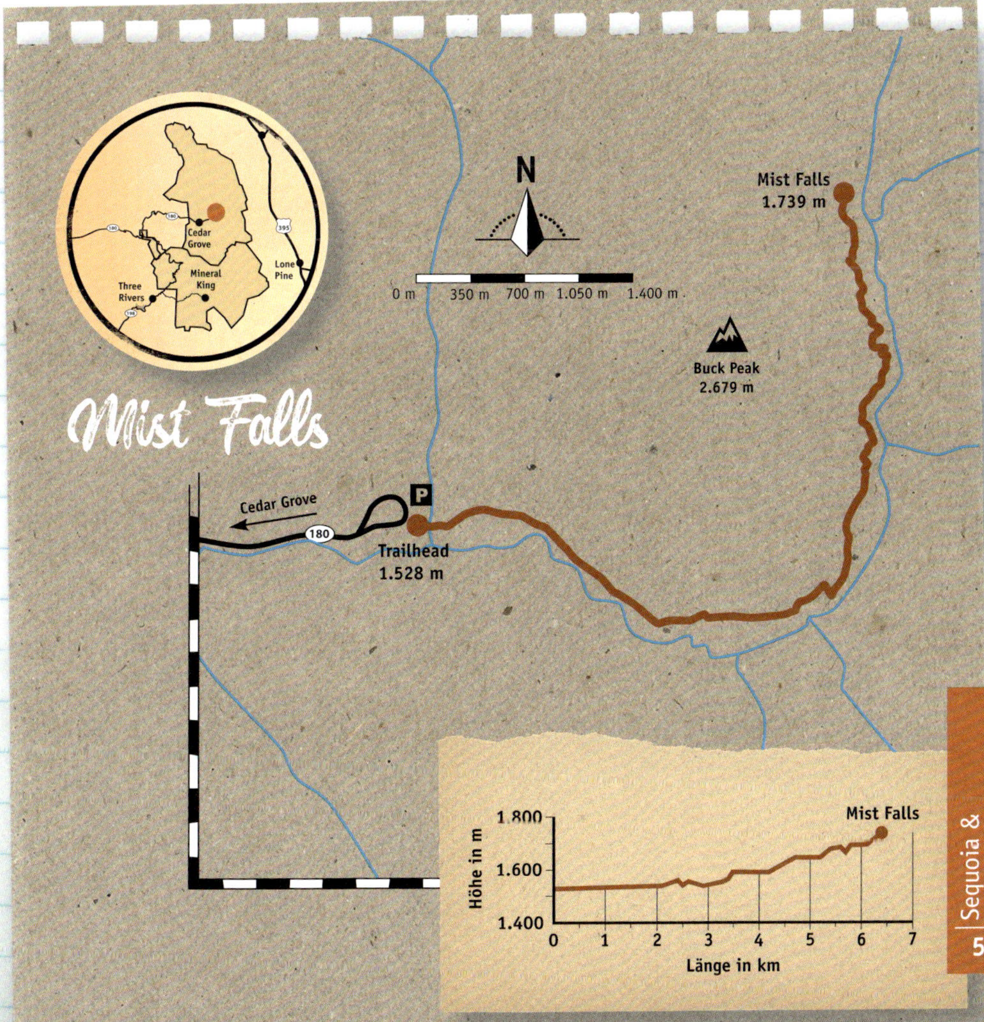

Mist Falls
1.739 m

Buck Peak
2.679 m

N

0 m 350 m 700 m 1.050 m 1.400 m

Cedar Grove
Mineral King
Three Rivers
Lone Pine

Cedar Grove
180
P
Trailhead
1.528 m

Höhe in m
1.800
1.600
1.400
Mist Falls
0 1 2 3 4 5 6 7
Länge in km

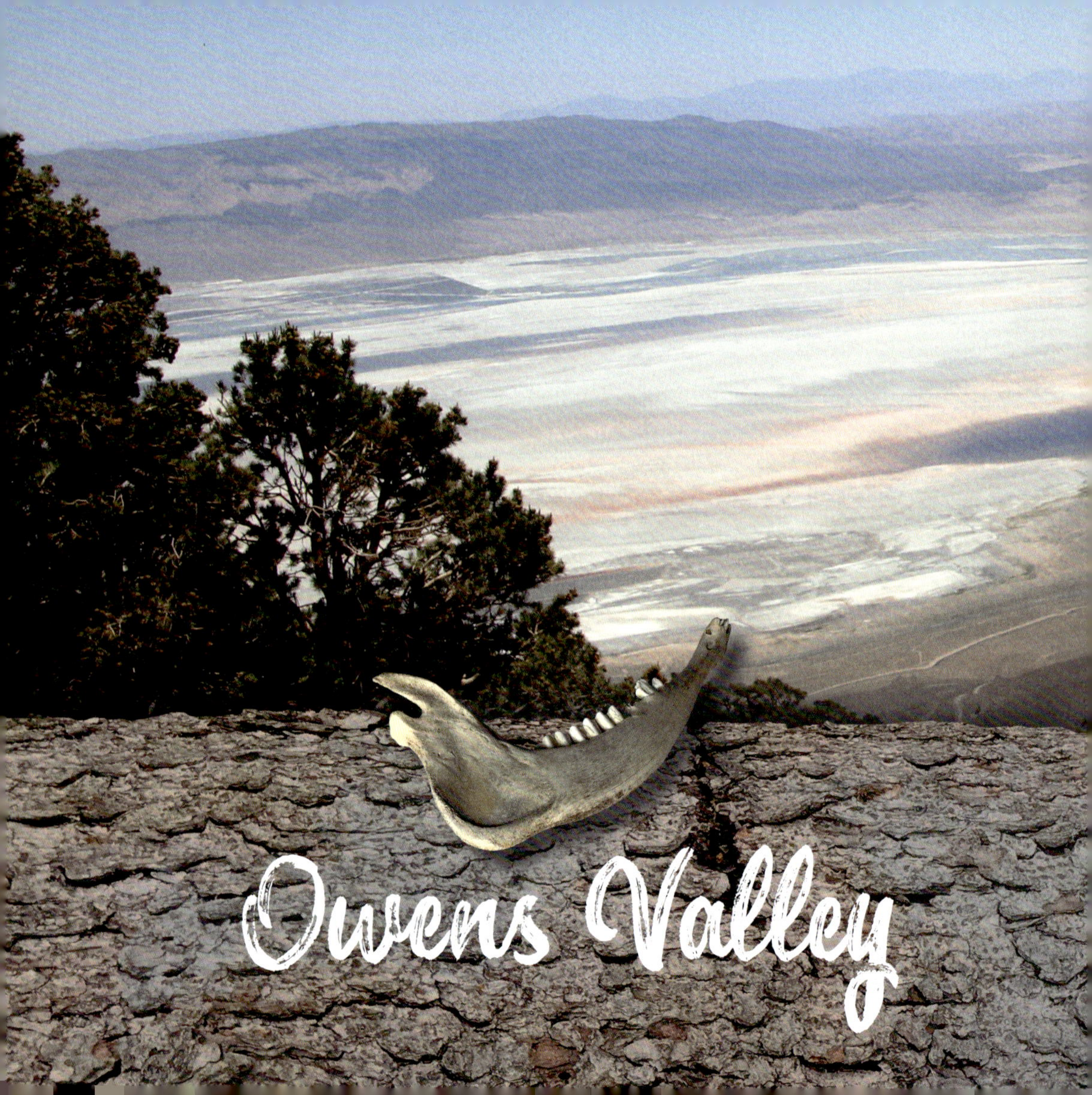
Owens Valley

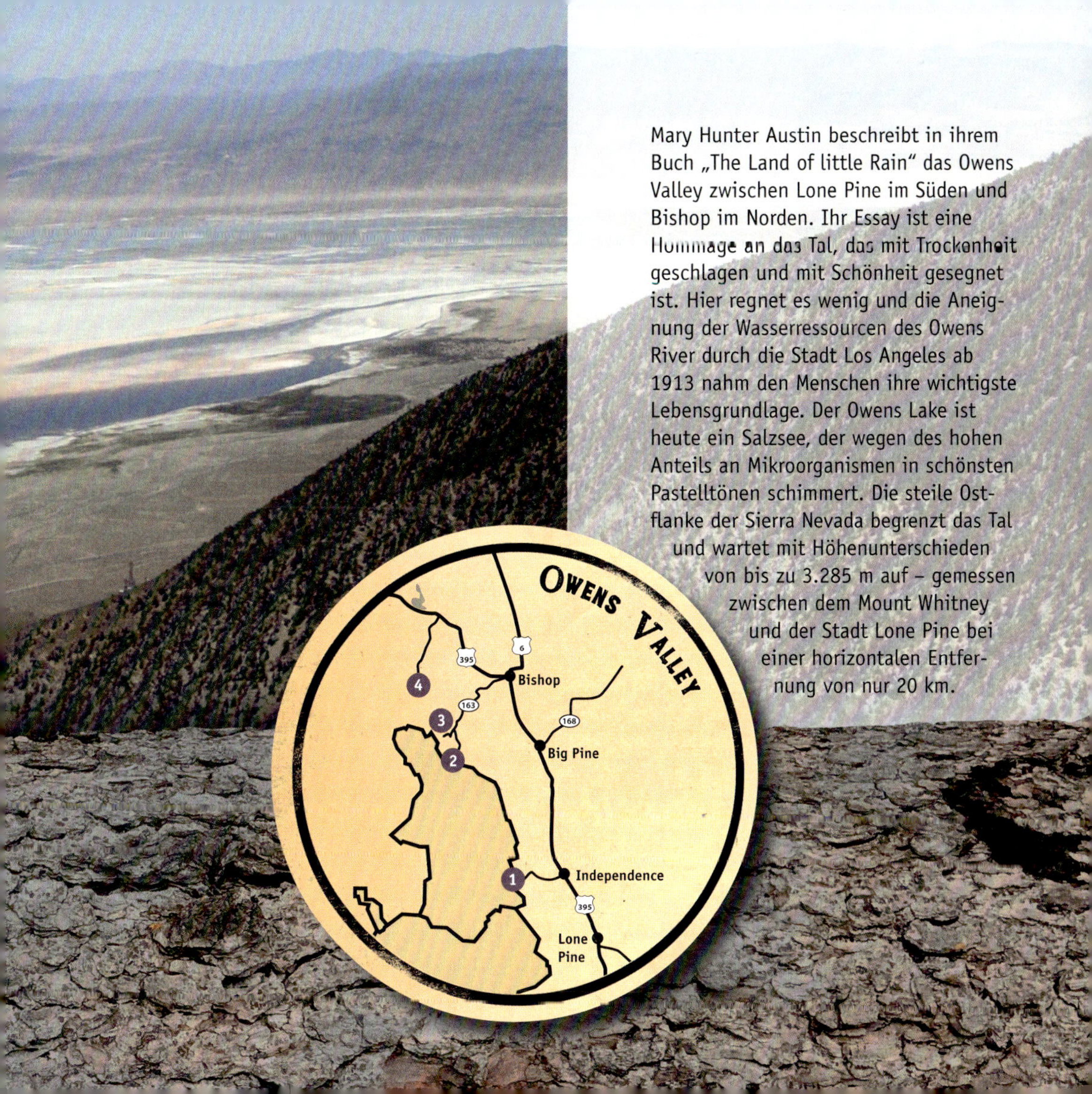

Mary Hunter Austin beschreibt in ihrem Buch „The Land of little Rain“ das Owens Valley zwischen Lone Pine im Süden und Bishop im Norden. Ihr Essay ist eine Hommage an das Tal, das mit Trockenheit geschlagen und mit Schönheit gesegnet ist. Hier regnet es wenig und die Aneignung der Wasserressourcen des Owens River durch die Stadt Los Angeles ab 1913 nahm den Menschen ihre wichtigste Lebensgrundlage. Der Owens Lake ist heute ein Salzsee, der wegen des hohen Anteils an Mikroorganismen in schönsten Pastelltönen schimmert. Die steile Ostflanke der Sierra Nevada begrenzt das Tal und wartet mit Höhenunterschieden von bis zu 3.285 m auf – gemessen zwischen dem Mount Whitney und der Stadt Lone Pine bei einer horizontalen Entfernung von nur 20 km.

BASE CAMPS

Anfahrt

Hwy 395 verbindet die Städte Lone Pine (liegt an der Kreuzung Hwy 395 und Hwy 136) mit den Städten Independence (16 mi nördlich von Lone Pine) und Bishop (58 mi nördlich von Lone Pine).

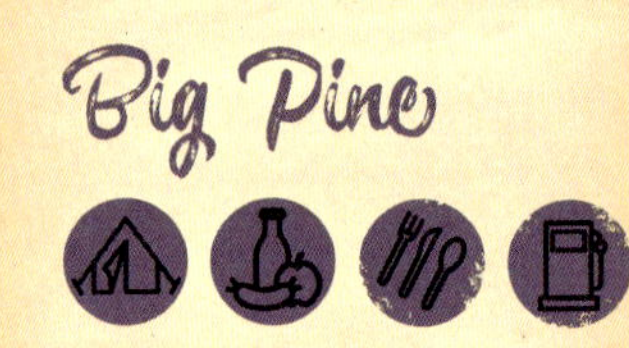

Independence

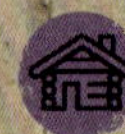

Mt. Williamson Motel and Base Camp (☎ 760-878-2121; mtwilliamsonmotel.com; 515 S Edwards St (Hwy 395; WLAN): liebevoll eingerichtetes, schlichtes Motel mit umwerfendem Blick auf die Sierra Nevada und netten Gastgebern, die gern Geschichten der Wanderer des Pacific Crest Trail hören und (weiter-)erzählen. Kontinentales Frühstück, Kühlschrank, Mikrowelle.

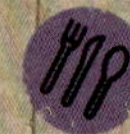

Still Life Cafe (☎ 760-878-2555); 135 S Edward St): französisches Bistro mit echt französischen Betreibern. Die französischen Spezialitäten sind besser als die Burger. Schwankende Servicequalität.

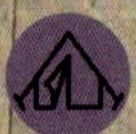
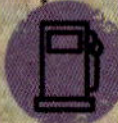

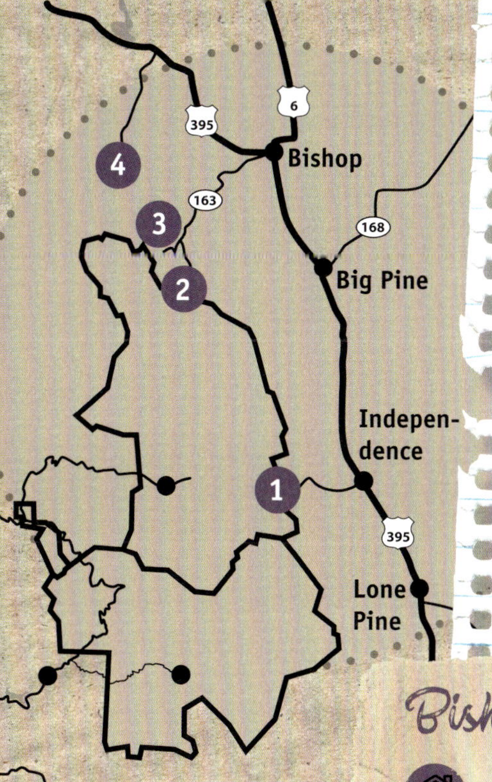

Lone Pine

Dow Villa Motel (☎ 760-876-5521; dowvillamotel.com; 310 S Main St; WLAN): historisches Hotel von 1922, in dem schon John Wayne und andere berühmte Filmstars häufig zu Gast waren. Einfache, im ursprünglichen Stil renovierte Zimmer, durch die der Westerncharme früherer Zeiten weht.

Lone Pine Campground (Witney Portal Rd, 7 mi westlich von Lone Pine; ganzjährig geöffnet; reservierbar): wunderschön in einer kleinen Talsenke gelegen, Panoramablick auf die Berge, schattenspendende Bäume. 44 einfache Zelt- und RV-Plätze für Wohnmobile bis 12 m (40 ft), Toilette. ⚠ Nachts kann es kühl werden.

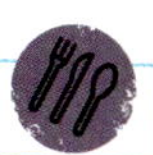  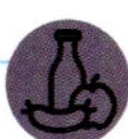 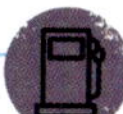

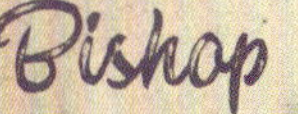

Bishop

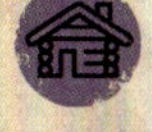

Bishop Creek Lodge (☎ 760-873-4484; bishopcreekresort.com; 2100 South Lake Rd; WLAN): Die Lodge besteht aus einer Ansammlung von kleinen Holzhütten und einem gemütlichen Restaurant. Elf Cabins mit Küche und Bad; Handtücher, Bettwäsche, Kochgeschirr vorhanden.

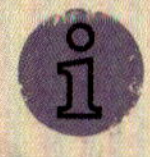

White Mountain Ranger Station (☎ 760-873-2500; 798 N Main St). Wilderness Permits, Informationen zu Wetter und Wanderwegen, bärensichere Behälter.

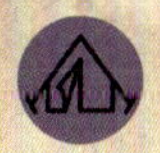 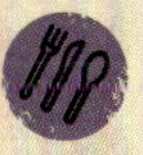 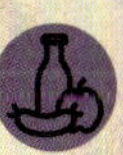 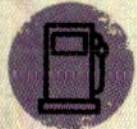

1 Kearsarge Pass
2 Bishop Lake
3 Loch Leven
4 Little Lakes Valley

Kearsarge Pass

via Kearsarge Pass Trail

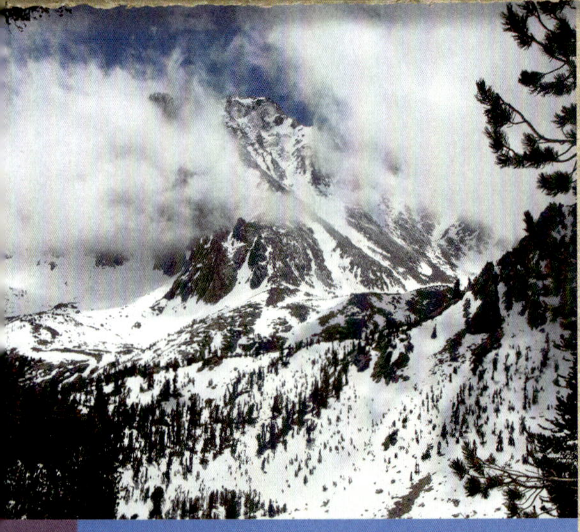

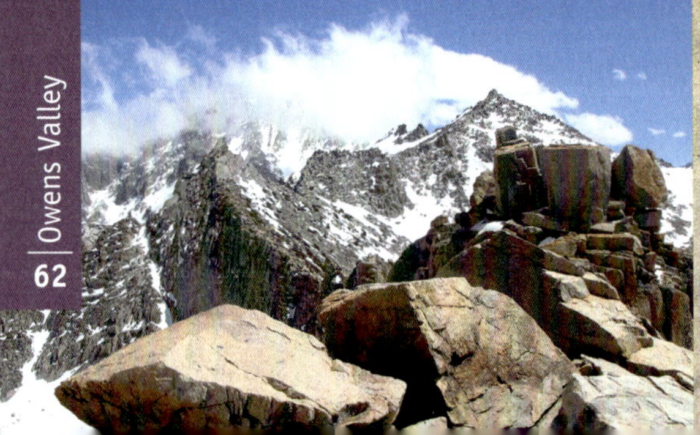

Wir sind neugierig auf die Ostseite der Sierra Nevada und beginnen die Erkundung gleich mit einer hochalpinen Tour im Owens Valley. Bereits weit oben am Ende einer kurvigen Bergstraße im Onion Valley befindet sich der Trailhead zu unserer heutigen Wanderung. Das Ziel ist der Kearsarge Pass, der einen Übergang zum westlichen Teil des Gebirgszugs in den Kings Canyon NP bildet. Auf der Westseite parallel zum Gebirgskamm verläuft der Pacific Crest Trail. Viele der Langstreckenwanderer nutzen den Kearsarge Pass, um über den relativ kurzen Abstieg ins Onion Valley nach Bishop oder Lone Pine zu gelangen – für ein paar Tage zum Ausruhen und Krafttanken. Von Independence kommend fahren wir für 13 mi die steile Onion Valley Rd bis zu ihrem Ende. Die schroffen Berge rücken näher, je höher wir kommen, und wir sind gespannt auf unsere Tour, die uns spektakuläre Aussichten bescheren soll.

Am westlichen Ende des Parkplatzes startet der Kearsarge Pass Trail und führt die Berge hinauf, die das Onion Valley begrenzen. Hier sind wir bereits auf 2.800 m Höhe. Das wolkenverhangene Onion Valley und die hohen, gezackten Gipfel schaffen eine unheimliche Stimmung. Wir laufen mäßig steil aufwärts, kurz in südwestliche und dann in nördliche Richtung. Nach 0,6 km teilt sich der Weg, wir nehmen den linken Abzweig zum Kearsarge Pass in Richtung Süden und erreichen nach 1,1 km die John Muir Wilderness. Jetzt führt der Weg in Serpentinen aufwärts in westliche Richtung. Die Steigung bleibt konstant und wird selten unterbrochen von kurzen ebenen Passagen. Nach 1,9 km hören wir Wasser rauschen und erreichen linkerhand einen Wasserfall, der vom Little Pothole Lake gespeist wird. Der See ist der erste von fünf entlang unseres Wegs. Wir erreichen ihn nach 2,3 km. Nun führt der Weg erneut in Serpentinen aufwärts, an deren Ende uns ein Felsfeld erwartet, das wir überqueren müssen. Die Steigung verringert sich und als wir nach 3,3 km den hübschen Gilbert Lake an seiner Nordseite umrunden, laufen wir für 300 m fast eben. Wir lassen den See hinter uns, steigen weiter auf und erreichen nach 3,8 km den Flower Lake. Ein Abzweig führt links zum Matlock Lake, wir laufen jedoch

Pacific Crest Trail Der berühmteste der drei Fernwanderwege durch die USA führt 4.279 km von Mexiko bis Kanada. Er läuft fast auf dem Kamm der Berge entlang. Den Pacific Crest Trail (PCT) zu wandern hat in den vergangenen zehn Jahren viel an Beliebtheit gewonnen – nicht zuletzt wegen des Films „Der große Trip – Wild". Die wachsende Popularität schafft neben dem großen Interesse an der Natur auch neue logistische und ökologische Probleme wie Müll am Wegrand, durch Sonnencreme verunreinigte Gewässer und unerlaubte Lagerfeuer.

geradeaus und eben am Flower Lake entlang. Der Weg führt nach 4,0 km moderat aufwärts in Serpentinen in nördliche Richtung. Vereinzelte, große Kiefern setzten interessante Akzente in der ansonsten kargen Landschaft. Nach 4,4 km dreht er nach Westen und verläuft gerade an einem öden, mit Schotter bedeckten Hang entlang. Nach 5,0 km führt der Weg für 300 m kurz nach Südwesten bis zu einem Aussichtspunkt, der einen großartigen Blick über den tief unter uns liegenden Heart Lake offeriert. Dann laufen wir wieder westlich einen Hang hinauf in weiteren Serpentinen, die uns nach 5,7 km in ein großes Bassin führen. Wir gehen nun in einigen langen, sich endlos hinziehenden Serpentinen in das karge Bassin hinein. Der spektakuläre Blick aus der Vogelperspektive auf den Big Pothole Lake verschafft uns etwas Ablenkung auf der letzten, anstrengenden Strecke. Nach 7,2 km erreichen wir den Kearsarge Pass. Wir fühlen uns klein angesichts der enormen Ausmaße der Sierra Nevada. Rechts schauen wir in den Kings Canyon NP hinein und links sehen wir in der Ferne das Owens Valley.

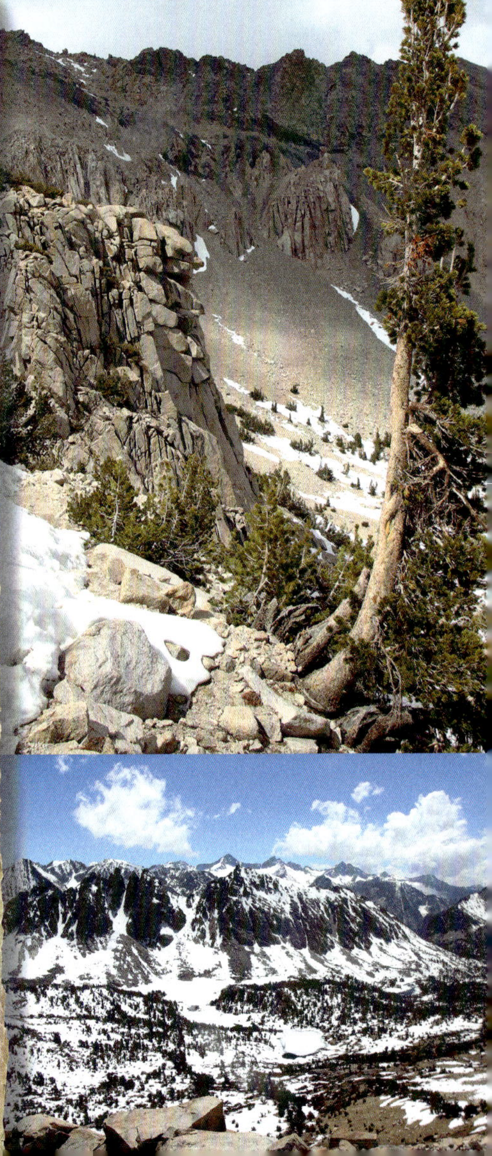

FACTS & FIGURES

Weg zum Trailhead:
Anfahrt ab Independence: 13 mi auf Onion Valley Rd in Richtung Westen bis zum Onion Valley Trailhead am westlichen Ende des Parkplatzes fahren. Hier parken. Kein SUV mit „High Clearance" notwendig.

Anfahrt ab Lone Pine: 16 mi auf Hwy 395 in Richtung Norden fahren. Dann links (westlich) auf Onion Valley Rd 13 mi bis zum Onion Valley Trailhead am westlichen Ende des Parkplatzes fahren. Hier parken. Kein SUV mit „High Clearance" notwendig.

Länge: ★★★☆☆
14,4 km (9,0 mi) hin und zurück.

Wanderzeit: ★★★☆☆
5,5 Std.

Höhe:

Trailhead:	2.770 m (9.088 ft)
Kearsarge Pass:	3.600 m (11.811 ft)
HM hin/zurück:	± 830 m

Wegbeschaffenheit: ★★☆☆☆
steinige Passagen.

Kondition: ★★★☆☆

Betrieb: ★★☆☆☆

Beste Jahreszeiten:
Frühjahr, Sommer, Herbst.

Tanken:
Independence, Lone Pine.

Basecamps:
Independence, Lone Pine.

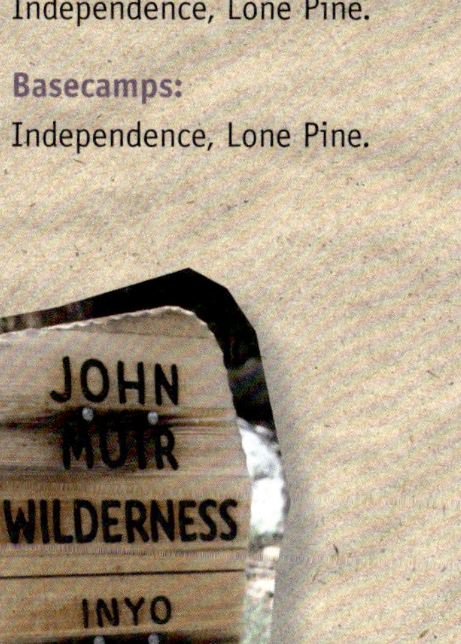

SPECIAL TIP

Geschichte vor Ort Nahe Independence befindet sich die Gedenkstätte Manzanar. In dem ehemaligen Lager waren nach dem Angriff der Japaner auf Pearl Harbour 1941 rund 10.000 Japaner und Amerikaner japanischer Herkunft interniert. Insgesamt rund 116.000 Menschen japanischer Abstammung wurden landesweit als Sicherheitsrisiko eingestuft und gefangen genommen. Eine Ausstellung zeigt eindrucksvoll, wie die Menschen in Manzanar versucht haben, trotz unmenschlicher Bedingungen eine Gemeinschaft aufzubauen (nps.gov/manz).

TICKER --- TICKER --- TICKER --- TICKER --- TICKER --- TICKER

0-0,6 km (0-0,4 mi) Kearsarge Pass Trail führt aufwärts am Hang hinauf (südwestlich/nördlich) --- **0,6 km** (0,4 mi) Weg teilt sich; Weg zum Kearsarge Pass führt links (südlich) --- **0,6-3,3 km** (0,4-2,1 mi) Weg führt aufwärts im Wechsel mit kurzen ebenen Wegstücken; gerade Passagen wechseln sich mit Serpentinen ab (südlich/westlich) --- **2,3 km** (1,4 mi) Little Pothole Lake erreicht --- **3,3-3,6 km** (2,1-2,3 mi) Weg führt eben am Gilbert Lake entlang (nordwestlich) --- **3,6-3,8 km** (2,3-2,4 mi) Weg führt aufwärts (südwestlich) --- **3,8 km** (2,4 mi) Weg teilt sich; Weg zum Kearsarge Pass führt geradeaus --- **3,8-4,0 km** (2,4-2,5 mi) Weg führt eben am Flower Lake vorbei (nordwestlich) --- **4,0-4,4 km** (2,5-2,8 mi) Weg führt in Serpentinen aufwärts im Wechsel mit ebenen Passagen (nördlich) --- **4,4-5,3 km** (2,8-3,3 mi) Weg führt eben, dann aufwärts am Hang entlang (westlich/südwestlich) --- **5,3 km** (3,3 mi) Heart Lake erreicht --- **5,3-5,7 km** (3,3-3,6 mi) Weg führt aufwärts in Serpentinen (nordwestlich) --- **5,7-7,2 km** (3,6-4,5 mi) Weg führt aufwärts in langen Serpentinen oberhalb des Big Pothole Lake --- **7,2 km** (4,5 mi) Kearsarge Pass erreicht

Kearsarge Pass

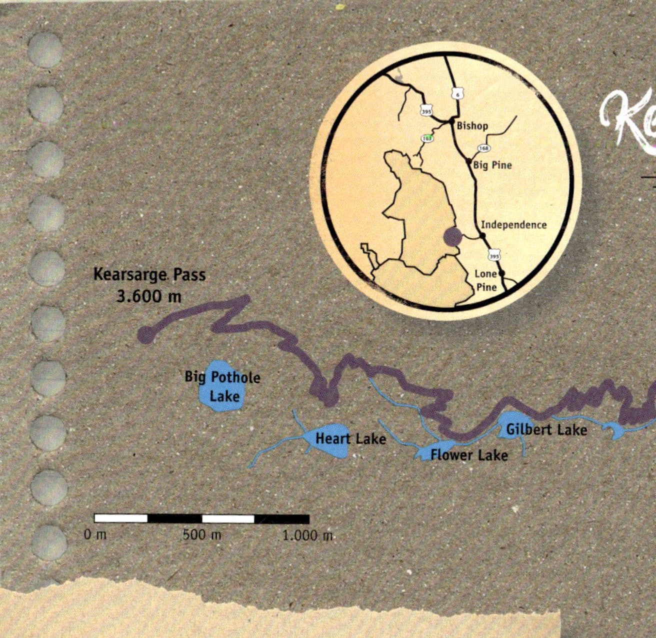

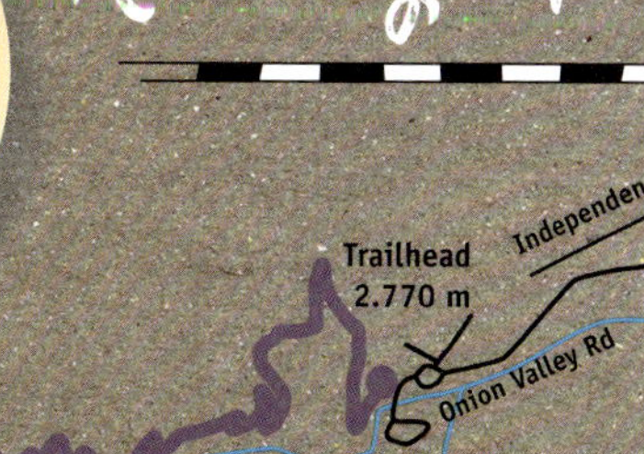

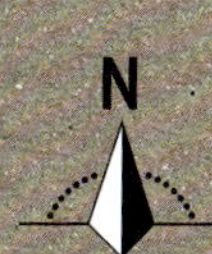

Kearsarge
Pass

Höhe in m

3.600
3.400
3.200
3.000
2.800
2.600

0 1 2 3 4 5 6 7 8

Länge in km

Bishop Lake

via Bishop Pass Trail

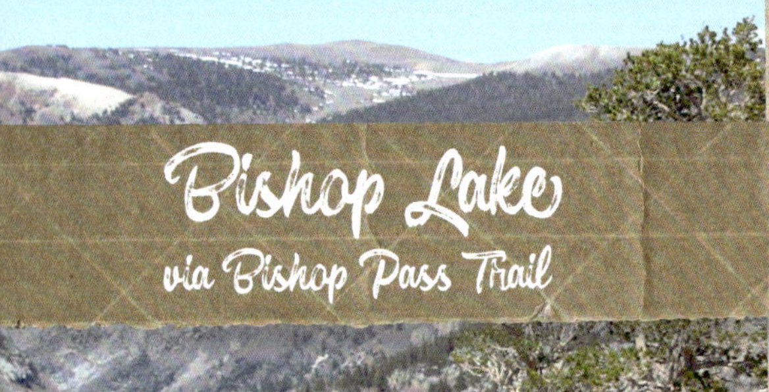

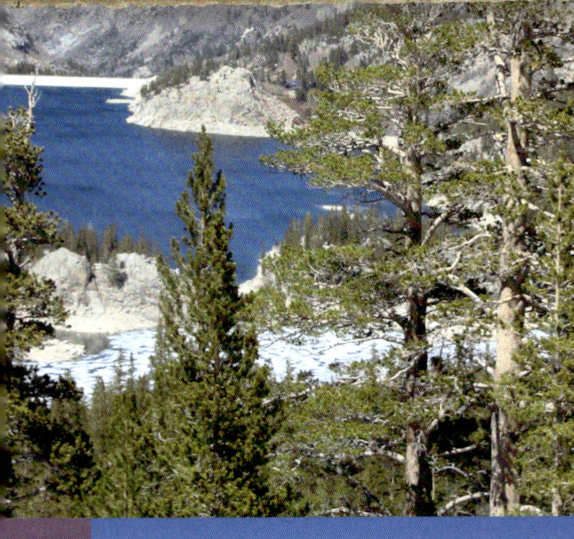

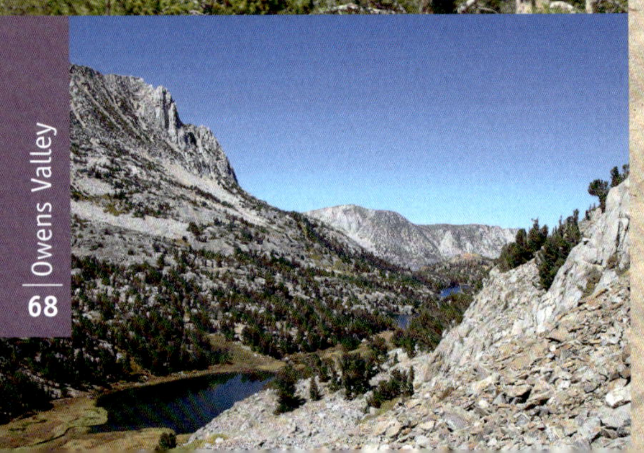

Nach der gestrigen Wanderung sind wir begeistert von der Gegend hier und bereit für weitere Erkundungstrips in die wunderbare Welt der östlichen Sierra Nevada. Heute fahren wir rund 22 mi von Bishop aus durch den Bishop Creek Canyon bis zum South Lake, wo sich unser heutiger Trailhead befindet. Die Fahrt ist bereits spektakulär und hält erstaunliche Blicke auf diese ungewöhnliche Landschaft bereit. Die Ostseite der Sierra Nevada erhebt sich unmittelbar aus der Ebene, was der Umgebung etwas Unwirkliches verleiht, passen die hohen Berge doch eigentlich nicht zu dem trockenen Tal, dem Owens Valley. Der South Lake, ein großer Stausee, ist eingebettet in die außergewöhnlich dramatische Bergwelt, die es hier zu entdecken gibt. An seinem nördlichen Ende befindet sich ein großer Parkplatz, auf dem wir uns zu den rund 20 weiteren Autos gesellen, die dort bereits parken.

Schöne Aussicht Wer noch ein Minimum an Energie übrig hat, sollte es nicht versäumen, weitere rund 0,6 km (0,4 mi) den Weg nach links in Richtung Bishop Pass zu laufen (südöstlich). Von dort oben sind die Blicke auf den Bishop Lake fantastisch, im Verhältnis zum Mehraufwand eine lohnenswerte Investition – insbesondere wenn man gern Fotos macht.

Wir starten den Bishop Pass Trail entlang des schönen South Lake, an dessen Ostufer wir zunächst 10 m bergab und dann eben entlanglaufen. Der von Espen gesäumte Weg schwingt oberhalb des Sees mal südwestlich, mal südöstlich. Nach 0,4 km laufen wir aufwärts in den Wald hinein. Eine ebene Passage lässt uns kurz verschnaufen, dann verläuft der Weg nach 0,7 km wieder moderat aufwärts. Nach 1,2 km und einer kurzen Abwärtspassage erreichen wir einen beschilderten Abzweig; wir gehen links in Richtung Bishop Pass. Der Weg dreht nun in Richtung Südosten und führt wieder moderat und später steiler aufwärts. Vor uns taucht nun ein gewaltiger Berg auf, es ist der imposante Chocolate Peak. Nach 1,7 km wird der Wald lichter und moderate Aufwärtspassagen wechseln sich mit ebenen Plateaus ab. Es wird felsiger und ab 2,3 km verläuft der Weg für 200 m in Serpentinen und dann gerade aufwärts. Nach 2,9 km erreichen wir einen Abzweig, wir laufen jedoch weiter geradeaus und fast eben. Bald darauf erreichen wir den Bull Lake zu unserer Linken. Nun öffnet sich ein schönes Tal, das gesäumt ist mit den hohen Granitgipfeln, die in Farbe und Form so charakteristisch für die Sierra Nevada sind. Nach 3,2 km taucht vor uns der tiefblaue Long Lake auf. Der Weg mäandert in Aufs und Abs oberhalb des Sees an seinem Westufer entlang für 1,1 km bis zu seinem südlichen Ende. Hier verengt sich das Tal. Bald geht es wieder aufwärts am linken Hang entlang. Nach 4,5 km sehen wir rechts unter uns den kleineren Spearhead Lake. Eingeklemmt zwischen zwei Bergen liegt er da und macht eine gute Figur. Nach 5,0 km zieht sich der Weg in einigen Serpentinen den mit Schotter bedeckten Hang hoch bis zu einer Ebene, wo wir auf die Timberline Tarns treffen, kleine, hübsche Teiche, die das Plateau verschönern. Der Weg verläuft nun leicht bergab, quert den Fluss rechts von uns und führt dann aufwärts über eine felsige Böschung. Dahinter verbirgt sich ein weiteres Plateau mit dem großen, graublauen Saddlerock Lake und dem kleinen Ledge Lake daneben, der seinerseits von einem steinernen Wall begrenzt wird. Schließlich erreichen wir die letzte Ebene, die nur noch von den imposanten Gipfeln begrenzt wird, hinter denen sich der Kings Canyon befindet. Wir laufen an langen Messlatten vorbei und erahnen, wie viel Schnee hier im Winter liegen kann. Nach 6,6 km erreichen wir den grün-türkisen Bishop Lake, der sich kontrastreich von dem ihn umgebenden silbergrauen Granit abhebt und der die meiste Zeit des Jahres aus Eis besteht.

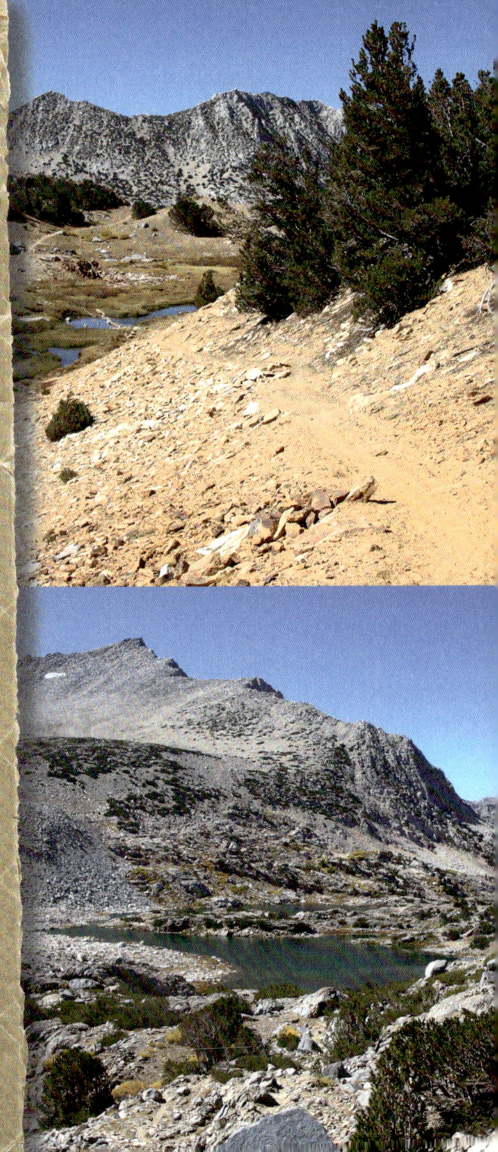

FACTS & FIGURES

Weg zum Trailhead:
Anfahrt ab Bishop: 15 mi auf Hwy 168 in Richtung Westen/Südwesten fahren. Dann links (südlich) auf die South Lake Rd für 7 mi bis zum Bishop Pass Trailhead am südlichen Ende des Parkplatzes fahren. Hier parken. Kein SUV mit „High Clearance" notwendig.

Länge: ★★★☆☆
13,2 km (8,3 mi) hin und zurück (zzgl. 0,6 km).

Wanderzeit: ★★★☆☆
5 Std.

Höhe:

Trailhead:	3.012 m (9.882 ft)
Bishop Lake:	3.422 m (11.227 ft)
HM hin/zurück:	± 494/76 m

Wegbeschaffenheit: ★★★☆☆
steinige Passagen.

Kondition: ★★★☆☆

Betrieb: ★★★☆☆

Beste Jahreszeiten:
Frühjahr, Sommer, Herbst.

Tanken:
Bishop.

Basecamp:
Bishop.

SPECIAL TIP

Rustikal unterkommen Die Bishop Creek Lodge besteht aus voll ausgestatteten, grünen Hütten, in denen Paare und Familien wohnen können, und einem schlichten Restaurant im Country-Style, das noch Teil der ursprünglichen Lodge von 1920 ist. Es serviert gute Burger zu fairen Preisen und hält eine erstaunliche Auswahl an Bieren und Cocktails bereit. Die Hütten liegen nett arrangiert am Hang, im Frühjahr kann man auf ihren Veranden sitzen und den zahlreichen Vögeln zuschauen sowie ihren Balzgesängen lauschen. Die Lodge liegt direkt an der South Lake Rd, 5 mi entfernt vom Bishop Pass Trailhead (bishopcreekresort.com).

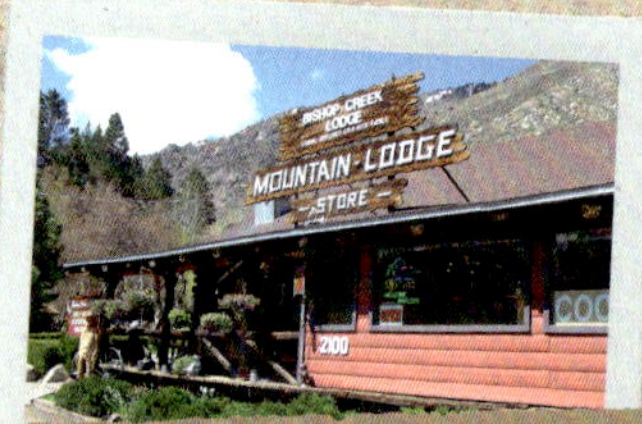

TICKER --- TICKER --- TICKER---TICKER ---TICKER---TICKER

0-1,2 km (0-0,8 mi) Bishop Pass Trail führt kurz steil abwärts und dann eben und aufwärts im Wechsel durch lichten Wald am östlichen Ufer des South Lake entlang (südlich/südöstlich/südwestlich) --- **1,2 km** (0,8 mi) Weg führt kurz abwärts, teilt sich; Weg zum Bishop Lake führt links in Richtung Bishop Pass --- **1,2-3,2 km** (0,8-2,0 mi) Weg führt aufwärts im Wechsel mit ebenen und wenigen Abwärtspassagen durch den Wald (südöstlich/südlich) --- **2,3-2,5 km** (1,4-1,6 mi) Weg führt in Serpentinen aufwärts --- **3,0 km** (1,9 mi) Bull Lake erreicht --- **3,2-4,3 km** (2,0-2,7 mi) Weg mäandert auf und ab am östlichen Ufer des Long Lake entlang --- **4,3-5,0 km** (2,7-3,1 mi) Weg führt aufwärts am linken Hang entlang; rechts unten Spearhead Lake --- **5,0-5,2 km** (3,1-3,3 mi) Weg führt in Serpentinen aufwärts den linken Hang hinauf (östlich) --- **5,2-6,6 km** (3,3-4,1 mi) Weg führt aufwärts über drei Plateaus --- **5,4 km** (3,4 mi) Timberline Tarns erreicht --- **5,6 km** (3,5 mi) Saddlerock Lake (daneben Ledge Lake) erreicht --- **6,6 km** (4,1 mi) Bishop Lake erreicht

Bishop Lake

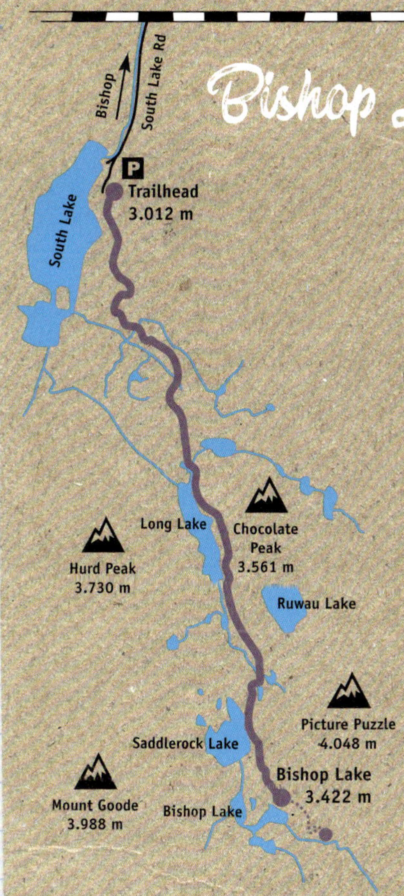

Bishop
South Lake Rd
P
Trailhead
3.012 m
South Lake
Long Lake
Chocolate Peak
3.561 m
Hurd Peak
3.730 m
Ruwau Lake
Picture Puzzle
4.048 m
Saddlerock Lake
Bishop Lake
3.422 m
Mount Goode
3.988 m
Bishop Lake

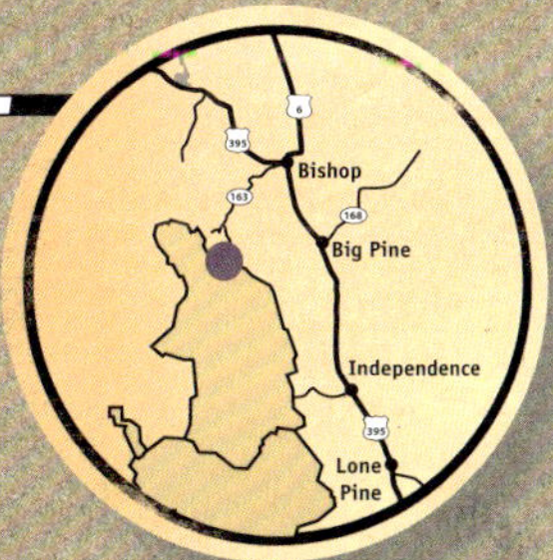

Bishop
Big Pine
Independence
Lone Pine

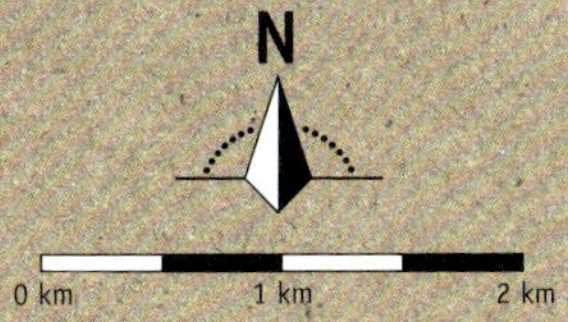

N

0 km
1 km
2 km

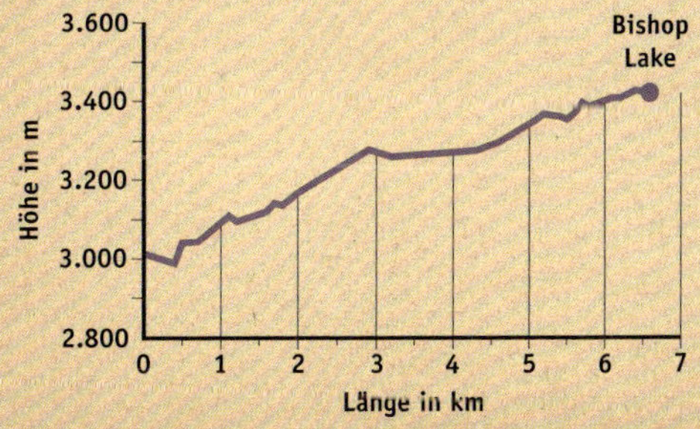

Bishop Lake
Höhe in m
3.600
3.400
3.200
3.000
2.800
0
1
2
3
4
5
6
7
Länge in km

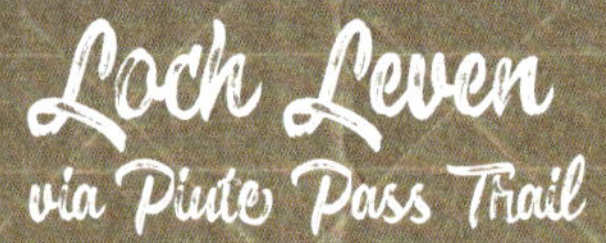

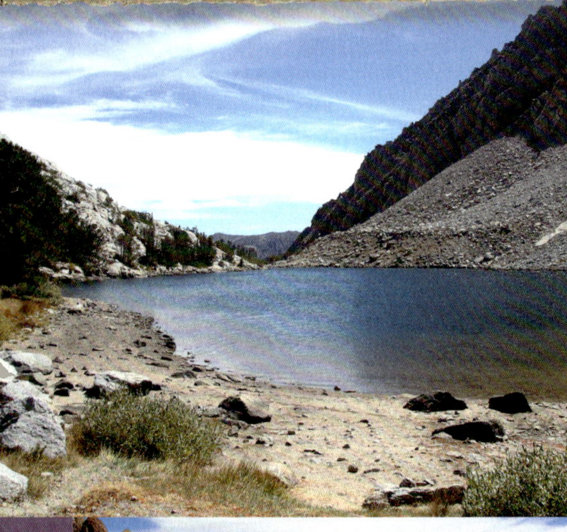

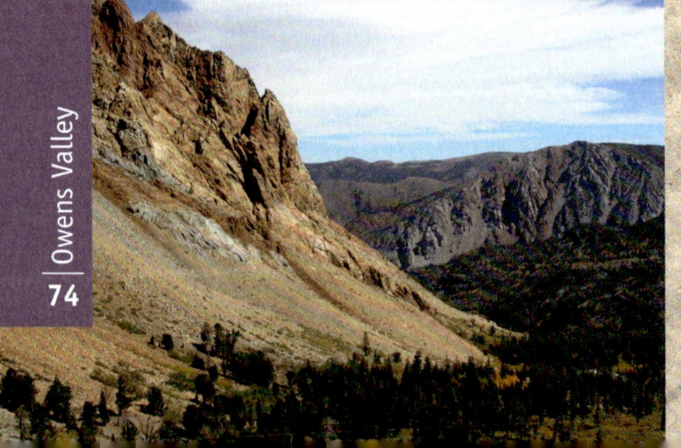

Heute wollen wir ein zweites Mal eine Tour vom Bishop Creek Canyon aus machen und fahren erneut auf dem Hwy 168 in Richtung Westen. Wie auch an den vorherigen Tagen ist das Wetter mild und sonnig. Die Espen verfärben sich bereits gelb, ein optisches Feuerwerk und ein knalliger Kontrast zu der hellgrauen Bergsilhouette der Sierra Nevada. Diese Jahreszeit ist die schönste für einen Besuch hier, auch weil weniger Menschen als im Hochsommer unterwegs sind. Der Trailhead zur kurzen Wanderung zum Loch Leven befindet sich am North Lake, dem kleinen Bruder des South Lake, erreichbar über eine vom Highway abzweigende Seitenstraße. Wir fahren am Parkplatz vorbei, passieren den kleinen See und parken an der Zufahrtsstraße zum North Lake Campground. Hier dürfen wir nicht weiterfahren und laufen die letzten 600 m bis zum Trailhead zu Fuß.

Der hübsch gelegene North Lake Campground bildet den Ausgangspunkt unserer heutigen Wanderung. Wir starten in Richtung Südwesten und der Weg verläuft zunächst abwärts durch einen hellgelben Espenhain. Dann geht es meist aufwärts durch den Wald. Nach 0,2 km teilt sich der Weg und wir folgen dem Piute Pass Trail geradeaus, weiter aufwärts in Richtung Nordwesten. Nun treten wir in die uns bereits bekannte John Muir Wilderness ein. Der Weg ist leider wie viele hier in der Sierra Nevada durchsetzt mit spitzen Steinen. Kurze ebene Stücke lassen Raum zum Verschnaufen. Nach 1,1 km überqueren wir einen Fluss über einige Steine; wahlweise ist auch an anderer Stelle ein Holzbalken vorhanden. 200 m weiter folgt die zweite Flussüberquerung. Der Weg führt jetzt aus dem Wald heraus und nach 1,5 km öffnet sich ein Tal, das links und rechts von kantigen Bergketten begrenzt wird. Rechts von uns sehen wir nördlich des Wegs auf die braunroten, scharf gezackten Piute Crags, während unser Blick links auf eine Reihe von grau-

Laub at its best Im Herbst verfärben sich die Bäume – ein fabelhaftes Naturphänomen, das Wanderern auch in der Sierra Nevada begegnet. Abnehmendes Licht führt dazu, dass der Baum seine Prozesse zur Energiegewinnung zurückfährt und das dafür wichtige, die Blätter grün färbende Chlorophyll in die Wurzeln umlagert. Eine Fülle von Espenhainen, die ab September in Farbschattierungen von hellgelb bis tiefrot erglühen, verschönert dann die bereits spektakuläre Bergwelt der Cascade-Sierra Mountains. Dabei hat jeder Hain seine eigene Farbe, weil jede Espe viele Klone hat und sich genetisch identische Bäume zum gleichen Zeitpunkt anfangen zu verfärben.

en, imposanten Granitgipfeln fällt. Nun zieht sich der Weg durch das Tal und zwischen den Bergen hindurch. Nach 1,6 km schlängelt sich unser Pfad in unregelmäßigen Serpentinen weiter aufwärts am rechten Hang der rostfarbenen Piute Crags. Hin und wieder erleichtern Felsstufen den Aufstieg und nach 2,1 km verläuft der Weg wieder ein kurzes Stück gerade, die Steigung bleibt jedoch konstant. Ich drehe mich um, atme tief durch und lasse meinen Blick in das hinter mir liegende Tal schweifen. Der Baumbestand nimmt weiter ab, während der Weg nach 2,4 km in Serpentinen die rostroten Piute Crags hinaufführt. Nach dem anstrengenden Anstieg können wir uns nach 2,9 km etwas entspannen, Abwärtspassagen wechseln sich mit moderaten Aufwärtspassagen ab – jetzt in südwestlicher Richtung. Die letzten 400 m führt der Weg nur noch aufwärts, macht eine Nordwestkurve und erreicht nach 3,7 km Loch Leven: ein kleines Gewässer, das anmutig eingebettet in gewaltigem Felsgestein liegt. Wir laufen noch ein Stück bis zu seinem nördlichen Ende und genießen die fantastische Umgebung.

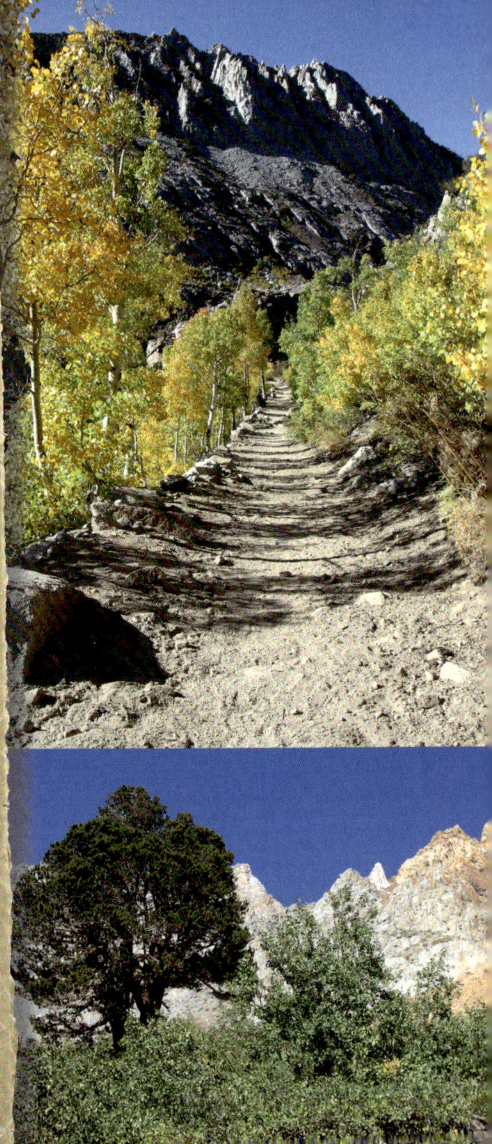

FACTS & FIGURES

Weg zum Trailhead:
Anfahrt ab Bishop: 18 mi auf Hwy 168 in Richtung Westen/Südwesten fahren. Dann rechts (nördlich) auf die North Lake Rd für 1,6 mi bis zur Zufahrtsstraße des North Lake Campground fahren (Weiterfahrt nur für Besucher des Campingplatzes erlaubt). Hier parken. Kein SUV mit „High Clearance" notwendig.

Länge: ★☆☆☆☆
7,4 km (4,6 mi) hin und zurück (zzgl. 0,6 km).

Wanderzeit: ★☆☆☆☆
3,5 Std.

Höhe:

Trailhead:	2.860 m (9.383 ft)
Loch Leven:	3.283 m (10.771 ft)
HM hin/zurück:	± 471/48 m

Wegbeschaffenheit: ★★☆☆☆
steinige Passagen.

Kondition: ★★★☆☆
Rund 470 Höhenmeter auf 3,7 km sind zu überwinden.

Betrieb: ★★★☆☆

Beste Jahreszeiten:
Frühjahr, Sommer, Herbst.

Tanken:
Bishop.

Basecamp:
Bishop.

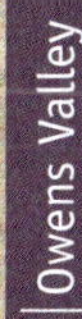

SPECIAL TIP

Heißes Wasser für müde Beine Erschöpfte Wanderer können sich in den Benton Hot Springs von ihrem anstrengenden Tagwerk erholen. Die charmant gestaltete, historische Anlage aus den 1940er Jahren offeriert elf kleine Thermalbecken, die sowohl für die stundenweise Nutzung tagsüber als auch als „Stellplatz mit Privatquelle" für Camper mit Zelt oder kleinem Wohnmobil gebucht werden können. Der Blick in die angrenzenden White Mountains und in den nächtlichen Sternenhimmel ist fulminant und macht das Baden zum Hochgenuss. Wer keine Lust zum Campen hat, kann auch im zugehörigen B&B ein Zimmer beziehen (bentonhotsprings.org).

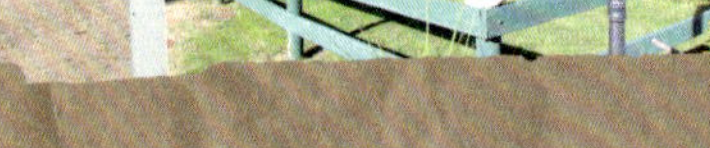

TICKER --- TICKER --- TICKER---TICKER ---TICKER---TICKER

0-1,5 km (0-0,9 mi) Piute Pass Trail führt kurz abwärts und schlängelt sich dann aufwärts durch den Wald, unterbrochen von einigen ebenen Passagen (südwestlich/nordwestlich/westlich) --- **0,2 km** (0,1 mi) Weg teilt sich; Weg zum Loch Leven führt rechts in Richtung Piute Pass --- **1,1 km** (0,7 mi) Überquerung des Bishop Creek --- **1,3 km** (0,8 mi) Zweite Flussüberquerung --- **1,5-1,6 km** (0,9-1,0 mi) Weg führt eben in offenes Terrain (westlich) --- **1,6-2,1 km** (1,0-1,3 mi) Weg führt in unregelmäßigen Serpentinen aufwärts den rechten, felsigen Hang hinauf; Baumbestand nimmt ab (nordwestlich) --- **2,1-2,9 km** (1,3-1,8 mi) Weg führt erst gerade und eben, dann in Serpentinen aufwärts --- **2,9-3,3 km** (1,8-2,1 mi) Weg führt moderat im Wechsel auf- und abwärts (südwestlich) --- **3,3-3,7 km** (2,1-2,3 mi) Weg führt aufwärts (nördlich) --- **3,7 km** (2,3 mi) Loch Leven erreicht

Loch Leven

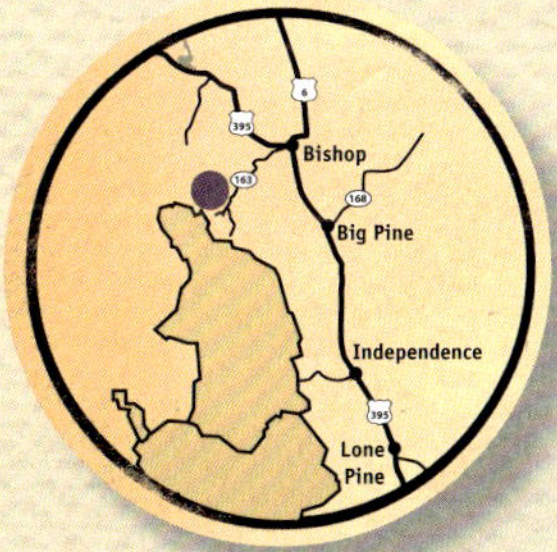

Bishop
Big Pine
Independence
Lone Pine

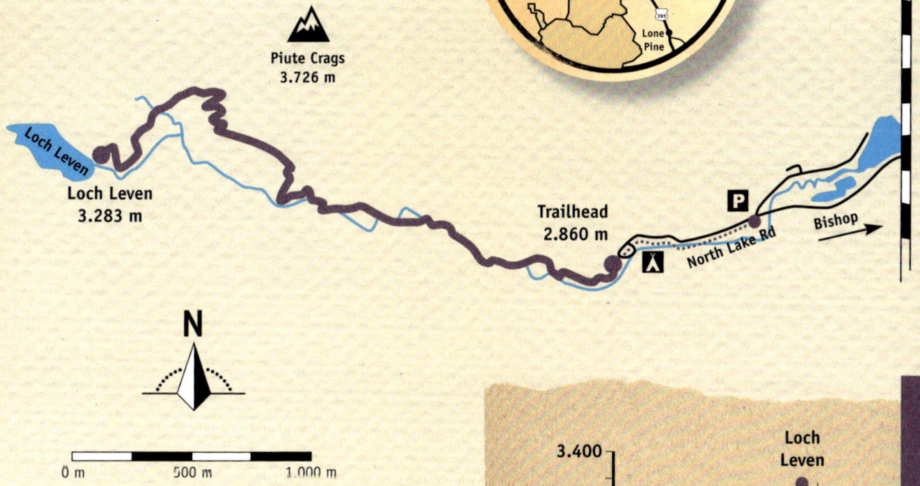

Piute Crags
3.726 m

Loch Leven

Loch Leven
3.283 m

Trailhead
2.860 m

P

North Lake Rd

Bishop

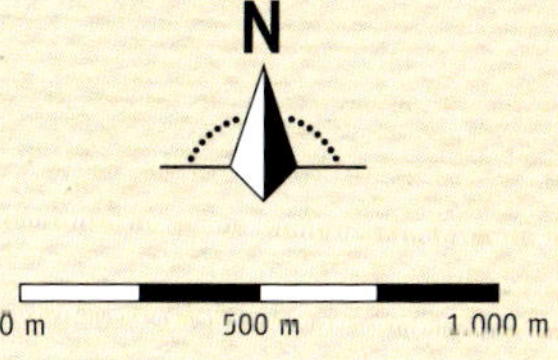

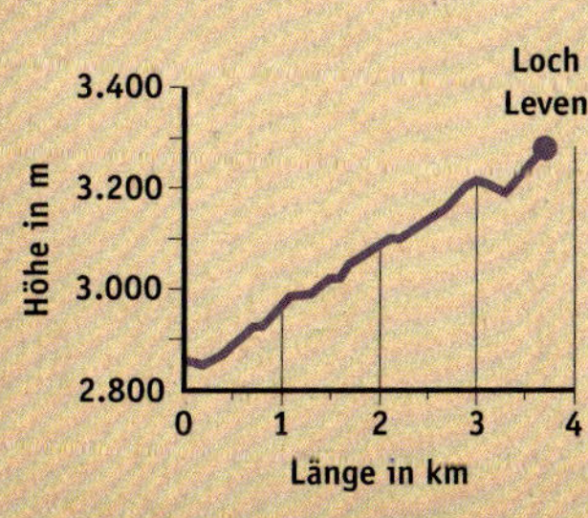

Little Lakes Valley
via Little Lakes Valley Trail

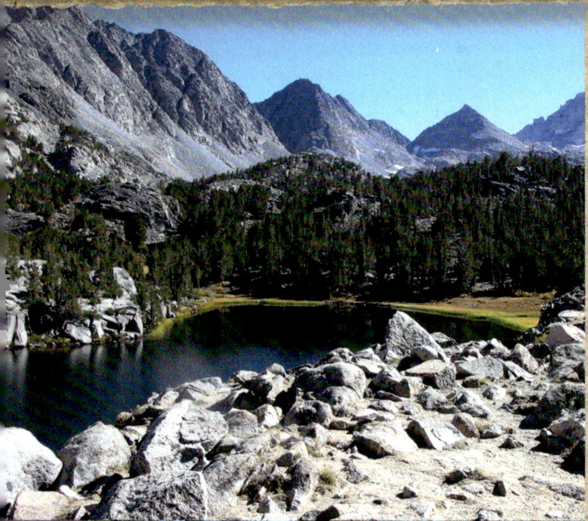

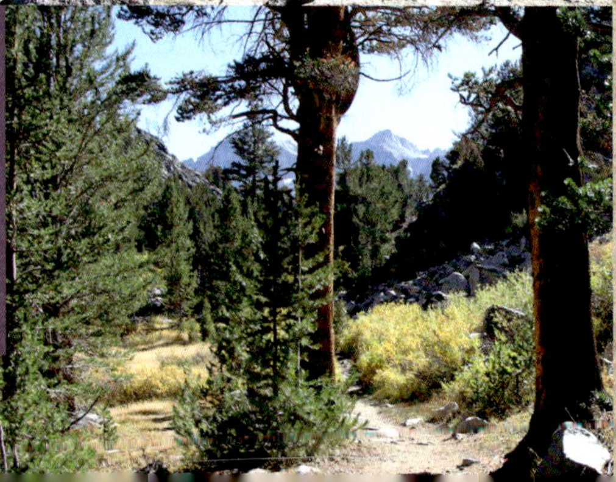

Bevor wir weiter nordwärts ziehen, beschließen wir dieses Kapitel mit einer beliebten Wanderung im Little Lakes Valley. Der Trip, der für uns bei den Gem Lakes enden wird, ist aus zwei Gründen sehr populär. Zum einen startet die relativ kurze Wanderung bereits weit oben und man spart sich anstrengende Aufstiege, die die Ostflanke der Sierra oft für einen bereithält, will man ihre ganze Pracht erleben. Zum anderen soll diese Wanderung zu den schönsten in der gesamten Sierra Nevada zählen, führt sie doch an zahlreichen unterschiedlichen Seen entlang, die von prominenten, grauen Gipfeln eingefasst werden. Vom Hwy 395 kommend fahren wir rund 10 mi die Rock Creek Rd in Richtung Süden bis zu ihrem Ende. Hier parken wir auf einem großen Parkplatz, der schon fast komplett gefüllt ist, und laufen einige Meter bis zu seinem Ende. Hier befindet sich der Mosquito Flat Trailhead.

Der Little Lakes Valley Trail führt rechts erst eben und dann moderat bergauf in Richtung Süden. Wir wandern auf einem sandigen Pfad durch ein herrliches Tal. Links von uns hören wir den Rock Creek rauschen und die Sonne beleuchtet golden die Espen und Fichten. Nach 0,5 km treten wir in die John Muir Wilderness ein und nach 0,8 km erreichen wir einen Abzweig. Hier müssen wir links in Richtung Morgan Pass gehen und treffen auf den hübschen Mack Lake. Der Weg führt auf und ab. Nach 1,4 km erreichen wir Marsh und Heart Lake. Jetzt müssen wir einige Male kleine Flüsse überqueren. Die Landschaft sieht aus wie gemalt; Buschwerk säumt die glatt und blau schimmernden Seen. Dahinter, einer kostbaren Kette gleich, liegen aufgereiht die fast gleichmäßig gezackten, silbergrauen Gipfel von Mount Morgan, Mount Abbot sowie Bear Creek Spire. Die Oberfläche des stillen Heart Lake reflektiert sein Ufer, die Dopplung schadet der Landschaft nicht. Nach 2,4 km führt der Weg weiter auf- und abwärts und gewinnt insgesamt langsam an Höhe. Nun verengt sich das Tal und wir erreichen den petrolfarbenen Box Lake, laufen abwärts und queren den Rock Creek erneut. Der Star unter den Gewässern ist jedoch der königs-

McGee Creek Lodge Nach einer Wanderung lässt es sich in der historischen Unterkunft von 1931 himmlisch schlafen. Acht sehr geschmackvoll eingerichtete Zimmer und eine Cabin mit Küche und Wohnbereich laden zum ausgedehnten Verweilen ein, obwohl der Besucher doch die herrliche Umgebung erkunden möchte. Der angeschlossene East Side Bake Shop mit seinen gebackenen die Entscheidung nicht einfacher (⏲ Apr.-Okt.). Im Sommer samstagabends Essen und Livemusik (mcgeecreek.com).

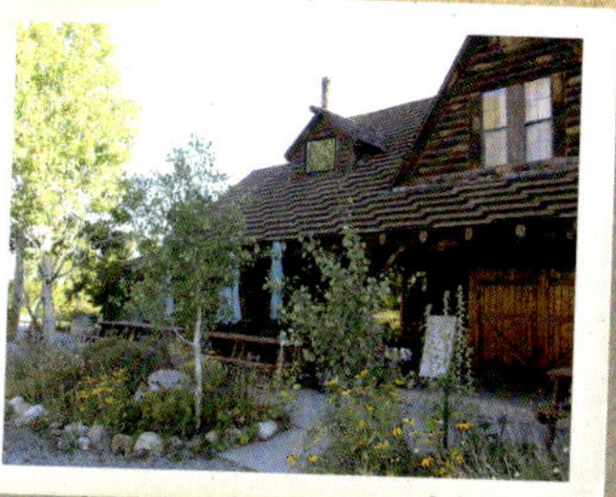

blau funkelnde Long Lake: Wir erreichen ihn nach 3,3 km und laufen eben für 0,6 km links an ihm vorbei. Am liebsten würde ich hineinspringen, allerdings vermute ich unter seiner glitzernden Oberfläche eine unangenehme Kälte. Nach 3,9 km führt der Weg jetzt steiler aufwärts durch ein Wäldchen. Aufwärtspassagen wechseln sich nun mit kurzen ebenen oder abwärts führenden Passagen ab und der Weg führt langsam aus dem Wald heraus. Das Terrain wird nach 5,0 km wieder offener, während die Gipfel näher rücken. Nach 5,3 km erreichen wir den ersten, aktuell ausgetrockneten Gem Lake. Hier führt unser Weg nach rechts in Richtung Südwesten. Nur ein Pfosten ohne Beschriftung kennzeichnet den Abzweig zu den weiteren Gem Lakes. Der Weg führt jetzt durch ein pittoreskes Seen- und Flusstal – schöner hätte es ein Landschaftsgärtner nicht anlegen können. Nach 5,8 km erreichen wir den letzten der Gem Lakes, der kühl in der Nachmittagssonne glänzt. Wir genießen für eine Weile seinen reizvollen Anblick und machen uns dann schnell auf den Heimweg.

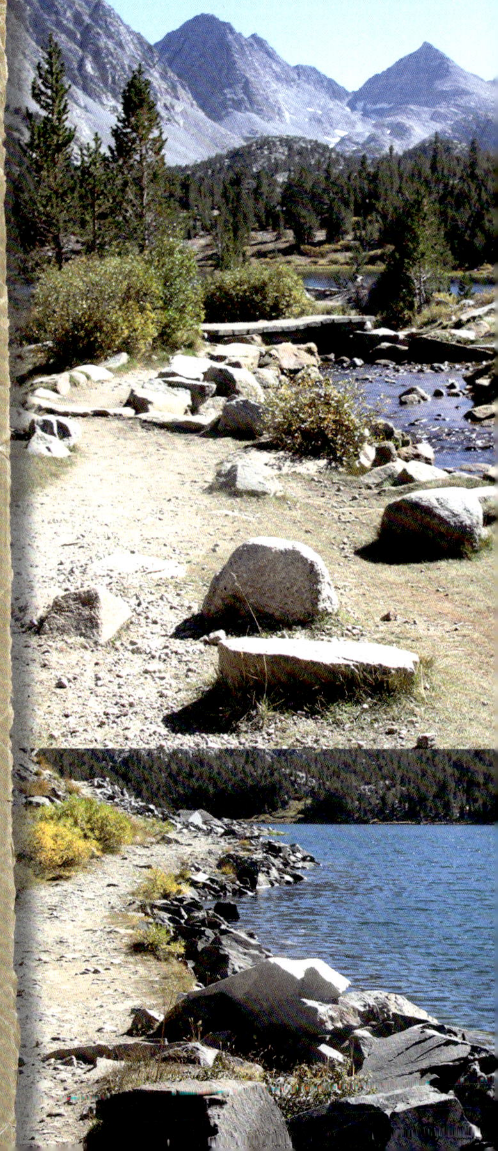

FACTS & FIGURES

Weg zum Trailhead:
Anfahrt ab Bishop: 24 mi auf Hwy 395 in Richtung Norden fahren. Dann links (südlich) auf der Rock Creek Rd für 10 mi bis zum Mosquito Flat Trailhead am südlichen Ende des Parkplatzes fahren. Hier parken. Kein SUV mit „High Clearance" notwendig.

Anfahrt ab Lee Vining: 41 mi auf Hwy 395 in Richtung Süden fahren. Dann rechts (südlich) auf der Rock Creek Rd für 10 mi bis zum Mosquito Flat Trailhead am südlichen Ende des Parkplatzes fahren. Hier parken. Kein SUV mit „High Clearance" notwendig.

Länge: ★★☆☆☆
11,6 km (7,3 mi) hin und zurück.

Wanderzeit: ★☆☆☆☆
3,5 Std.

Höhe:

Trailhead:	3.118 m (10.230 ft)
letzter Gem Lake:	3.321 m (10.896 ft)
HM hin/zuruck:	± 290/87 m

Wegbeschaffenheit: ★★★☆☆
steinige Passagen.

Kondition: ★★☆☆☆

Betrieb: ★★★★☆

Beste Jahreszeiten:
Frühjahr, Sommer, Herbst.

Tanken:
Bishop, Lee Vining.

Basecamps:
Bishop, Lee Vining (⚠ längere Anfahrt).

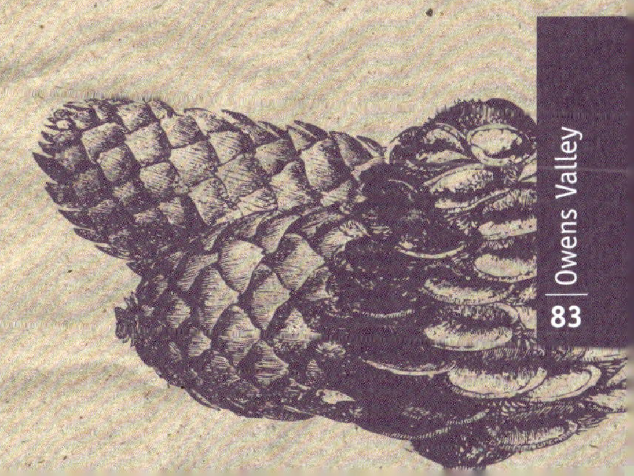

SPECIAL TIP

Unvergessliches Abenteuer Das Little Lakes Valley ist ein perfekter Ort für Übernachtungen im Zelt inmitten spektakulärer Natur. Hier zeigt die Sierra Nevada, was sie kann: Eine Fülle von Seen und hohen Gipfeln charakterisiert das Tal – da fällt es schwer, sich für einen Platz zu entscheiden. Die geringe Steigung und die Kürze des Trips machen die Gegend zu einem idealen Anlaufpunkt für Menschen, die gern in der Natur schlafen, aber nicht so gern stundenlang schweres Gepäck mit sich führen. Für Übernachtungen in der John Muir Wilderness ist eine Genehmigung erforderlich (sechs Monate im Voraus online erhältlich unter recreation.gov oder in der White Mountain Ranger Station, Bishop).

TICKER --- TICKER --- TICKER---TICKER ---TICKER---TICKER

0-3,3 km (0-2,1 mi) Little Lakes Valley Trail führt kurz eben, dann aufwärts und dann auf- und abwärts durch ein Hochtal (südlich) --- **0,5 km** (0,3 mi) Eintritt in die John Muir Wilderness --- **0,8 km** (0,5 mi) Mack Lake erreicht, Weg teilt sich; Weg durch Little Lakes Valley führt links in Richtung Morgan Pass --- **1,4 km** (0,9 mi) Marsh und Heart Lake erreicht --- **2,4 km** (1,5 mi) Box Lake erreicht --- **3,3-3,9 km** (2,1-2,4 mi) Weg führt fast eben links (westlich) am Long Lake entlang --- **3,9-5,3 km** (2,4-3,3 mi) Steilere Aufwärtspassagen wechseln sich mit kurzen ebenen oder abwärts führenden Passagen ab --- **5,3 km** (3,3 mi) erster Gem Lake erreicht (oft ausgetrocknet), Weg teilt sich; Weg zum letzten Gem Lake führt rechts (südwestlich) --- **5,3-5,8 km** (3,3-3,6 mi) Weg führt eben durch Seen- und Flusslandschaft --- **5,8 km** (3,6 mi) Letzter Gem Lake erreicht

Little Lakes Valley

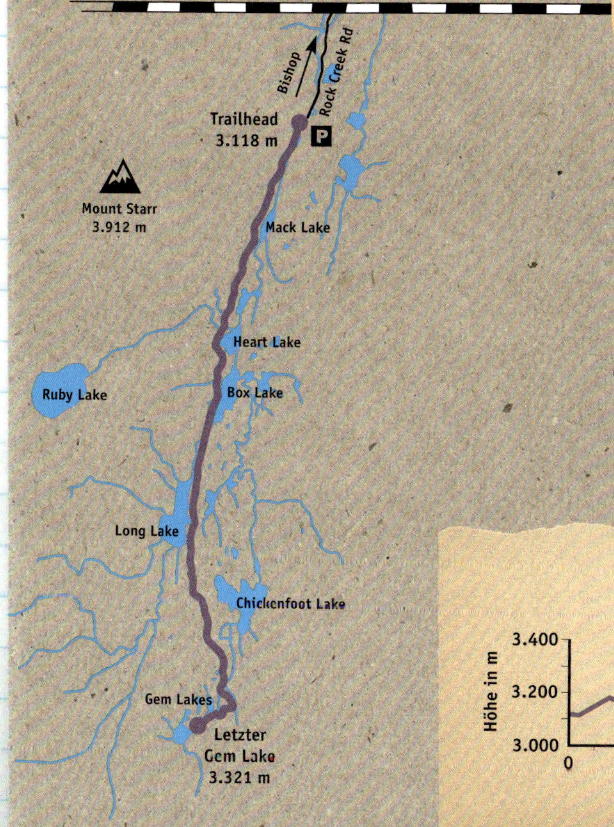

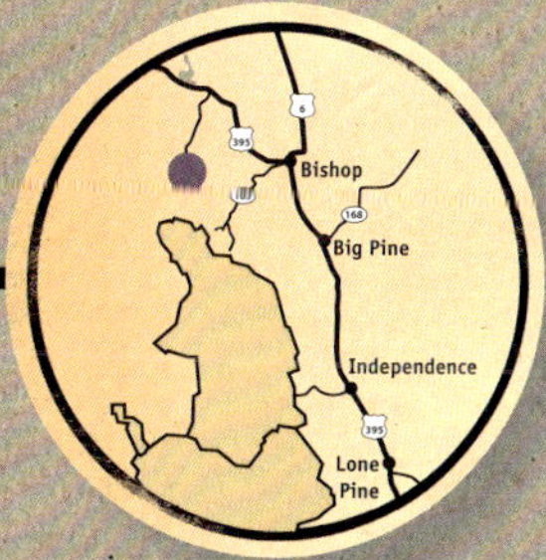

Bishop

Rock Creek Rd

Bishop

Big Pine

Independence

Lone Pine

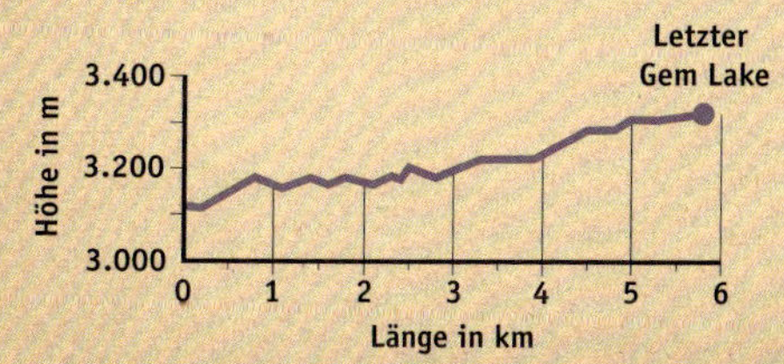

Trailhead
3.118 m

P

Mount Starr
3.912 m

Mack Lake

N

0 km
1 km
2 km

Heart Lake

Ruby Lake

Box Lake

Long Lake

Chickenfoot Lake

Gem Lakes

Letzter
Gem Lake
3.321 m

Letzter
Gem Lake

3.400
3.200
3.000

Höhe in m

0 1 2 3 4 5 6

Länge in km

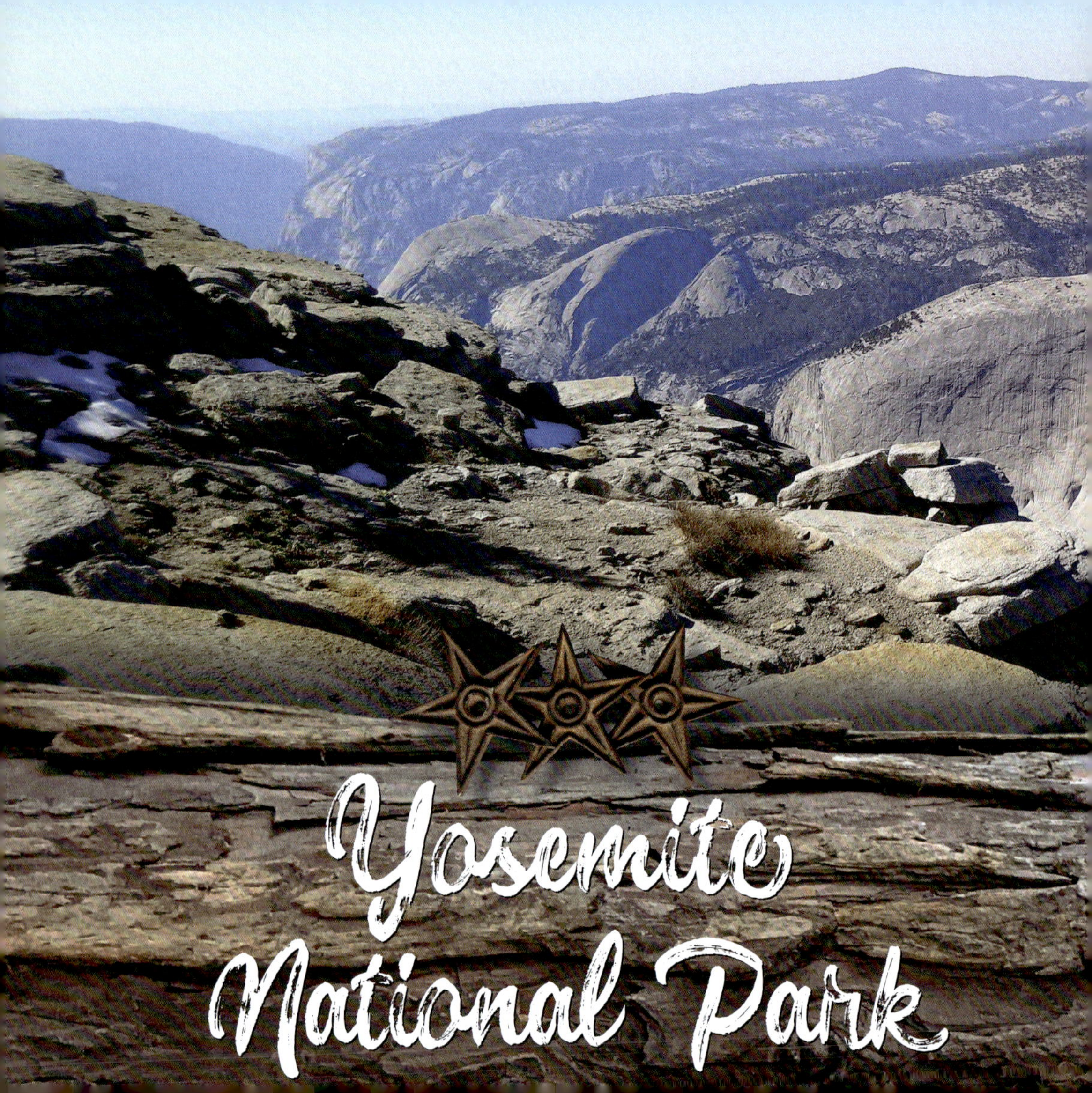
Yosemite
National Park

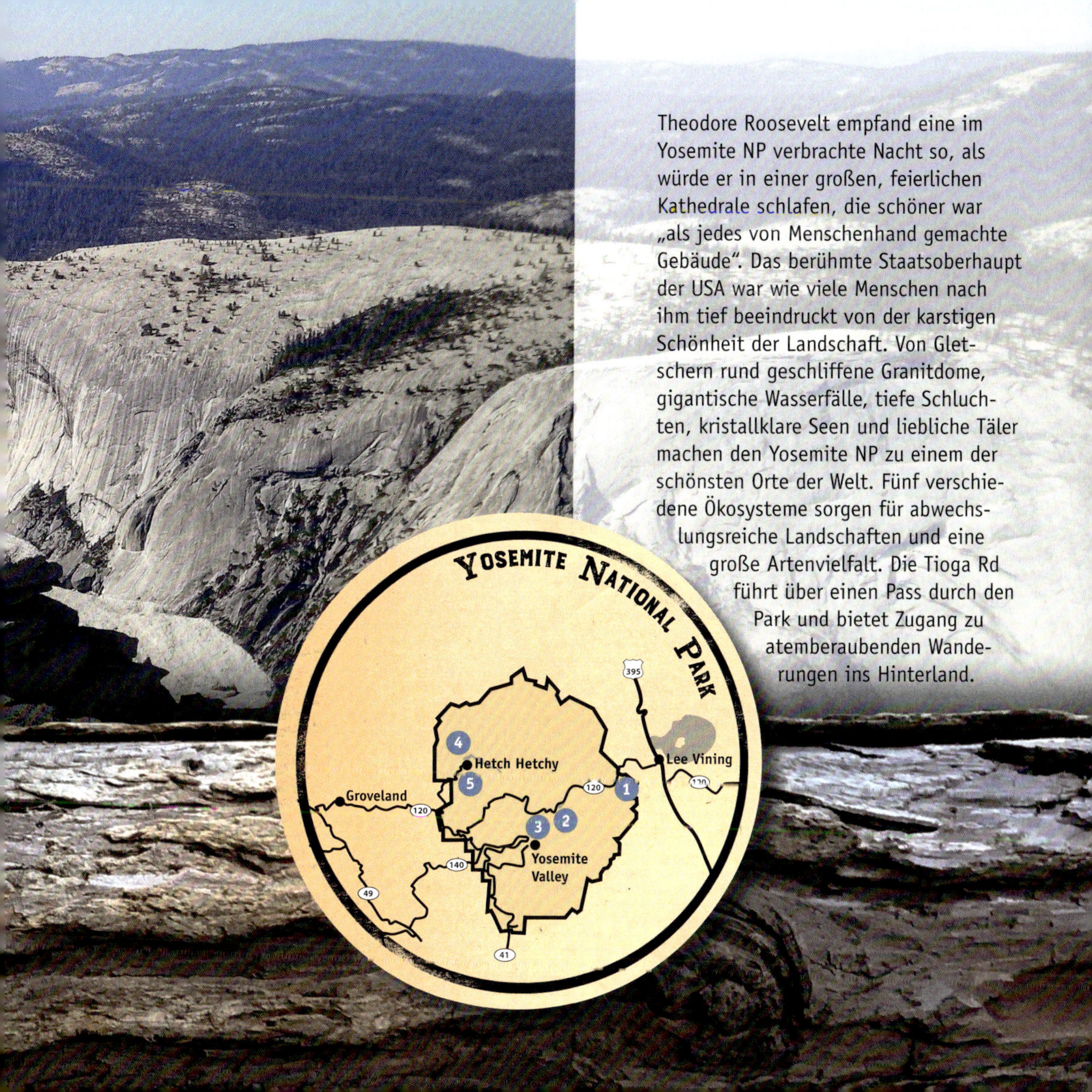

Theodore Roosevelt empfand eine im Yosemite NP verbrachte Nacht so, als würde er in einer großen, feierlichen Kathedrale schlafen, die schöner war „als jedes von Menschenhand gemachte Gebäude". Das berühmte Staatsoberhaupt der USA war wie viele Menschen nach ihm tief beeindruckt von der karstigen Schönheit der Landschaft. Von Gletschern rund geschliffene Granitdome, gigantische Wasserfälle, tiefe Schluchten, kristallklare Seen und liebliche Täler machen den Yosemite NP zu einem der schönsten Orte der Welt. Fünf verschiedene Ökosysteme sorgen für abwechslungsreiche Landschaften und eine große Artenvielfalt. Die Tioga Rd führt über einen Pass durch den Park und bietet Zugang zu atemberaubenden Wanderungen ins Hinterland.

BASE CAMPS

Groveland

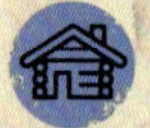
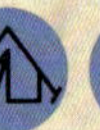
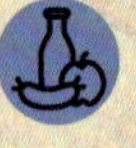
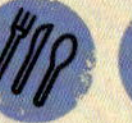
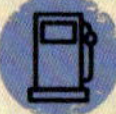

Groveland Visitors Center (☎ 209-962-0429; visittuolumne.com; 18687 Main St)

Anfahrt

Yosemite NP: Der Park hat fünf Eingänge. Von Süden kommend auf Hwy 41. Hwy 41/Wawona Rd/Big Oak Flat Rd führt vom Südeingang über das Yosemite Valley zum Westeingang (Big Oak Flat). Hier Zugang zum Hwy 120 (Tioga Rd) (41 mi nordwestlich vom Südeingang).

Hwy 120 (Tioga Rd) verbindet den Westeingang (Big Oak Flat; 24 mi östlich von Groveland) mit dem Osteingang (Tioga Pass; 12 mi westlich von Lee Vining). Vom Westeingang bis zum Osteingang via Hwy 120 (Tioga Rd) 54 mi.

Hetch Hetchy (Yosemite NP): Hwy 120/Evergreen Rd verbindet den Westeingang (Big Oak Flat) mit dem Eingang zum Hetch Hetchy Reservoir (10 mi nördlich vom Westeingang).

Hetch Hetchy

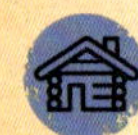

Evergreen Lodge (☎ 209-379-2606; evergreenlodge.com; 33160 Evergreen Rd [gut befahrbare Dirt Road]; WLAN): historische Lodge von 1921 mit Cabins und Zelten von einfach bis luxuriös. 89 Cabins, 16 Zelte, Restaurant, kleiner, gut ausgestatteter Gemischtwarenladen.

Dimond O (Evergreen Rd für 5,6 mi fahren ab Hwy 120; ⏲ Mai bis Mitte Sept.; einige Plätze reservierbar): 26 einfache Zelt- und RV-Plätze, Toilette, fließendes Wasser. Schön gelegen.

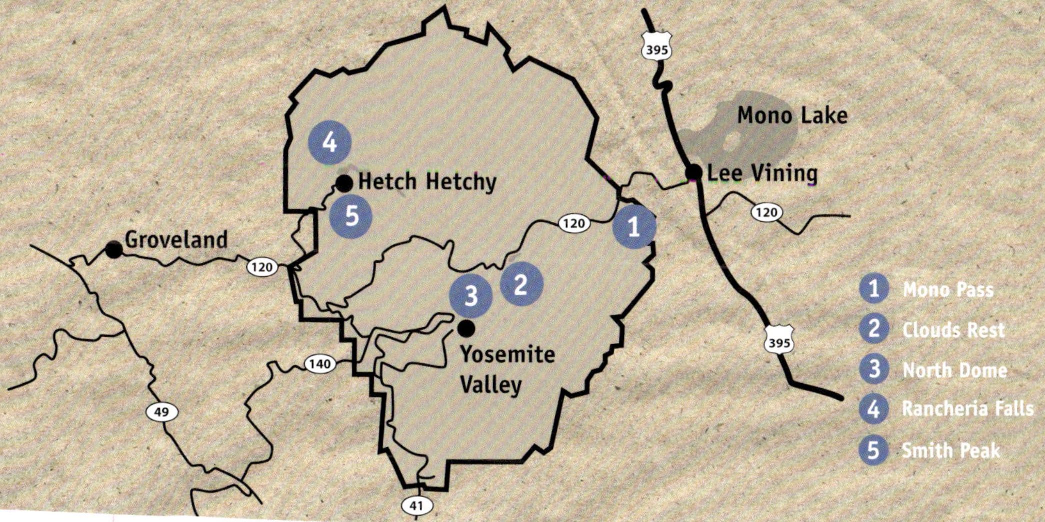

Mono Lake

Lee Vining

Hetch Hetchy

Groveland

Yosemite Valley

1 Mono Pass

2 Clouds Rest

3 North Dome

4 Rancheria Falls

5 Smith Peak

Lee Vining

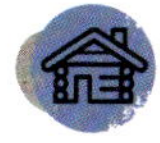

El Mono Motel (☎ 760-647-6310; elmonomotel.com; Hwy 395 und 3rd St; WLAN): einfache Zimmer, liebevoll gestalteter Garten und ein nettes Café mit Espresso, Frühstückssandwiches und gemütlicher Veranda.

Ellery Lake Campground (Hwy 120, 10 mi westlich von Lee Vining und 2 mi östlich vom Tioga Pass Entrance (Osteingang Yosemite NP); ⏲ Mai bis Okt., je nach Wetterlage; nicht reservierbar): wunderschön gelegen, zwölf einfache Zelt- und RV-Plätze für Wohnmobile bis 8,5 m (28 ft), Toilette, Wasser. ⚠ Nachts kann es kalt werden, auch im Sommer. Weitere Campingplätze entlang des Hwy 120 verfügbar.

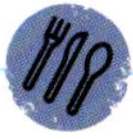

Whoa Nellie Deli (☎ 760-647-1088; whoanelliedeli.com; 22 Vista Point Dr): sehr leckeres Essen in einer erstaunlich ansprechenden Tankstelle.

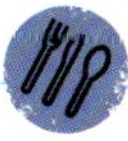

Epic Café (☎ 760-965-6282; epiccafesierra.com; 349 Lee Vining Ave): gesunde, schmackhafte Hausmannskost zu moderaten Preisen.

 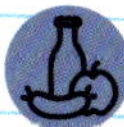 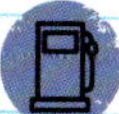

⚠ Tanken sehr teuer.

Mono Pass
via Mono Pass Trail

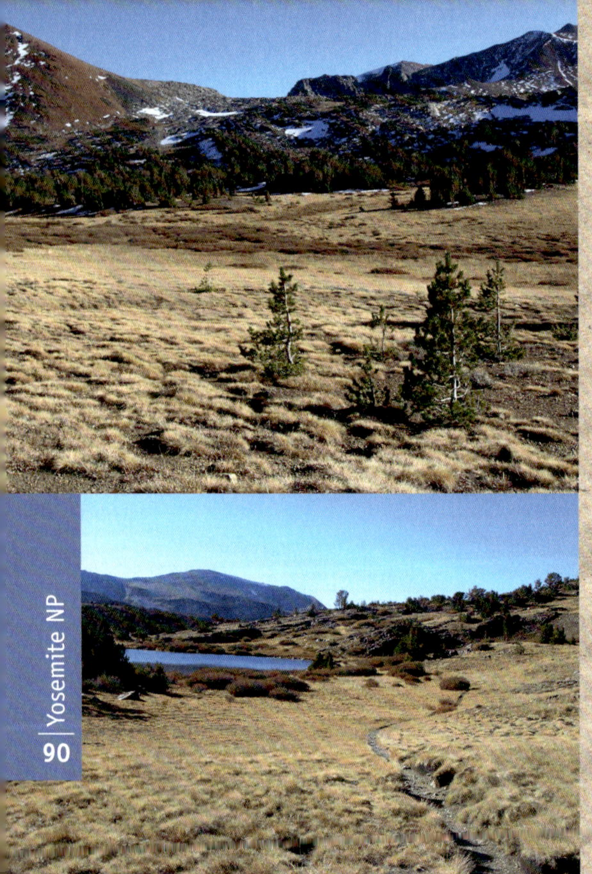

Am ersten Tag im Yosemite NP gehen wir es langsam an. Die imposanten, grauen Felsen im XXL-Format, die den Park charakterisieren, werden wir ab morgen näher erkunden. Heute wandern wir zum Mono Pass. Dies soll ein moderater Trip in einer reizvollen Landschaft mit einem überraschenden Ausblick an seinem Ende werden. Vom Mono Pass könnte man weiter durch den Bloody Canyon in den Inyo NF wandern, hierfür bräuchte man jedoch einen Shuttle, daher planen wir diese Wanderung für einen anderen Tag. Von Lee Vining aus kommend fahren wir 13,5 mi die Tioga Rd über den Osteingang des Yosemite NP bis zum Mono Pass Trailhead. Neben uns ragen bereits riesige Granitgipfel auf, während wir auf der gut ausgebauten Straße schnell an Höhe gewinnen und über den rund 3.000 m hohen Tioga Pass fahren. Blauer Himmel und goldenes Licht untermalen die grandiose Kulisse.

Direkt am Parkplatz startet der Mono Pass Trail bergab durch einen Pinienwald in Richtung Südosten. Bald öffnet sich das Terrain und wir laufen über die Dana Meadows. Rechts und vor uns werden die ersten Berge sichtbar. Der Weg ist in gutem Zustand; nur wenige scharfkantige Steine oder Wurzeln erschweren das Vorwärtskommen. Nach 0,8 km überqueren wir zweimal einen kleinen Fluss über Steine und Baumstämme – ab jetzt geht es moderat aufwärts in Richtung Osten. Nachdem wir erneut ein kleines Tal durchlaufen haben, führt der Weg nach 1,2 km jetzt links weiter aufwärts am Hang entlang. Das Tal bleibt rechts neben uns, während wir nun mehrere kleine Anhöhen erreichen; moderate Aufwärtspassagen wechseln sich ab mit kurzen abwärts führenden Wegabschnitten über Wiesen und durch Wälder, dann dreht der Weg wieder nach Südosten. Weit vor uns können wir den Mammoth Peak ausmachen. Der Weg verläuft nun für eine Weile oberhalb entlang des Flusses, der nur sporadisch sichtbar wird, da wir bald wieder von Bäumen umgeben sind. Stellenweise ist der Pfad nun matschig, da es kürzlich schon einmal geschneit hat. Ich identifiziere den frischen Abdruck einer Bärentatze auf dem feuchten Boden und bin etwas beunruhigt. Nach 3,7 km teilt sich der Weg, wir gehen links weiter in südöstliche Richtung zum

Amerikanischer Schwarzbär

Der Amerikanische Schwarzbär lebt in Nordamerika und Mexiko. Im Vergleich zum Grizzlybär gelten die Schwarzbären als weniger aggressiv. Ihre Farbe variiert zwischen Blond und Schwarz. Der Schwarzbär hat einen länglichen Kopf und keinen Rückenhöcker wie der Grizzlybär. In der kalten Jahreszeit halten die Bären für mehrere Monate Winterruhe, in der sie weder Nahrung noch Flüssigkeit zu sich nehmen und bis zu einem Drittel ihres eigentlichen Gewichts von durchschnittlich 100 kg verlieren.

Mono Pass. Jetzt führt der Weg zunächst steiler bergauf durch den Wald, nach 4,2 km wird die Steigung wieder moderater und nach 4,6 km passieren wir einen Felsrutsch. 300 m weiter wandern wir erneut bergauf und erreichen bald die Baumgrenze. Nun können wir weit in das rechts liegende Hochtal schauen und die schneebestäubten Gipfel des Kuna Crest erkennen. Bald teilt sich der Weg erneut. Wir gehen links zum Mono Pass. Nach 5,9 km haben wir unser Ziel erreicht. Wir sind umgeben von rotbraunen Hügeln, auf denen wenig wächst; die Einsamkeit und die karge Schönheit der Landschaft sind fast greifbar. Der Clou offenbart sich nach rund einem weiteren Kilometer auf dem Weg in den Bloody Canyon hinein: Von hier aus kann man in weiter Ferne den türkisblauen Mono Lake sehen – ein unwirklicher Anblick und ein großer Kontrast zu der Landschaft hier oben. Auf dem Rückweg treffen wir auf den Verursacher des Tatzenabdrucks. Ein junger Bär läuft uns über den Weg, ein zweiter folgt ihm. Sie suchen sehr schnell das Weite und machen dabei vogelschreiähnliche Geräusche.

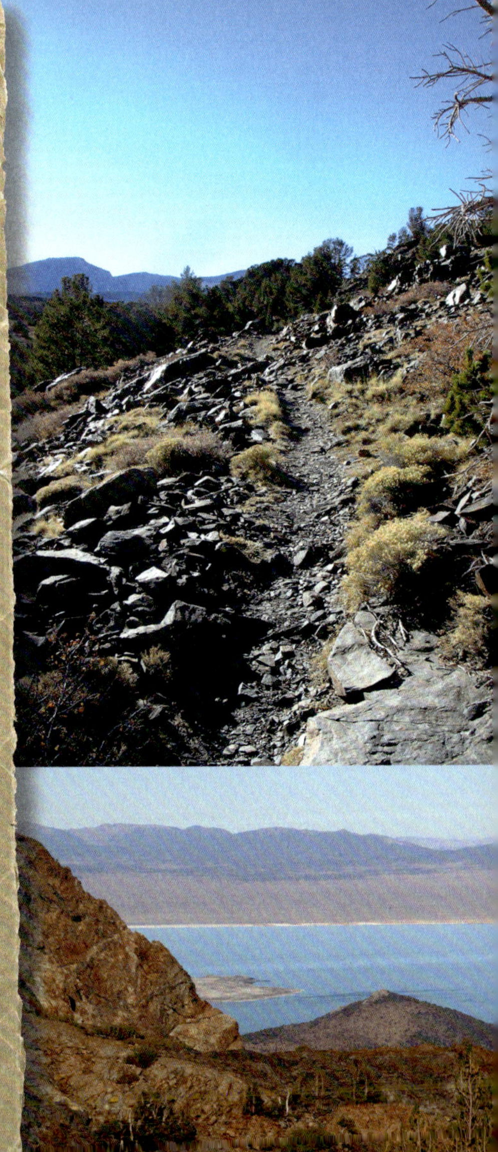

FACTS & FIGURES

Weg zum Trailhead:
Anfahrt ab Lee Vining: 0,5 mi auf Hwy 395 in Richtung Süden. Dann rechts (westlich) auf Hwy 120/Tioga Rd für 13,5 mi bis zum Mono Pass Trailhead links an der Straße fahren (südlich). Hier parken. Kein SUV mit „High Clearance“ notwendig.

Länge: ★★☆☆☆
11,8 km (7,4 mi) hin und zurück (zzgl. 0,8 km).

Wanderzeit: ★★☆☆☆
4,5 Std.

Höhe:

Trailhead:	2.962 m (9.718 ft)
Mono Pass:	3.245 m (10.646 ft)
HM hin/zurück:	± 373/90 m

Wegbeschaffenheit: ★★★★☆
Weicher Boden; Weg ist meist einfach zu laufen.

Kondition: ★★☆☆☆
Weg ist kurz und beinhaltet moderate Aufwärtspassagen.

Betrieb: ★★☆☆☆

Beste Jahreszeiten:
(Früh-)Sommer, Herbst.

Tanken: Lee Vining.

Basecamp: Lee Vining.

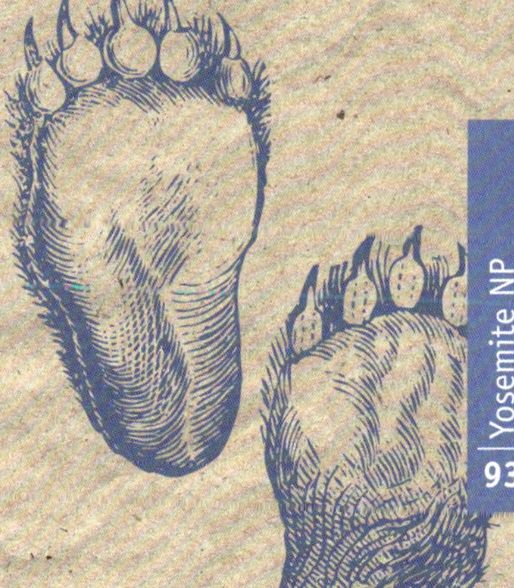

SPECIAL TIP

Mono Lake Der surreal aussehende See liegt am Westrand des riesigen Great Basin. Der Mono Lake ist ein Natronsee: Er hat einerseits einen hohen pH-Wert, andererseits ist er besonders salzhaltig. Salze wie Natriumkarbonat lagern sich unter bestimmten geologischen Bedingungen und einer hohen Verdunstungsrate ab. Die für den Mono Lake charakteristischen Tuffsteintürmchen entstehen, wenn aus unterirdischen heißen Quellen Kalzium in den See gelangt, das sich mit dem Natriumkarbonat verbindet. Seit 1941 wird dem Mono Lake Wasser entnommen, was schwerwiegende ökologische Folgen hatte und eine langjährige Umweltdebatte auslöste. Sie führte zu einer Reihe von Maßnahmen zum Schutz des einzigartigen Ökosystems. Weitere Informationen im Mono Lake Committee Information Center in Lee Vining (monolake.org).

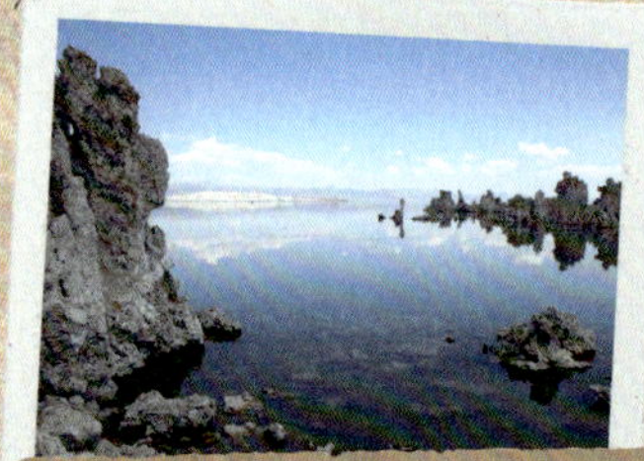

TICKER --- TICKER --- TICKER---TICKER ---TICKER---TICKER

0-0,8 km (0-0,5 mi) Mono Pass Trail führt moderat abwärts durch den Wald (südöstlich) --- **0,8 km** (0,5 mi) Zwei Flussüberquerungen --- **0,8-4,9 km** (0,5-3,0 mi) Weg führt aufwärts über mehrere kleine Anhöhen mit kurzen ebenen Passagen (östlich/südöstlich) --- **3,7 km** (2,3 mi) Weg teilt sich; Weg zum Mono Pass führt links (südöstlich) --- **4,6 km** (2,9 mi) Weg führt an Felsrutsch (links) vorbei --- **4,9-5,4 km** (3,0-3,4 mi) Weg führt moderat aufwärts --- **5,1 km** (3,2 mi) Baumgrenze erreicht --- **5,3 km** (3,3 mi) Weg teilt sich; Weg zum Mono Pass führt links--- **5,4-5,9 km** (3,4-3,7 mi) Weg führt fast eben --- **5,9 km** (3,7 mi) Mono Pass erreicht

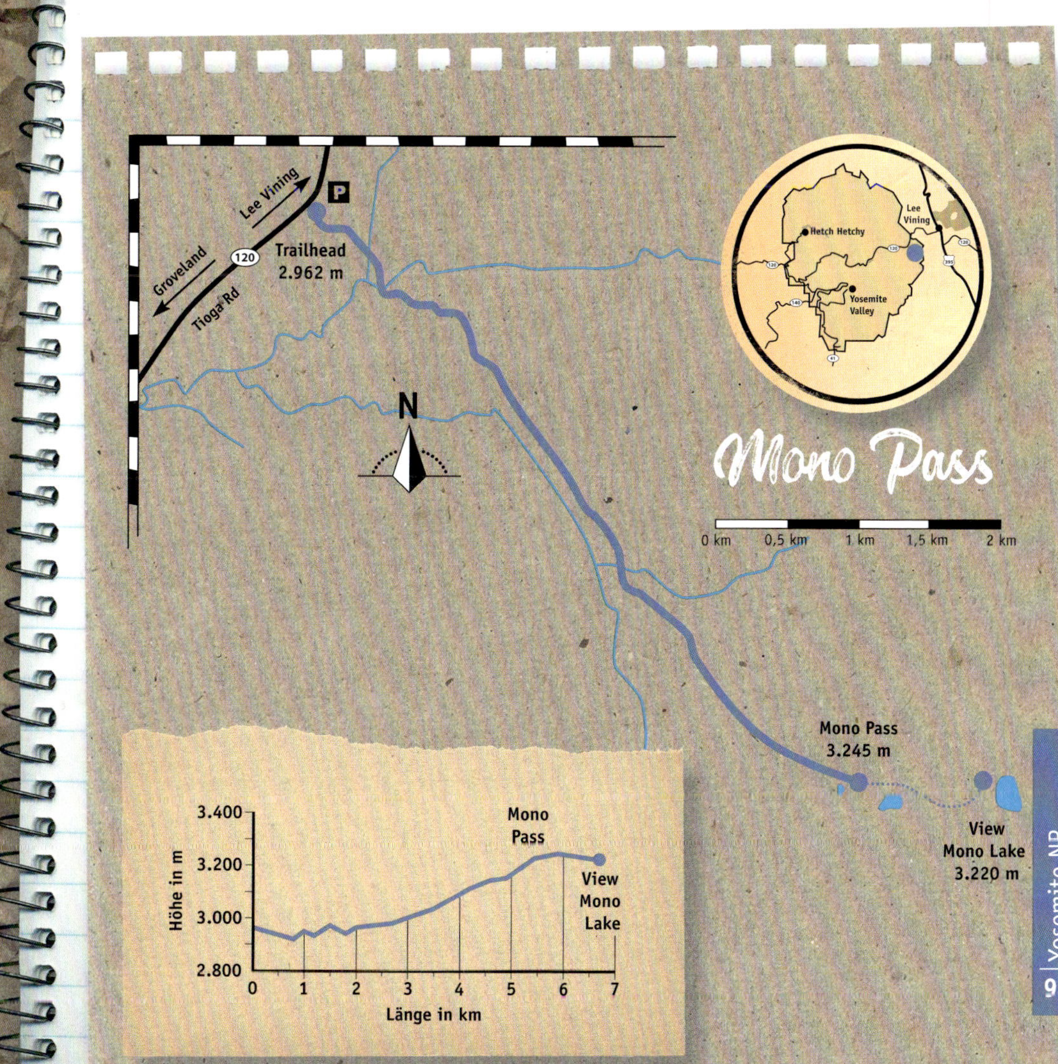
Lee Vining
P
Groveland
120
Trailhead
2.962 m
Tioga Rd
N
Hetch Hetchy
Lee Vining
Yosemite Valley
Mono Pass
0 km
0,5 km
1 km
1,5 km
2 km
Mono Pass
3.245 m
View
Mono Lake
3.220 m
3.400
3.200
3.000
2.800
Höhe in m
Mono Pass
View Mono Lake
0
1
2
3
4
5
6
7
Länge in km

Clouds Rest
via Clouds Rest Trail

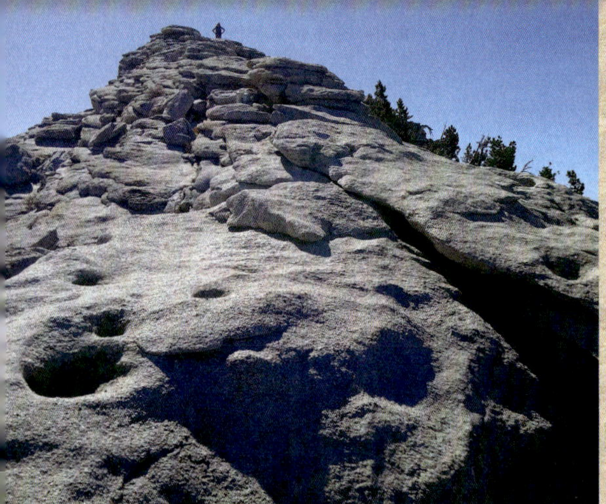

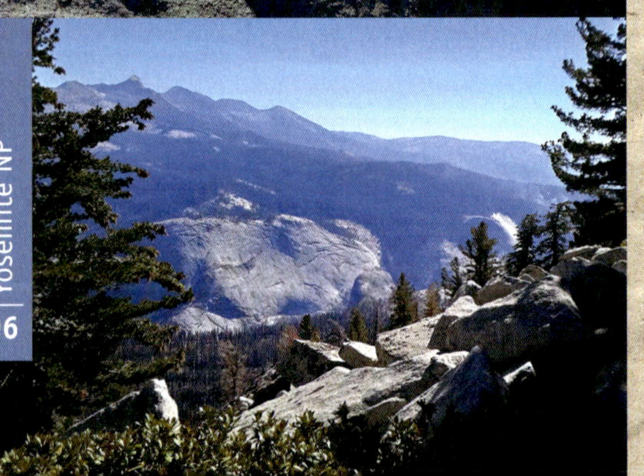

Nach der gestrigen moderaten Tour sind wir heute bereit für den Clouds Rest. Die Wanderung auf diesen Berg ist ein wahrer „Big Daddy Hike", müssen wir doch rund 900 Höhenmeter und 19 km bewältigen. Als wäre das noch nicht genug, wartet kurz vor dem Gipfel ein kurzer Anstieg über einen schmalen, felsigen Bergrücken auf uns. Die einmalige, grandiose Aussicht auf viele Berühmtheiten des Yosemite NP aus der Vogelperspektive soll jedoch diese Herausforderung wert sein. Wir fahren von Osten kommend die Tioga Rd, diesmal bis zum Sunrise Lakes Trailhead. Er befindet sich kurz hinter dem Tenaya Lake, der vor langer Zeit aus dem Tuolumne Gletscher entstanden ist. Der magische See präsentiert sich je nach Lichtverhältnissen in den unterschiedlichsten Farben. Heute Früh ist er knallblau und liegt wie ein glatter Spiegel in der Morgensonne neben der Passstraße.

Der Clouds Rest Trail startet abwärts durch den Wald in Richtung Südwesten. Unser heutiges Ziel ist zunächst noch nicht ausgeschildert, der Weg in Richtung Sunrise Lakes ist richtig. Erst ab dem dritten Schild wird unser Ziel, der Clouds Rest, angezeigt und wir gehen rechts. Nach 0,6 km führt der Weg moderat bergauf, dann fast eben, dreht nach Südosten und nach 1,3 km über einen kleinen Fluss. Ab 2,2 km schraubt sich der nun steinige Weg in steilen Serpentinen nach oben. Es ist sehr anstrengend und wir sind froh, nach 3,7 km eine Anhöhe zu erreichen. Wir laufen ein kurzes Stück eben auf dem Plateau, das zu einem Ausläufer von Sunrise Mountain gehört. Kurz darauf teilt sich der Weg erneut. Wir gehen rechts in südwestliche Richtung. Der Weg verläuft nun für 700 m steil bergab und dann wieder aufwärts im Wechsel mit kurzen ebenen Passagen. Nach 5,3 km passieren wir einen See – ein netter Platz für eine kleine Erholungspause. Ein Sandwich später wandern wir weiter und erreichen nach 7,0 km erneut einen Abzweig; hier müssen wir geradeaus laufen. Kurz danach erreichen wir ein weites, kuppelförmiges Plateau. Der Weg führt nach 7,4 km rechts moderat aufwärts in

Häuptling Tenaya

Der Tenaya Canyon ebenso wie der gleichnamige See wurden nach dem legendären Häuptling der Ahwahneechee-Indianer benannt, die als erste Menschen das Yosemite-Tal bevölkerten, bis sie es wegen einer Seuche verlassen mussten. Tenaya kehrte mit rund 200 seiner Stammesbrüder zurück und lebte dort in Frieden – bis weiße Goldsucher und Viehzüchter Anspruch auf das Land erhoben. Es kam zu blutigen Auseinandersetzungen, wobei die Indianer ihr Land zeitweilig verlassen mussten. Tenaya konnte jedoch später in das Yosemite-Tal zurückkehren und starb dort 1853 als freier Mann.

nordwestliche Richtung am Rand der Anhöhe entlang. Wir haben jetzt einen fantastischen Ausblick auf die umliegende Bergwelt – und auch auf den Clouds Rest. Wie vermutet führt der Weg nach 7,8 km links auf den schmaler werdenden Bergrücken zu (südwestlich). Mir wird mulmig, aber es hilft nichts, nach 8,5 km beginnt der Anstieg auf den Gipfel. Die Aussicht auf den Tenaya Canyon rechts unter uns und auf die umliegenden Berge raubt uns buchstäblich den Atem – ich konzentriere mich lieber nur auf den Weg. Nach 9 km, wir scheinen fast da zu sein, wird der Weg extrem schmal und an beiden Seiten geht es steil nach unten. Nur 400 m weiter verbreitert sich der Weg und wir erreichen den Gipfel des Clouds Rest. Wir können nun die bekannten Granitformationen des Parks betrachten – allen voran den Half Dome, der von hier oben wie eine Mini-Ausgabe seiner selbst aussieht. Weit in der Ferne können wir den El Capitan ausmachen und hinter uns sehen wir den Tenaya Lake als kleinen, blauen Farbklecks. Es ist unwirklich schön und ich verstehe, warum die Wolken hier so häufig Pause machen.

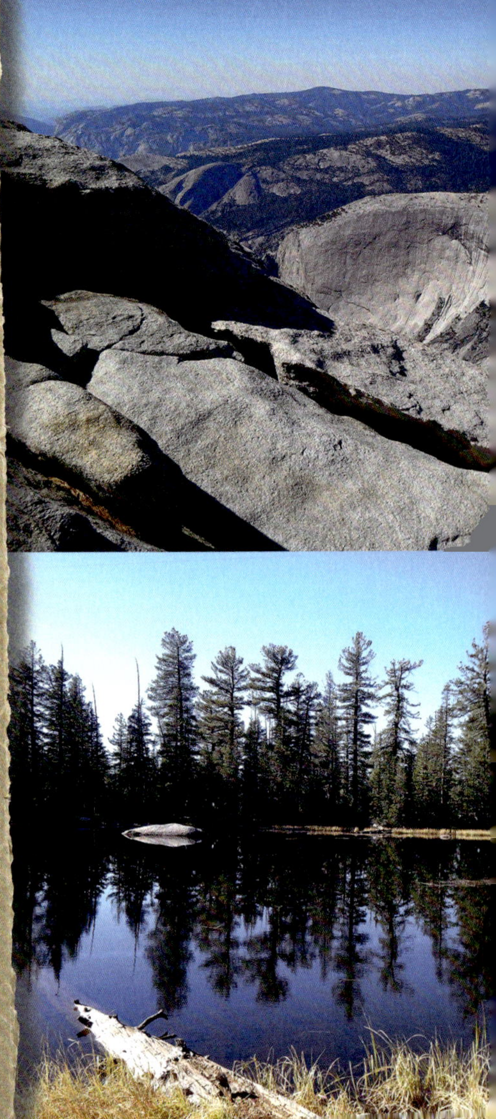

FACTS & FIGURES

Weg zum Trailhead:
Anfahrt ab Lee Vining: 0,5 mi auf Hwy 395 in Richtung Süden. Dann rechts (westlich) auf Hwy 120/Tioga Rd für 27 mi bis zum Sunrise Lakes Trailhead links an der Straße fahren (südlich). Hier parken. Kein SUV mit „High Clearance" notwendig.

Länge: ★★★☆☆
18,8 km (11,8 mi) hin und zurück.

Wanderzeit: ★★★★☆
7,5 Std.

Höhe:

Trailhead:	2.493 m (8.179 ft)
Clouds Rest:	3.025 m (9.925 ft)
HM hin/zurück:	± 717 m/224 m

Wegbeschaffenheit: ★★☆☆☆
Weg ist oft mit Steinen durchsetzt.

Kondition: ★★★★☆
Weg ist lang und beinhaltet steile Auf- und Abwärtspassagen.

Betrieb: ★★★☆☆

Beste Jahreszeiten:
(Früh-)Sommer, Herbst.

Tanken:
Lee Vining.

Basecamp:
Lee Vining.

SPECIAL TIP

König der Felsen Der Half Dome besticht durch sein außergewöhnliches Aussehen. Er besteht aus Granodiorit und entstand als Teil der Sierra Nevada infolge der Verschiebung zweier tektonischer Platten. Seine runde Kuppe erhielt der Half Dome durch Exfoliation: Dabei schälten sich obere, überhängende Schichten ab. Durch die Entlastung konnte sich darunter liegendes Gestein ausdehnen. Gletscheraktivität spaltete dann einen Teil des Half Dome ab. Viele Touristen wollen den Berg trotz des anstrengenden Anstiegs besteigen. Genehmigungen sind daher obligatorisch und werden verlost (recreation.gov).

TICKER --- TICKER --- TICKER---TICKER ---TICKER---TICKER

0-2,2 km (0-1,4 mi) Clouds Rest Trail führt über eine Brücke abwärts, dann moderat aufwärts und eben durch den Wald in Richtung Sunrise Lakes (südöstlich/ südwestlich) --- **1,3 km** (0,8 mi) Flussüberquerung --- **2,2-3,7 km** (1,4-2,3 mi) Weg führt in Serpentinen steil aufwärts durch den Wald --- **3,7-4,5 km** (2,3-2,8 mi) Weg führt kurz eben, dann steil abwärts (dreht südlich) --- **3,8 km** (2,4 mi) Weg teilt sich; Weg zum Clouds Rest führt rechts --- **4,5-4,9 km** (2,8-3,1 mi) Weg führt aufwärts --- **4,9-7,4 km** (3,1-4,6 mi) Weg führt moderat aufwärts, zunächst im Wechsel mit kurzen Abwärtspassagen --- **5,3 km** (3,3 mi) Weg führt an See (rechts) vorbei --- **7,0 km** (4,4 mi) Weg teilt sich; Weg zum Clouds Rest führt geradeaus auf Anhöhe --- **7,4-7,8 km** (4,6-4,9 mi) Weg führt rechts am Rand der Anhöhe moderat aufwärts (nordwestlich) --- **7,8-9,4 km** (4,9-5,9 mi) Weg passiert kleine Talsenke, dann Anstieg über Felsrücken zum Gipfel (südwestlich) --- **9,4 km** (5,9 mi) Clouds Rest erreicht

Clouds Rest

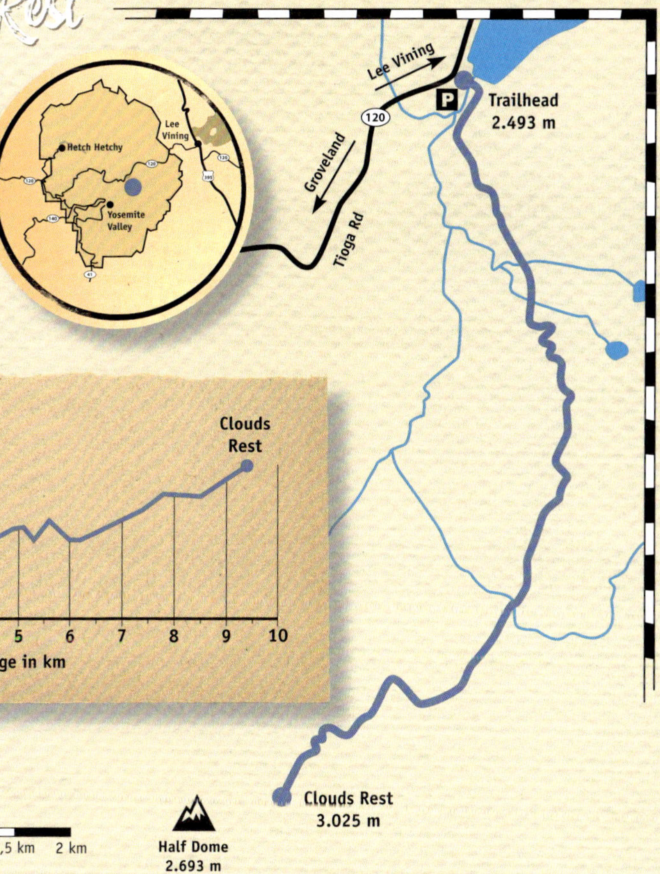

Lee Vining
Trailhead
2.493 m
120
Groveland
Tioga Rd
Hetch Hetchy
Lee Vining
Yosemite Valley
120
140
395
41

Clouds Rest

3.000
2.800
2.600
2.400

Höhe in m

0 1 2 3 4 5 6 7 8 9 10

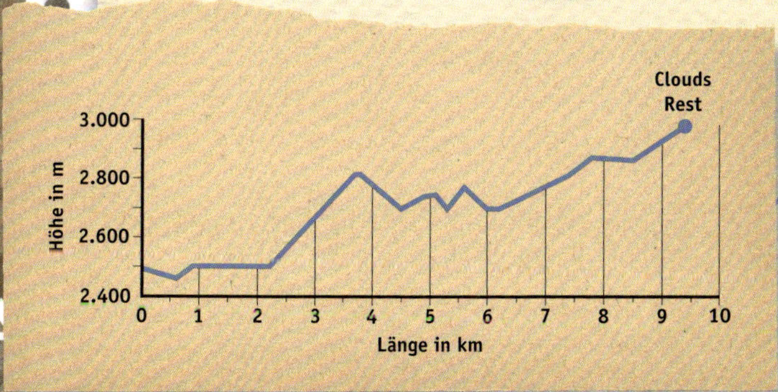

Länge in km

Clouds Rest
3.025 m

0 km 0,5 km 1 km 1,5 km 2 km

Half Dome
2.693 m

North Dome
via North Dome Trail

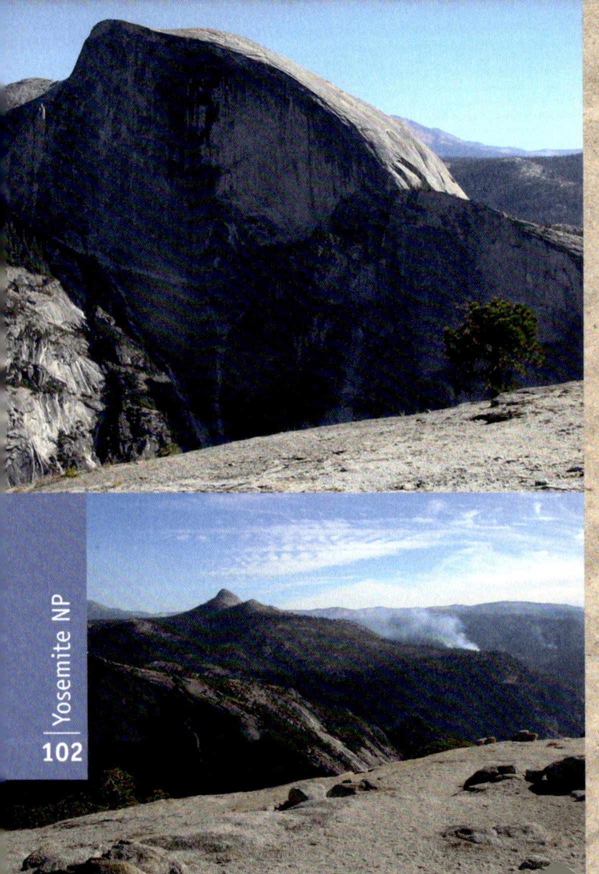

Der Half Dome hat es uns seit der Wanderung zum Clouds Rest angetan. Nachdem wir ihn bereits perspektivisch ungewöhnlich im Miniformat gesehen haben, wünschen wir uns heute eine Nahaufnahme. Die eindrucksvolle Größe des bekannten Wahrzeichens des Yosemite NP soll man vom North Dome aus besonders gut sehen können. Die Wanderung zum kleinen Bruder des Half Dome ist deutlich kürzer und dementsprechend wohl weniger anstrengend, hat man uns gesagt, allerdings mit nicht weniger imposanten Panoramablicken auf die bekannten Granitformationen und das Yosemite-Tal. Wir fahren rund 22 mi vom Osteingang des Parks auf der Tioga Rd bis zum Porcupine Creek Trailhead, der links neben der Straße an einem Parkplatz liegt. Auch heute erfreuen wir uns an der Fahrt durch den spektakulären, mit goldenen Farben getönten Park bei gleichbleibend warmem Wetter.

Indian Arch Wer auf dem Rückweg vom North Dome noch Energie übrig hat, kann noch einen (steilen) Abstecher von 0,5 km zum Indian Rock mit dem gleichnamigen Arch machen. Der bizarr geformte Felsbogen ist aus Granit und deswegen einer der wenigen seiner Art in der Sierra Nevada. Felsbögen aus Sandstein gibt es häufiger, was mit der Gesteinsart und bestimmten geologischen Bedingungen zusammenhängt. Für die Bildung von Felsbögen sind Wassereinwirkungen, Temperaturänderungen, Schwerkraft und/oder tektonische Kräfte verantwortlich, die das Gestein über Millionen von Jahren zu ihrer heutigen Form ausbilden.

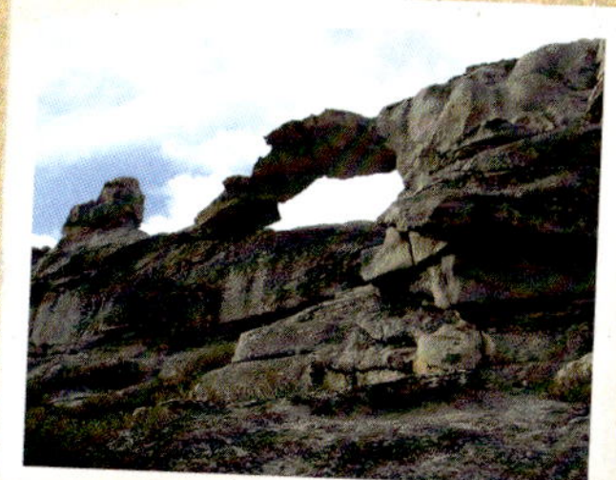

Wir beginnen die Wanderung zum North Dome mit einer Abwärtspartie durch den Wald in Richtung Südosten. Nach einigen Metern führt ein kleiner Weg auf eine alte Forststraße. Hier gehen wir ein Stück nach links, um gleich darauf rechts dem Weg in Richtung Südwesten zu folgen. Nach 1,1 km überqueren wir zwei kleinere Flüsse. Ab hier geht es nun moderat bergauf, bis wir nach 1,3 km eine kleine Anhöhe erreichen. Nun zieht sich der Weg für 0,7 km nahezu eben links am Hang des Indian Rock entlang. Nach einer kurzen Abwärtspassage führt der Weg aufwärts und teilt sich nach 2,7 km. Wir laufen links zum North Dome in südliche Richtung. Nach 3,2 km führt der Weg für 200 m steil bergauf nach Osten, dann wieder abwärts. Das viele Auf und Ab innerhalb kurzer Distanzen macht uns müde, zumal wir nur durch den Wald laufen.

Nach 3,9 km führt der Weg erneut steil bergauf und schwenkt kurz nach Osten. Als hätte jemand meine stumme Bitte nach Abwechslung erhört, erreichen wir nach 4,2 km eine große, kuppelförmige Anhöhe. Ab jetzt führt der Weg eben wieder in südliche Richtung, der Wald wird lichter, und wir ahnen, dass wir bald mehr zu sehen bekommen. Nach 4,3 km passieren wir den Abzweig zum Indian Rock. Bald können wir den Basket Dome ausmachen und neben ihm den Half Dome. Ab 4,9 km führt der Weg abwärts und wir erkennen ein Bergende, das allerdings zum Indian Rock gehört. Nach 5,1 km können wir links durch den Wald oder weiter geradeaus gehen. Wir entscheiden uns dafür, den mit Steinmännchen markierten Weg geradeaus zu nehmen. Beide Wege führen nach 5,6 km wieder zusammen. Nach 6,0 km erreichen wir ein Schild, hier führt der Weg nach links in Richtung Nordosten. Wir müssen noch einmal aufpassen, weil es steil bergab geht und der Weg rau in den Fels gehauen wurde. Nach 6,4 km erreichen wir eine Talsenke und beginnen nun mit dem kurzen, einfachen Anstieg zum North Dome. Nach 6,9 km haben wir den Gipfel des North Dome erreicht. Ich fühle mich wie im Panoramakino: Auge in Auge mit dem riesigen Half Dome, der aussieht wie einmal durchgeschnitten. Massiver Granit, tiefe Täler; wohin ich auch schaue, sehe ich von einem sonnenbeschienenen Felsplateau aus imposante, blaugraue Natur. Für fast eine Stunde verweilen wir hier und können uns kaum trennen.

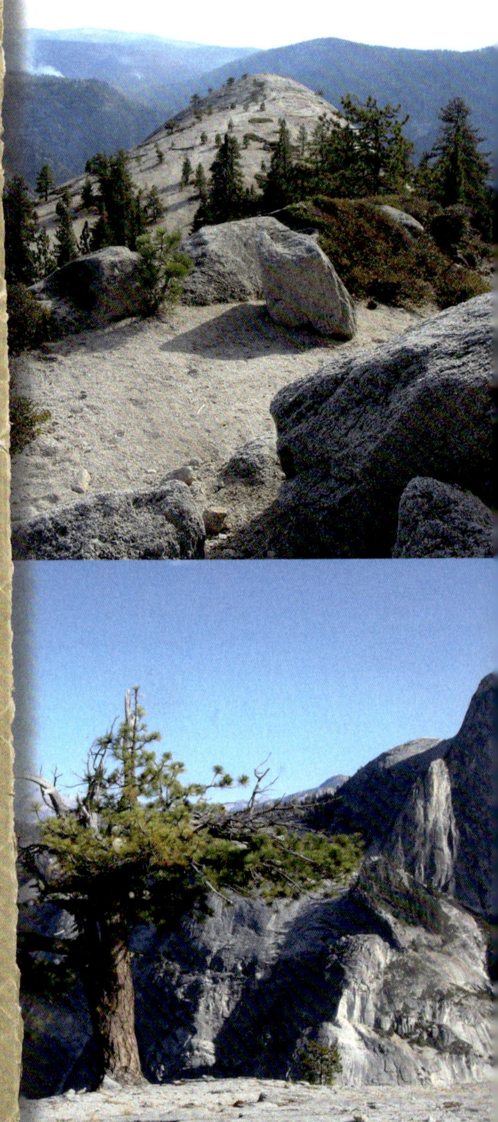

FACTS & FIGURES

Weg zum Trailhead:
Anfahrt ab Lee Vining: 0,5 mi auf Hwy 395 in Richtung Süden. Dann rechts (westlich) auf Hwy 120/Tioga Rd für 34 mi bis zum Porcupine Creek Trailhead links an der Straße fahren (südlich). Hier parken. Kein SUV mit „High Clearance" notwendig.

Länge: ★★☆☆☆
13,8 km (8,6 mi) hin und zurück.

Wanderzeit: ★★★☆☆
5,5 Std.

Höhe:

Trailhead:	2.476 m (8.123 ft)
North Dome:	2.282 m (7.487 ft)
HM hin/zurück:	± 138 m/325 m

Wegbeschaffenheit: ★★★☆☆
Weicher Boden; Weg ist bis auf eine kurze sehr steinige Passage meist einfach zu laufen.

Kondition: ★★★☆☆
Weg beinhaltet einige Auf- und Abwärtspassagen.

Betrieb: ★★★☆☆

Beste Jahreszeiten:
(Früh-)Sommer, Herbst.

Tanken:
Lee Vining.

Basecamp:
Lee Vining.

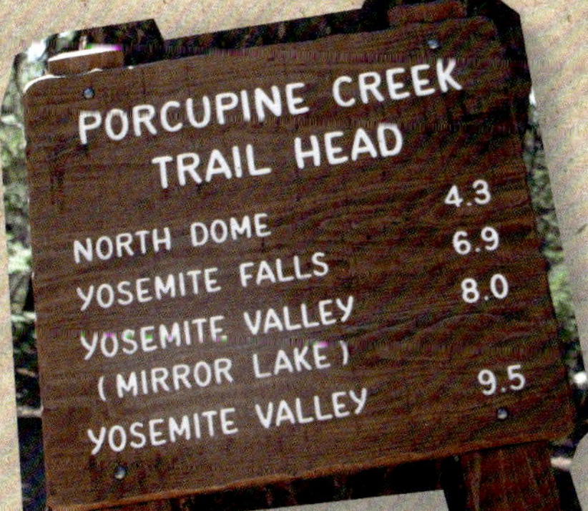

SPECIAL TIP

Logistisch ideal gelegen Das Motel El Mono mit angeschlossenem gemütlichem Café in Lee Vining ist ein sehr guter Ausgangspunkt für Wanderungen entlang der Tioga Rd im Yosemite NP und in der Gegend um den June Lake Loop. Man wohnt in einfachen und sauberen Zimmern mit oder ohne eigenes Bad. Ein liebevoll gestalteter Garten, fantasievolle Frühstückssandwiches und Espresso auf der Veranda des Cafés bieten den idealen Ausgleich vor oder nach einer anstrengenden Wanderung (elmonomotel.com).

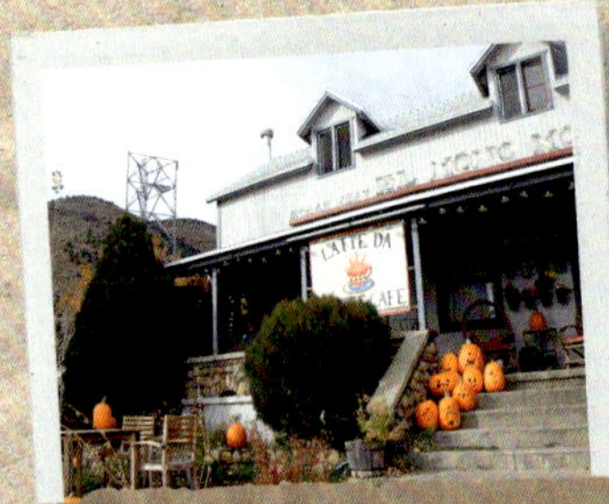

TICKER --- TICKER --- TICKER---TICKER ---TICKER---TICKER

0-1,1 km (0-0,7 mi) North Dome Trail führt abwärts durch den Wald auf eine alte Forststraße, später Waldweg (südöstlich/südwestlich) --- **1,1 km** (0,7 mi) Flussüberquerungen --- **1,1-2,0 km** (0,7-1,3 mi) Weg führt kurz aufwärts, dann nahezu eben --- **2,0-2,3 km** (1,3-1,4 mi) Weg führt abwärts --- **2,3-3,2 km** (1,4-2,0 mi) Weg führt aufwärts (südlich) --- **2,7 km** (1,7 mi) Weg kreuzt; Weg zum North Dome führt links --- **3,2-3,4 km** (2,0-2,1 mi) Weg führt steil aufwärts (östlich) --- **3,4-3,9 km** (2,1-2,4 mi) Weg führt abwärts (südlich) --- **3,9-4,2 km** (2,4-2,6 mi) Weg führt aufwärts auf Plateau (östlich) --- **4,2-4,9 km** (2,6-3,1 mi) Weg führt eben über Plateau (südlich) --- **4,3 km** (2,7 mi) Links Abzweig zum Indian Rock, Weg zum North Dome führt geradeaus --- **4,9-6,0 km** (3,1-3,8 mi) Weg führt geradeaus abwärts über glatten Fels --- **6,0-6,4 km** (3,8-4,0 mi) Weg (steinig) führt steil abwärts (nordöstlich/südlich) --- **6,4-6,9 km** (4,0-4,3 mi) Weg führt moderat aufwärts über glatten Fels zum North Dome --- **6,9 km** (4,3 mi) Gipfel des North Dome erreicht

North Dome

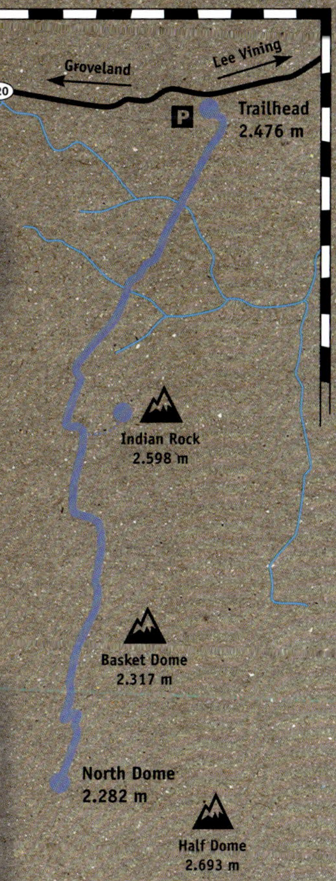

Groveland
Lee Vining
Tioga Rd
120
P
Trailhead
2.476 m

N

Hetch Hetchy
Lee Vining
Yosemite Valley

Indian Rock
2.598 m

0 km 0,5 km 1 km 1,5 km 2 km

Basket Dome
2.317 m

North Dome
2.282 m

Half Dome
2.693 m

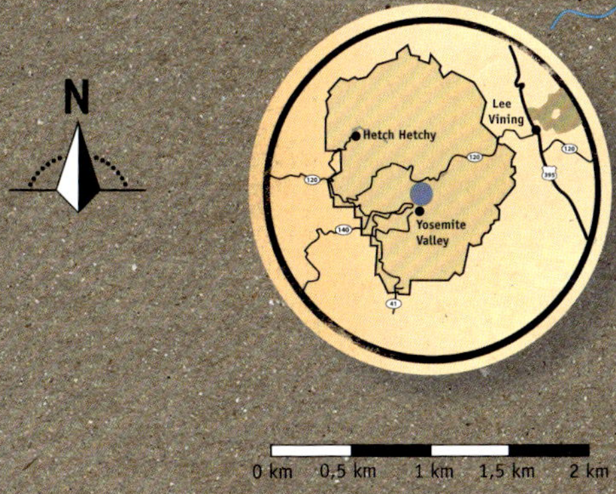

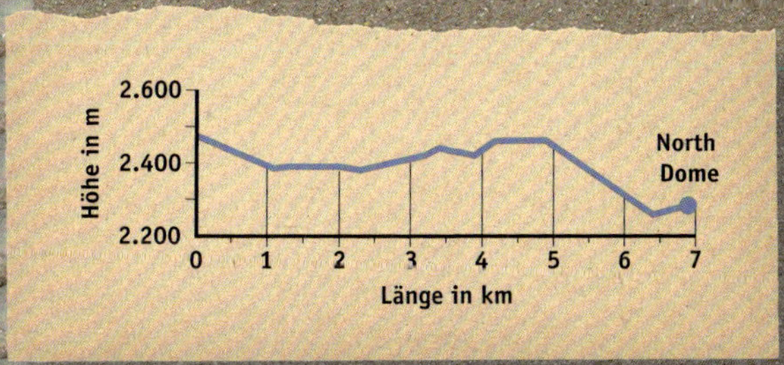

Höhe in m
2.600
2.400
2.200
0 1 2 3 4 5 6 7
Länge in km
North Dome

Rancheria Falls

via Rancheria Falls Trail

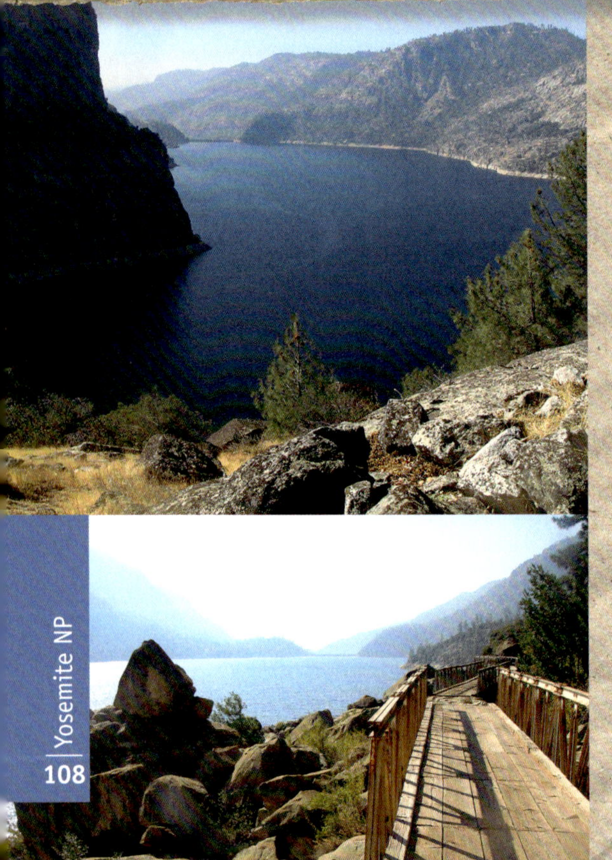

Heute zieht es uns auf die nordwestliche Seite des berühmten Yosemite NP. Wir wollen seine weniger bekannte Region rund um das Hetch Hetchy Reservoir erkunden. Anfang des 20. Jahrhunderts wurde im gleichnamigen Tal ein Staudamm gebaut – dieser staute den Tuolumne River auf und veränderte das einst von Gletschern gebildete Hetch Hetchy Valley umfassend. Der Name stammt von den Miwok-Indianern und ist ihre Bezeichnung für ein dort wachsendes Gras. Die Gegend soll eigen und idyllisch sein – das wollen wir heute auf einer Wanderung zu den Rancheria Falls überprüfen. Ein paar Meter neben dem Westeingang zum Park Big Oak Flat biegen wir in die Evergreen Rd ab. Wir fahren 16 mi nördlich durch ein stark waldbrandgeschädigtes Gebiet, das im blassen Morgenlicht eine skurrile, apokalyptische Stimmung hervorruft. Wir parken unser Auto auf dem Parkplatz am O`Shaughnessy Dam.

Um zu unserem Trailhead zu gelangen, überqueren wir den hohen, beeindruckenden Staudamm. Beim Hinunterschauen auf die abschüssige Seite ist mir nicht ganz wohl. Ich schaue lieber auf die andere Seite des royalblauen Stausees, der von hoch aufragenden Granitbergen begrenzt wird, die aussehen, als wären sie unten abgeschnitten. Am Ende des Damms laufen wir durch einen kurzen Tunnel und haben nach 500 m unseren Trailhead auf der anderen Seite erreicht. Der Weg zieht sich eben und später moderat auf- und abwärts am nördlichen Hang des Sees entlang in Richtung Nordosten. Vögel zwitschern laut und südländisch, wir sehen Kolibris und andere bunte, fliegende Zeitgenossen. Man könnte meinen, wir befänden uns an einem oberitalienischen See, wäre da nicht noch ein Tiergeräusch, das nach einem Bären klingt. Wir gehen schnell weiter und erreichen nach 1,3 km einen Abzweig; hier gehen wir rechts. Der Weg mäandert nun in moderatem Auf und Ab durch Wald im Wechsel mit offenem, felsigem Terrain. Nach 3 km führt eine in den Fels gehauene, malerische Treppe hinunter zum See. Es sieht so aus, als wäre unten ein Fischerdorf, mit einem Tisch am Wasser und einem Teller Antipasti. Leider ist dem nicht so, dafür erreichen wir nach einer kleinen Aufwärtspassage und

Manzanita Der Manzanita-Strauch ist eine immergrüne Pflanze mit rötlicher Rinde. Von Januar bis Februar trägt sie weiße, krugartige Blüten. Für die Ureinwohner bildeten die Manzanita-Gehölze einen wichtigen Rohstoff. Sie nutzten Holz, Blätter und Blüten zur Herstellung von Werkzeug, Heilmitteln, Kosmetika sowie Nahrungsmitteln.

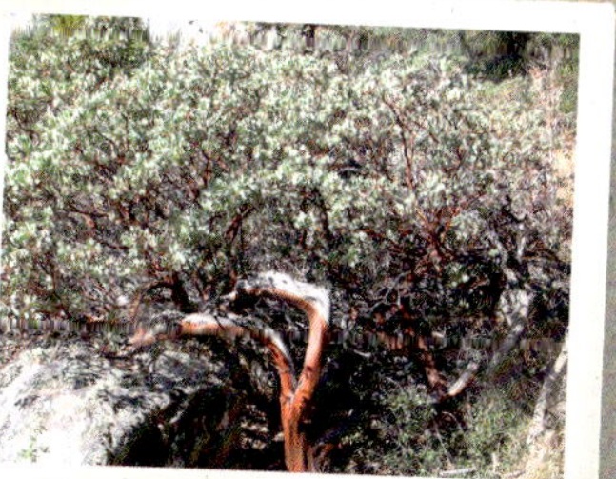

der Überquerung einiger Holzbrücken nach 3,4 km die hübschen Wapama Falls, die aktuell nur von wenig Wasser gespeist werden. Ab jetzt geht es steil nach oben durch den Wald in Richtung Südosten. Wald wechselt sich mit baumlosen Passagen ab; wir befinden uns jetzt hoch über dem See und müssen mit Vorsicht einige steile Abhänge queren. Ebene Passagen unterbrechen die steilen, aufwärts führenden Abschnitte. Der Weg dreht nach 5,6 km in Richtung Osten, führt nach 6,3 km steil nach unten und dann nach einem kurzen ebenen Stück wieder aufwärts. Manzanita-Büsche säumen den Weg, es duftet nach Eukalyptus und wir schwitzen wie im Hochsommer. Nach 9 km und einer langen, anstrengenden Aufwärtspassage sind wir bei den imposanten Rancheria Falls angelangt. Bald drehen wir um und laufen zurück. Kurz vor den Wapama Falls, ich traue meinen Augen kaum, liegt eine Bärin mitten auf dem Weg und aalt sich in der Sonne. Sie bemerkt mich und verschwindet lautlos den Hang hinauf, wo ihr Junges auf sie wartet – ein schönes Highlight.

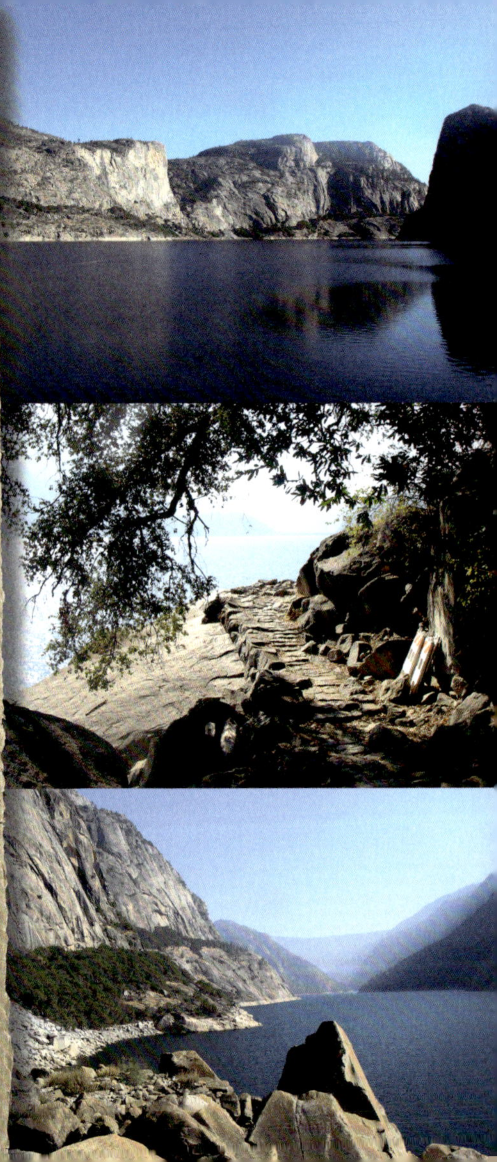

FACTS & FIGURES

Weg zum Trailhead:

Anfahrt ab Hetch Hetchy (Evergreen Lodge): 10 mi auf Evergreen Rd in Richtung Nordosten bis Parkplatz am Reservoir. Hier parken. Trailhead auf der anderen Seite des Damms. Kein SUV mit „High Clearance" notwendig.

Anfahrt ab Groveland: 23 mi auf Hwy 120 in Richtung Westen. Dann links (nördlich) auf die Evergreen Rd für 16 mi bis Parkplatz am Reservoir. Hier parken. Trailhead auf der anderen Seite des Damms. Kein SUV mit „High Clearance" notwendig.

Länge: ★★★☆☆

18 km (11,2 mi) hin und zurück (zzgl. 1 km).

Wanderzeit: ★★★★☆

7 Std.

Höhe:

Trailhead:	1.165 m	(3.822 ft)
Rancheria Falls:	1.376 m	(4.514 ft)
HM hin/zurück:	⊥ 508 m/207 m	

Wegbeschaffenheit: ★★★★☆

Weg ist bis auf kurze steinige Passage meist einfach zu laufen.

Kondition: ★★★★☆

Weg beinhaltet viele kurze Auf- und Abwärtspassagen.

Betrieb: ★★★☆☆

Beste Jahreszeiten:

(Früh-)Sommer (⚠ sehr warm), Herbst.

Tanken:

Groveland.

Basecamps:

Hetch Hetchy, Groveland.

SPECIAL TIP

Wasser für San Francisco – das Hetch Hetchy Reservoir

Ab 1902 versuchte die Stadt San Francisco sich die Wasserrechte an Gewässern im Hetch-Hetchy-Tal im Yosemite NP zu sichern. Das große Erdbeben von 1906 und die darauffolgende Brandkatastrophe verstärkten diese Bemühungen um eine neue Wasser- und Energiequelle. 1908 genehmigte die US-Regierung der Stadt die Rechte an der Nutzung des Tuolumne River. Das umstrittene Projekt sah vor, einen Damm zu errichten, den Fluss zu stauen und das Tal zu fluten. 1919 bis 1923 wurde der Damm gebaut. Darin sehen Naturschützer eine der großen Umweltschädigungen des 20. Jahrhunderts und streben seinen Rückbau an.

TICKER --- TICKER --- TICKER---TICKER ---TICKER---TICKER

0-3,3 km (0-2,1 mi) Rancheria Falls Trail führt am Hang entlang (rechts Stausee); viele kurze Auf- und Abwärtspassagen wechseln sich ab (nordöstlich); Wald wechselt sich mit offenem, felsigen Terrain ab **---** **1,3 km** (0,8 mi) Weg teilt sich; Weg zu den Rancheria Falls führt rechts **---** **3,3-3,7 km** (2,1-2,3 mi) Weg führt fast eben an den Wapama Falls vorbei (östlich) **---** **3,7-5,9 km** (2,3-3,7 mi) Weg führt steil aufwärts am Hang entlang, unterbrochen von einigen kurzen ebenen und abwärts führenden Passagen (südöstlich); Wald und offenes Terrain wechseln sich ab **---** **5,9-7,4 km** (3,7-4,6 mi) Weg führt abwärts am Hang entlang, unterbrochen von einigen ebenen Passagen; Wald und offenes Terrain wechseln sich ab **---** **7,4-9,0 km** (4,6-5,6 mi) Weg führt aufwärts am Hang entlang; Wald und offenes Terrain wechseln sich ab, Stausee gerät aus dem Blickfeld **---** **9,0 km** (5,6 mi) Rancheria Falls erreicht

Rancheria Falls

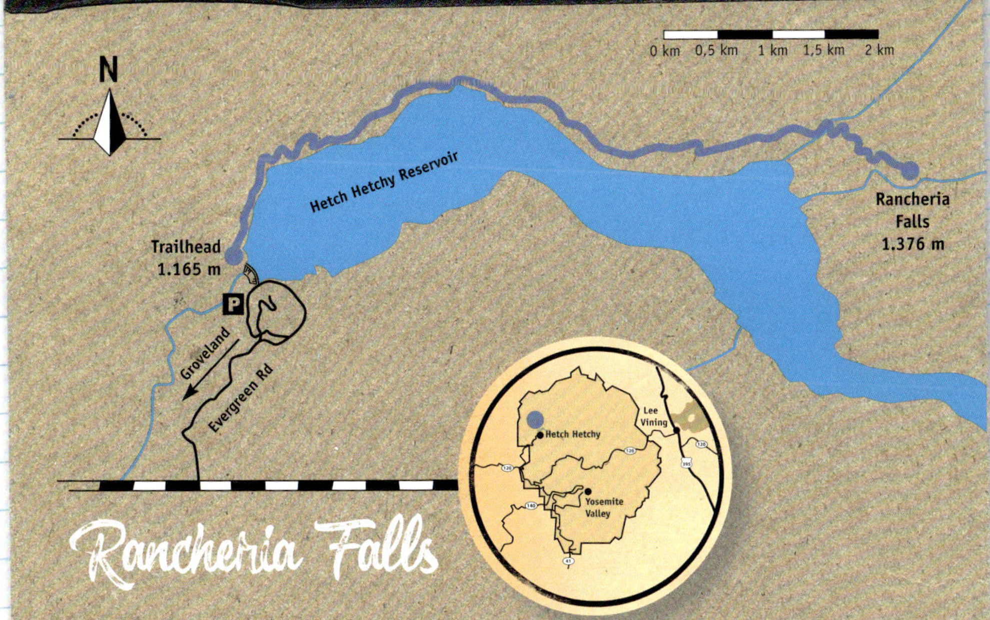

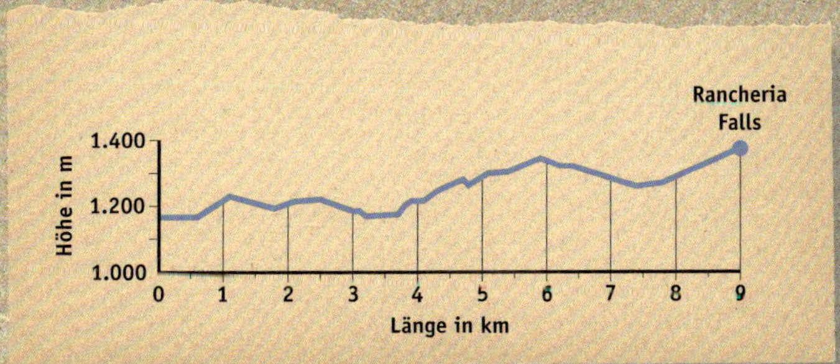

Smith Peak

via Smith Meadow Trail

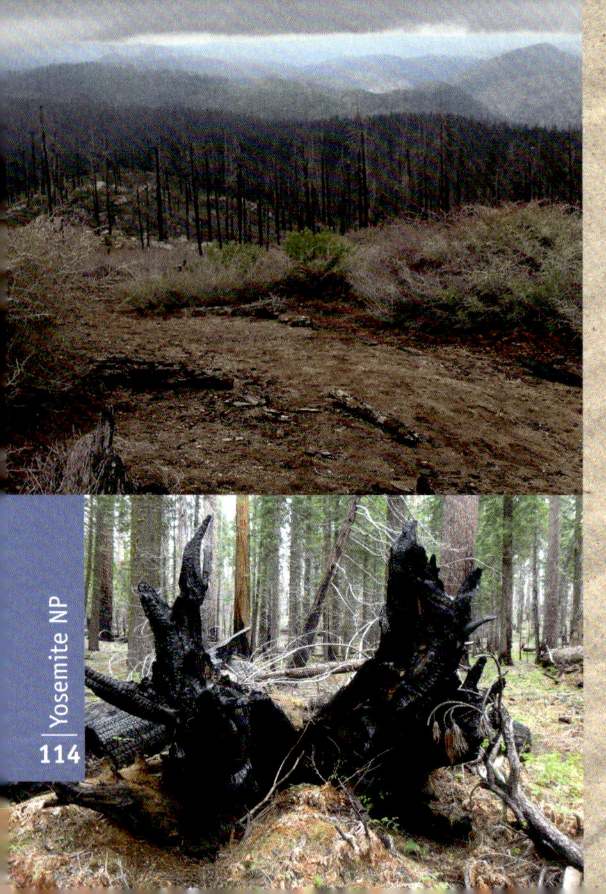

Unsere letzte Wanderung im Yosemite NP führt uns noch einmal ins Hetch-Hetchy-Tal. Wir haben bereits nahe dem nordwestlichen Eingang zum Nationalpark in der Evergreen Lodge übernachtet und fahren an einem kühlen, sonnigen Morgen erneut in Richtung Hetch Hetchy Reservoir. Das Rim Fire 2013 hatte verheerende Auswirkungen und vernichtete über 1.000 km² Wald. Insbesondere im Stanislaus NP und im westlichen Teil des Yosemite NP richtete das Feuer große Schäden an. Dies wird außer auf den Kilmawandel auch auf das Fehlen von Präventivmaßnahmen in betroffenen Gebieten, wie dem kontrollierten Abbrennen zu dichten Holzbestandes, zurückgeführt. Überall kann man die Spuren noch sehen, auch unsere Wanderung zum Smith Peak soll durch stark waldbrandgeschädigtes Gebiet führen. Von unserer Unterkunft fahren wir rund 8 mi bis zum Trailhead und parken hier.

Am Trailhead befinden sich wenige Parkmöglichkeiten, daher sind wir froh, nur einige weitere Autos vorzufinden. Der Weg führt gleich in steilen, meist langen Serpentinen den rechten Hang entlang in südwestliche Richtung. Nördlich von uns sehen wir den Hetch- Hetchy-Stausee imposant eingebettet in grauen Granit. Wir laufen durch viel Grün: Bemooste Steine, interessante Bäume und eine große Menge an verschiedenen Wildblumen säumen den Weg. Die Vegetation erscheint wie ein Märchenwald voller exotischer Pflanzen. Bald queren wir einen kleinen Wasserfall und genießen kurze ebene Passagen. Nach 1,4 km teilt sich der Weg und wir laufen in Richtung Smith Meadows nach links in südöstliche Richtung. Der Weg schwingt nun in kleinen Bögen und es wird ein bisschen steiler, daher freuen wir uns über einige ebene Passagen. Nach 3,1 km erreichen wir eine weite Anhöhe. Nun dreht der Weg nach Süden und führt in einer großen Kurve weiter ins Hinterland hinein – moderat bergauf im Wechsel mit ebenen Passagen. Das Terrain wurde vom Rim Fire hart getroffen; seltsame Formationen aus verbrannten Bäumen schaffen eine Endzeitstimmung, die durch zunehmende Bewölkung noch verstärkt wird. Nach 4,0 km wird es steiler und geht in Richtung Nordosten, dann, nach 4,7 km, nimmt die Steigung ab. Wir erreichen nach 5,6 km ein Tal, durch das rechter Hand der Cottonwood Creek fließt. Der Weg führt nun am linken Hang entlang oberhalb des Tals.

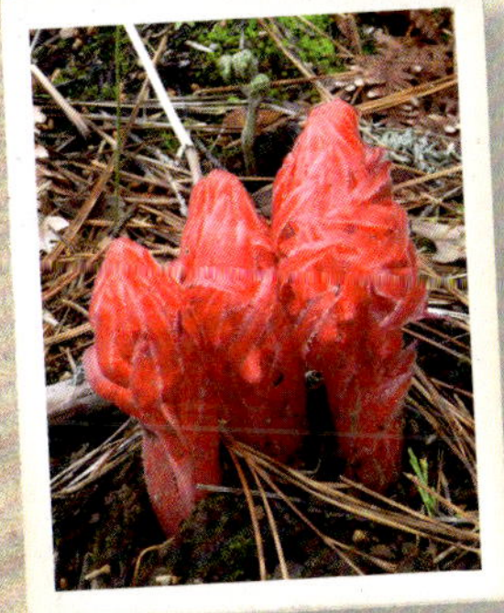

Snow Plant Die Pflanze aus der Familie der Heidekrautgewächse ist im Westen Nordamerikas in großer Höhe zuhause. Sie wird bis zu 30 cm hoch und gedeiht da, wo andere Pflanzen nicht wachsen können. An schattigen Orten blüht sie von April bis Juli und bildet hübsche rote Farbkontraste in dunklen Wäldern.

Hier war einmal ein dichter Wald, aber nun gehen wir durch silbrige und schwarze Baumfragmente: absurd, eigen und wunderschön. Das Tal ebnet sich ein und die Hänge treten zurück; bald führt der Weg eben. Nach 6,7 km kreuzen wir den Fluss und lassen ihn hinter uns. Der Weg dreht nach Osten und nach 7,7 km passieren wir die Smith Meadows. Nur 200 m weiter erreichen wir einen Abzweig; wir laufen links und beginnen den steilen Anstieg zum Smith Peak in Richtung Nordosten. Weiter oben lichtet sich das Terrain erneut und der Weg wird einige Male von umgestürzten Baumstämmen blockiert. Wir haben nun einen weiten Blick nach hinten auf die Berge, schwarze Baumreihen bilden den skurrilen Vordergrund. Nach 9,9 km erreichen wir nach einem kleinen Schwenk in Richtung Südosten den Smith Peak. Kurz vor seiner runden Kuppe haben wir in beide Richtungen eine großartige Aussicht auf die Umgebung. Plötzlich zieht in rasender Geschwindigkeit Nebel auf. Es wird schlagartig kalt und wir können nichts mehr sehen – daher beeilen wir uns, vom Berg hinunterzukommen.

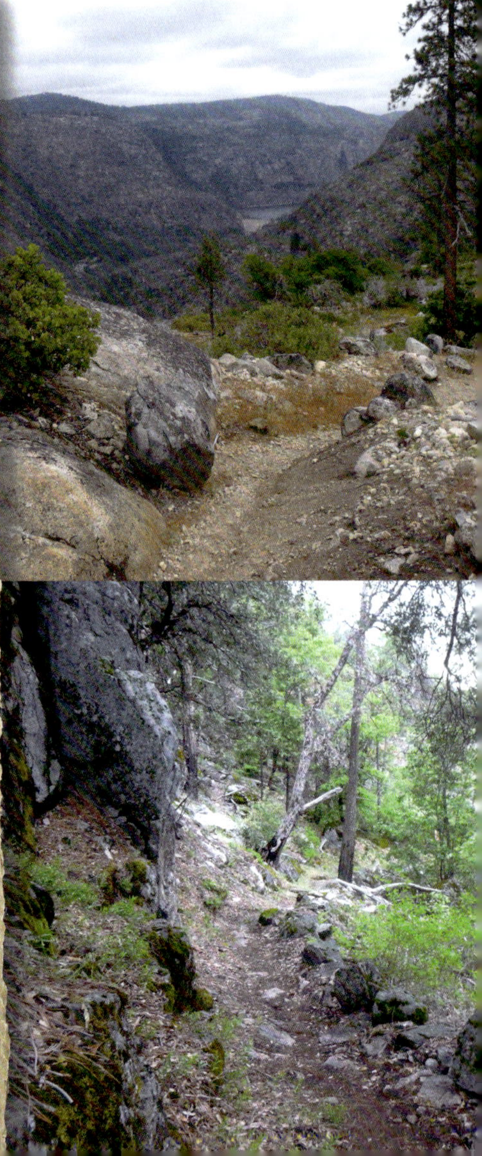

FACTS & FIGURES

Weg zum Trailhead:
Anfahrt ab Hetch Hetchy (Evergreen Lodge): 8 mi auf Evergreen Rd in Richtung Nordosten bis Smith Meadow Trailhead rechts an der Straße. Hier parken (alternativ am 2 mi nördlich gelegenen Reservoir parken und dort starten; ⚠ verlängert die Wanderung). Kein SUV mit „High Clearance" notwendig.

Anfahrt ab Groveland: 21 mi auf Hwy 120 in Richtung Osten. Dann links (nördlich) auf die Evergreen Rd für 14 mi bis Smith Meadow Trailhead rechts an der Straße. Hier parken (alternativ am 2 mi nördlich gelegenen Reservoir parken und dort starten; ⚠ verlängert die Wanderung). Kein SUV mit „High Clearance" notwendig.

Länge: ★★★★☆
19,8 km (12,4 mi) hin und zurück.

Wanderzeit: ★★★★☆
8 Std.

Höhe:

Trailhead:	1.290 m	(4.232 ft)
Smith Peak:	2.303 m	(7.556 ft)
HM hin/zurück:	± 1.031 m/18 m	

Wegbeschaffenheit: ★★☆☆☆
Weg ist einfach zu laufen; auf den letzten 2 km umgestürzte Bäume auf dem Weg.

Kondition: ★★★★☆
Weg ist relativ lang und rund 1.050 Höhenmeter sind zu überwinden.

Betrieb: ★★★☆☆

Beste Jahreszeiten:
(Früh-)Sommer (⚠ sehr warm), Herbst.

Tanken:
Groveland.

Basecamps:
Hetch Hetchy, Groveland.

SPECIAL TIP

Evergreen Lodge Die fabelhafte Anlage besteht aus vielen Cabins, gemütlichen Gemeinschaftsräumen mit Kamin, beheiztem Außenpool, einem kleinen Shop und einem Restaurant (Qualität schwankt). Die liebevoll gestaltete Anlage ist auch gut geeignet für Familien. Das Angebot reicht von abendlichem Marshmallow-Rösten am Feuer über Wildwasser-Raftingtouren bis hin zum Sternebeobachten auf der Terrasse. Am Servicecounter erhält man diverse Tipps für Ausflüge und Wanderungen (⚠ lieber die Hauptsaison meiden, weniger zahlen und besser essen).

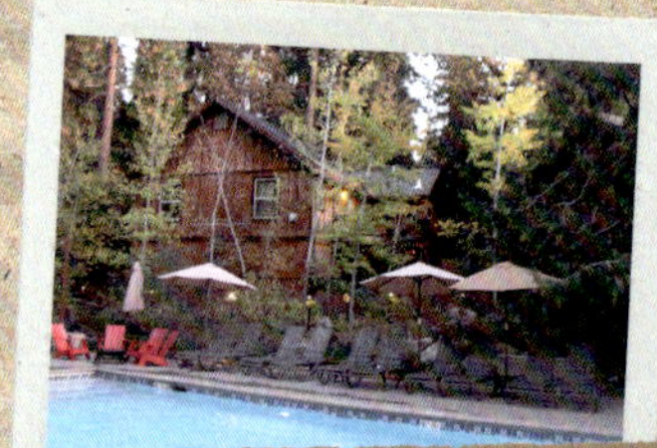

TICKER --- TICKER --- TICKER --- TICKER --- TICKER --- TICKER

0-3,1 km (0-1,9 mi) Smith Meadow Trail führt in steilen Serpentinen den Hang hinauf durch den Wald (südwestlich) --- **1,4 km** (0,9 mi) Weg teilt sich; Weg zum Smith Peak führt links (südöstlich) --- **3,1-4,0 km** (1,9-2,5 mi) Weg führt sehr moderat aufwärts im Wechsel mit ebenen Passagen durch offenes Terrain und dreht in einer großen Kurve südlich --- **4,0-5,6 km** (2,5-3,5 mi) Weg führt aufwärts den Hang hinauf; steile Passagen wechseln sich mit moderaten Aufwärtspassagen ab (nordöstlich) --- **5,6-6,2 km** (3,5-3,9 mi) Weg führt aufwärts durch ein Tal (Waldbrandbäume) oberhalb des Cottonwood Creek --- **6,2-7,7 km** (3,9-4,8 mi) Weg führt eben (nordöstlich/östlich) --- **6,7 km** (4,2 mi) Überquerung des Cottonwood Creek --- **7,7-7,9 km** (4,8-4,9 mi) Weg führt fast eben an den Smith Meadows vorbei (östlich) --- **7,9 km** (4,9 mi) Weg teilt sich; Weg zum Smith Peak führt links --- **7,9-9,8 km** (4,9-6,1 mi) Weg führt steil aufwärts im Wechsel mit kurzen ebenen Passagen durch zunehmend offenes Terrain (nordöstlich) --- **9,8-9,9 km** (6,1-6,2 mi) Weg führt fast eben (südöstlich) --- **9,9 km** (6,2 mi) Smith Peak erreicht

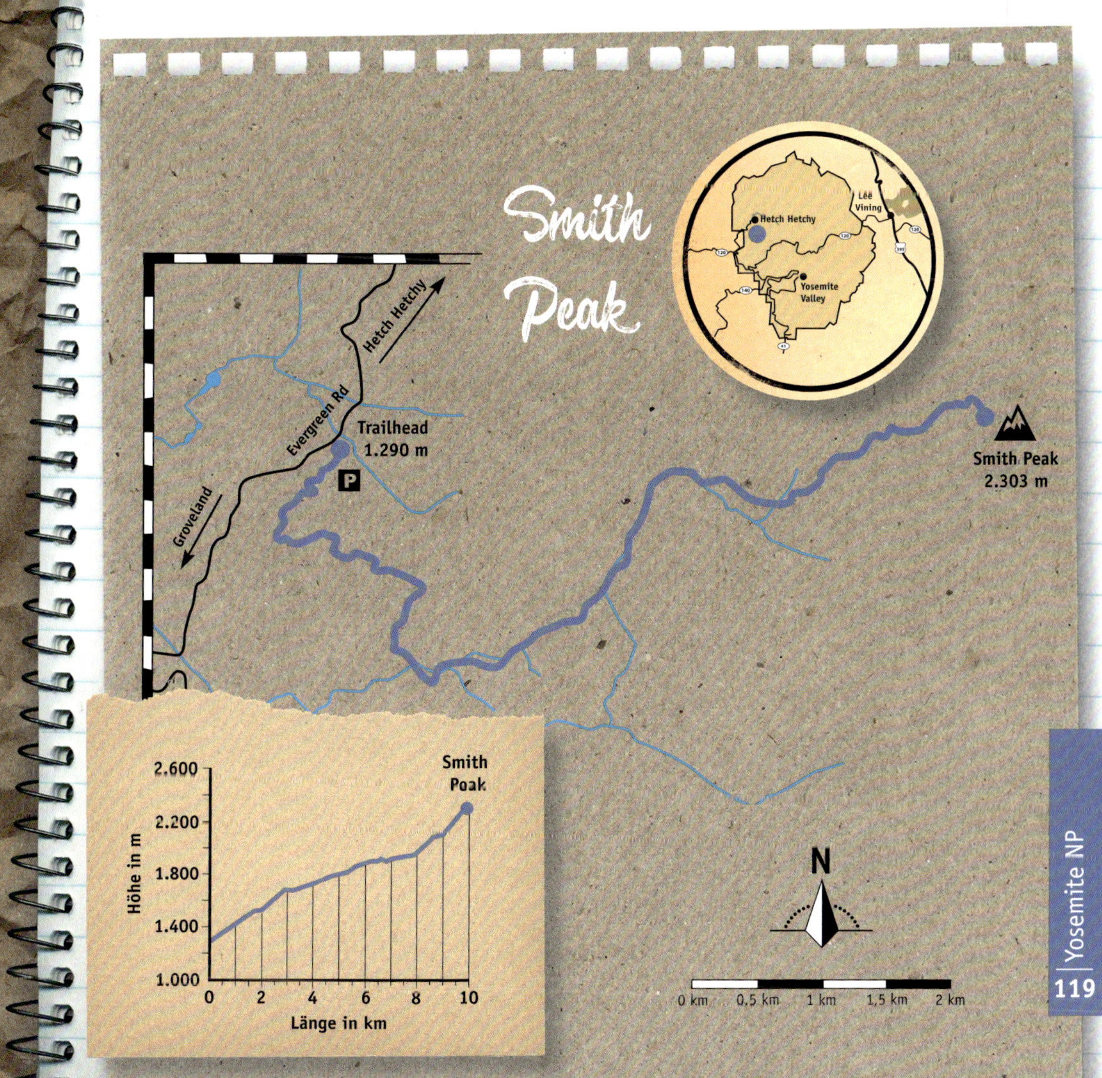

Smith Peak
Lee Vining
Hetch Hetchy
Yosemite Valley
120
395
140
41
Hetch Hetchy
Evergreen Rd
Trailhead
1.290 m
P
Groveland
Smith Peak
2.303 m
Smith Peak
2.600
2.200
1.800
1.400
1.000
Höhe in m
0
2
4
6
8
10
Länge in km
N
0 km
0,5 km
1 km
1,5 km
2 km

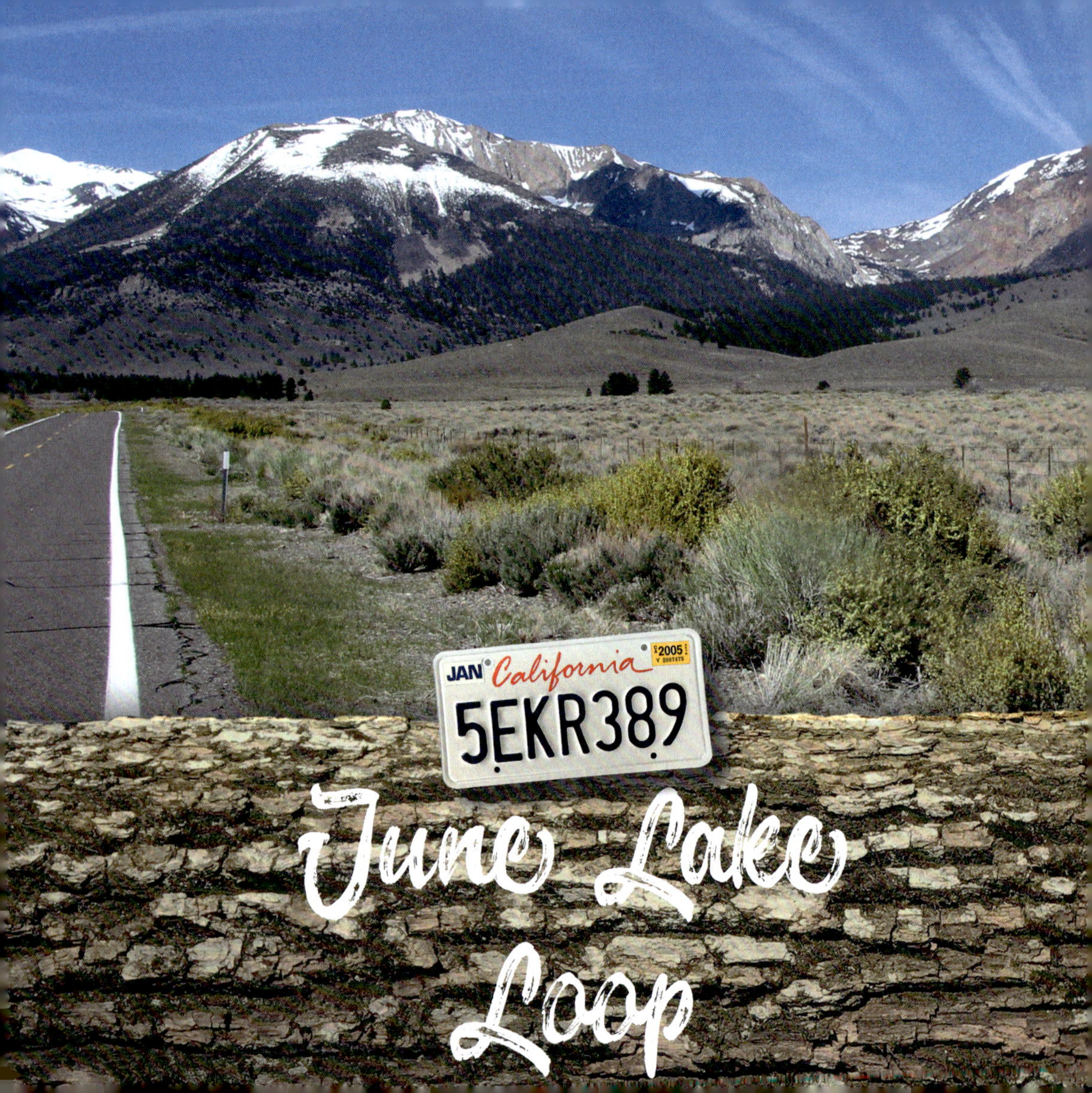
JAN
California
2005
5EKR389
June Lake
Loop

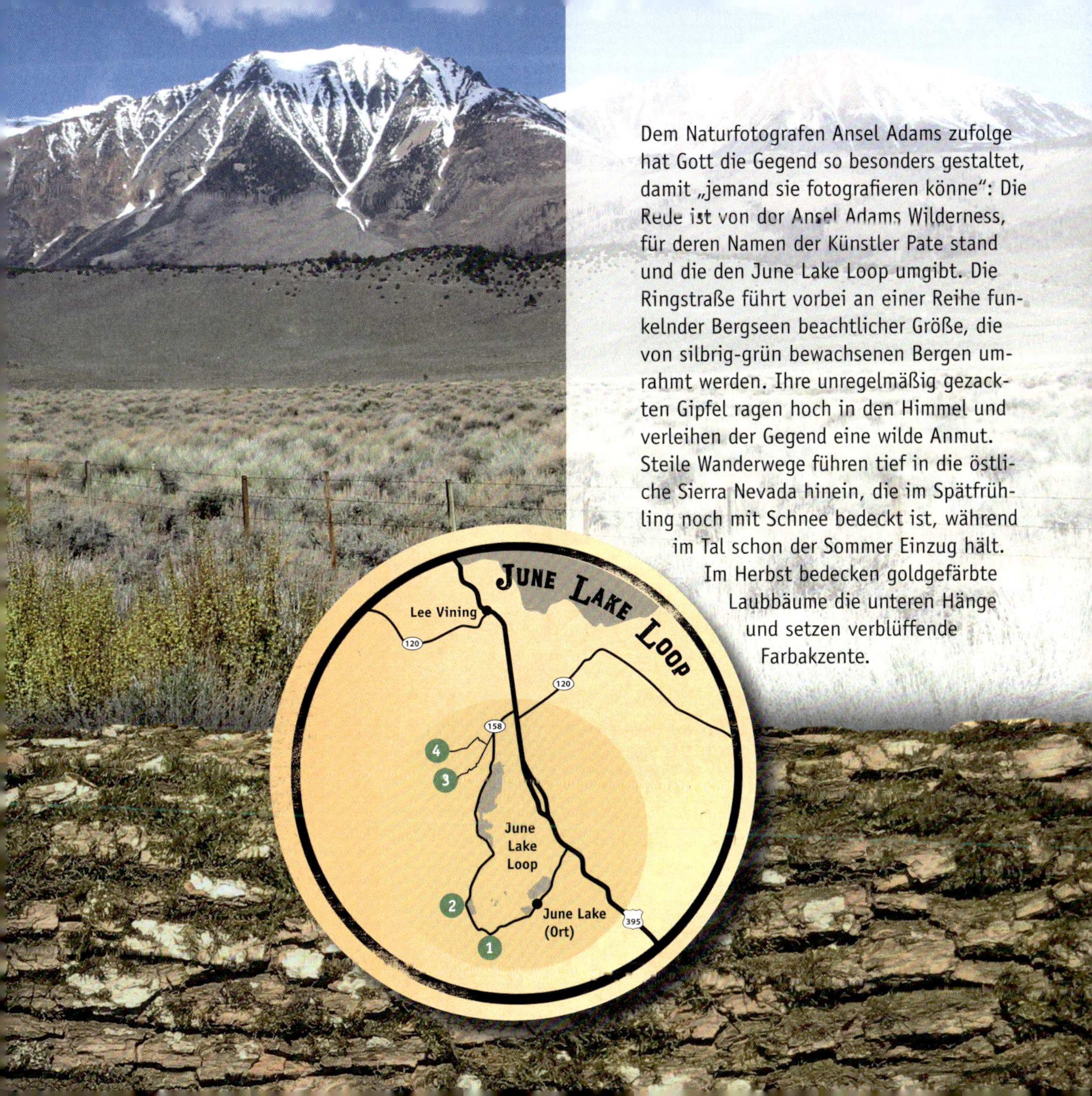

Dem Naturfotografen Ansel Adams zufolge hat Gott die Gegend so besonders gestaltet, damit „jemand sie fotografieren könne“: Die Rede ist von der Ansel Adams Wilderness, für deren Namen der Künstler Pate stand und die den June Lake Loop umgibt. Die Ringstraße führt vorbei an einer Reihe funkelnder Bergseen beachtlicher Größe, die von silbrig-grün bewachsenen Bergen umrahmt werden. Ihre unregelmäßig gezackten Gipfel ragen hoch in den Himmel und verleihen der Gegend eine wilde Anmut. Steile Wanderwege führen tief in die östliche Sierra Nevada hinein, die im Spätfrühling noch mit Schnee bedeckt ist, während im Tal schon der Sommer Einzug hält. Im Herbst bedecken goldgefärbte Laubbäume die unteren Hänge und setzen verblüffende Farbakzente.

BASE CAMPS

Anfahrt

June Lake Loop: von Lee Vining auf Hwy 395 5 mi südlich bis June Lake Junction North und 11 mi bis June Lake Junction South. Dort jeweils Zugang zum June Lake Loop/Hwy 158.

June Lake (Ort): bei June Lake Junction South rechts (westlich) auf June Lake Loop/Hwy 158, dann 2,6 mi südlich bis zum Ort.

June Lake Loop

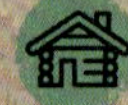

Silver Lake Resort (☎ 760-648-7525; silverlakeresort.net; 6957 Hwy 158; ⏲ Ende April bis Mitte Okt.): historische Cabins von 1916 in sehr schöner Lage direkt am Silver Lake. 17 Cabins; voll ausgestattete Küche, Bettwäsche, Handtücher, Feuerstelle mit Grill, kein TV. Café, kleiner Gemischtwarenladen, Bootsverleih.

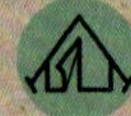

June Lake Campground (Hwy 158, 0,2 mi nördlich von June Lake [Ort]; ⏲ Ende April bis Ende Okt. je nach Wetterlage; reservierbar): wunderschön am See gelegen, 27 einfache Zelt- und RV-Plätze, Toilette, Trinkwasser. ⚠ Nachts kann es kalt werden, auch im Sommer. Weitere Campingplätze entlang des June Lake Loop verfügbar.

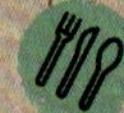

Carson Peak Inn (☎ 760-648-7575; carsonpeakinn.com; 5034 Hwy 158): edle Klassiker wie Steak, Hummer und Forelle in rustikalem Ambiente.

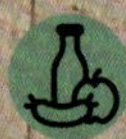 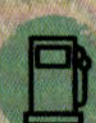

(June Lake Junction South.)

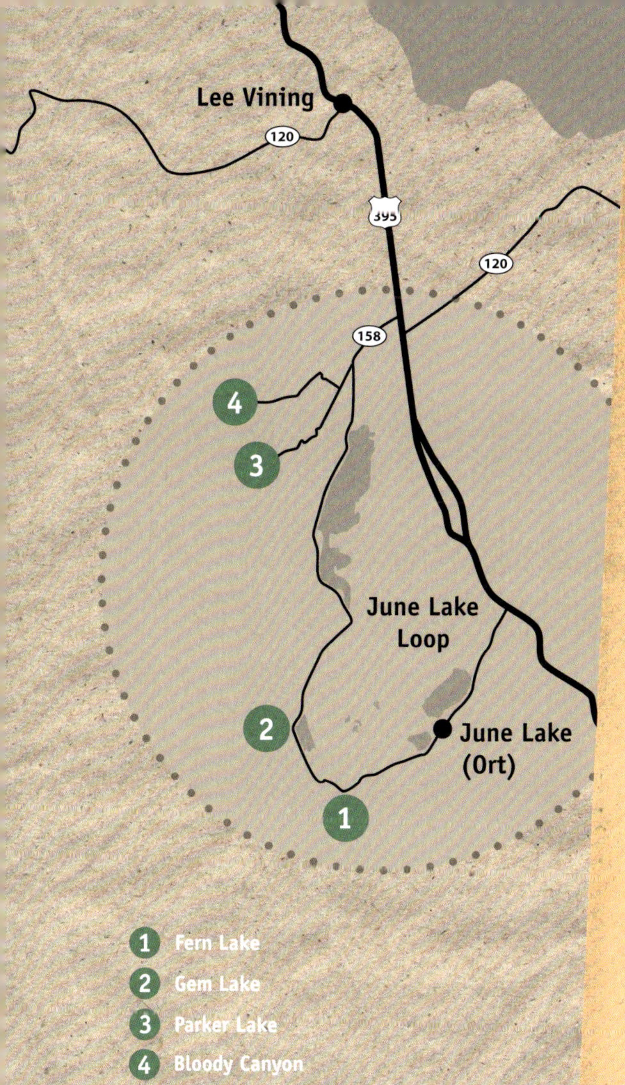

Lee Vining

June Lake Loop

June Lake (Ort)

1 Fern Lake
2 Gem Lake
3 Parker Lake
4 Bloody Canyon

Lee Vining

El Mono Motel (☎ 760-647-6310; elmonomotel.com; Hwy 395 und 3rd St; WLAN): einfache Zimmer, liebevoll gestalteter Garten und ein nettes Café mit Espresso, Frühstückssandwiches und gemütlicher Veranda.

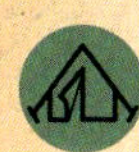

Ellery Lake Campground (Hwy 120, 10 mi westlich von Lee Vining und 2,4 mi östlich vom Osteingang Yosemite NP (Tioga Pass); ⏲ Mai bis Okt., je nach Wetterlage; nicht reservierbar): wunderschön gelegen, zwölf einfache Zelt- und RV-Plätze für Wohnmobile bis 8,5 m (28 ft), Toilette, Wasser. ⚠ Nachts kann es kalt werden, auch im Sommer. Weitere Campingplätze entlang des Hwy 120 verfügbar.

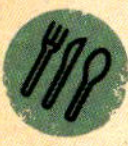

Whoa Nellie Deli (☎ 760-647-1088; whoanelliedeli.com; 22 Vista Point Dr): sehr leckeres Essen in einer erstaunlich ansprechenden Tankstelle.

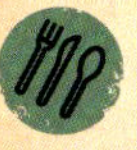

Epic Café (☎ 760-965-6282; epiccafesierra.com; 349 Lee Vining Ave): gesunde, schmackhafte Hausmannskost zu moderaten Preisen.

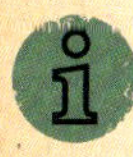 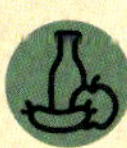 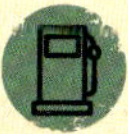 ⚠ Tanken sehr teuer.

Fern Lake

via Yost Creek/Fern Lake Trail

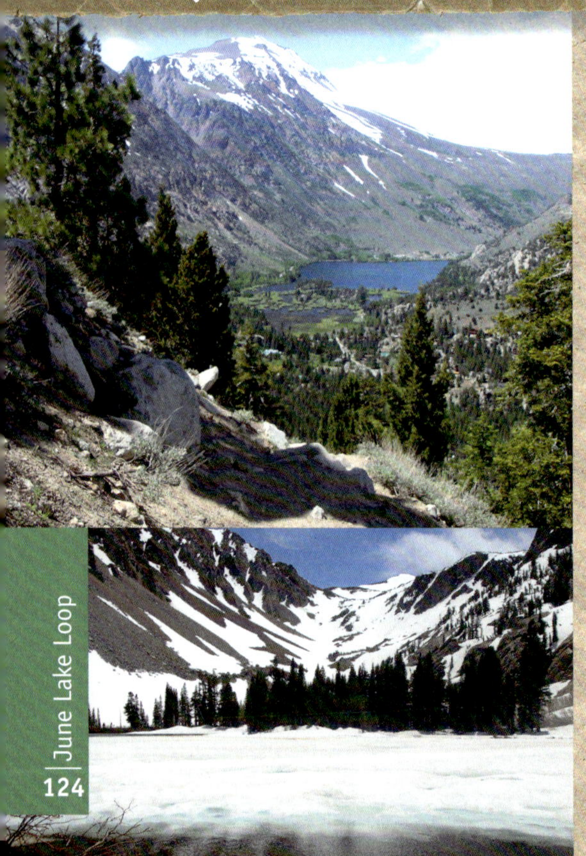

Der June Lake Loop, dessen nördlicher Zugang nur 5 mi von Lee Vining entfernt liegt, soll ein toller Ausgangspunkt für Wanderungen in die Ansel Adams Wilderness sein, die an den Yosemite NP grenzt. Gestern haben wir unser Quartier direkt am grünen June Lake auf dem gleichnamigen Campground aufgeschlagen, lange mit Grillgut und kalten Getränken unter dem Sternenhimmel gesessen und den schönen Abend genossen. Daher starten wir heute Morgen spät, was uns bei der geplanten kurzen Wanderung zum Fern Lake keine zeitlichen Probleme bereiten wird. Nach einem ausgedehnten Frühstück fahren wir 3 mi westlich auf dem June Lake Loop bis zum Fern Lake/Yost Creek Trailhead. Ein Schild an der Straße weist uns den Weg zu einer Stichstraße auf der linken Seite, die zu einem Parkplatz führt. Wir beginnen unsere Wanderung direkt hinter dem Parkplatz.

Die Stockente ist weit verbreitet, da sie sich gut anpassen kann, sofern ein Gewässer vorhanden ist. Sie ernährt sich von Samen, Gräsern und Kleintieren. Stockenten haben etwa 10.000 Daunen und Deckfedern, die sie vor Nässe und Kälte schützen. Ausgewachsene Männchen im Balzkleid sind mit ihrer farbigen Textur unverwechselbar. Während der Paarung werden die unscheinbaren Weibchen häufig von mehreren Erpeln gleichzeitig bestürmt, ohne dass ein Balzzeremoniell vorangeht. Es kommt vor, dass Weibchen dabei von übereifrigen Männchen ertränkt werden.

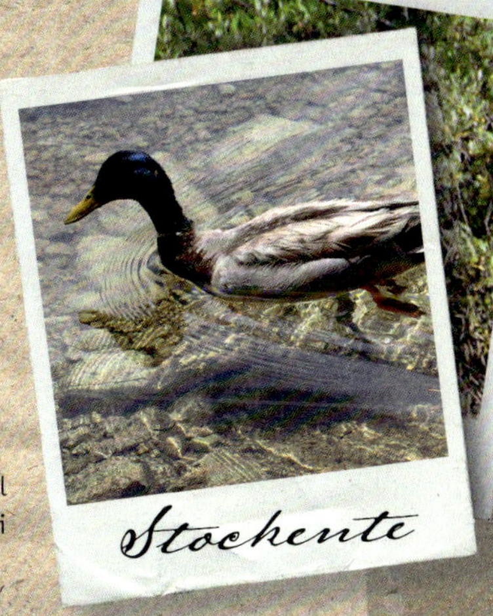
Stockente

Obwohl heute Samstag und schönes Wetter ist, scheinen außer uns nur wenige Wanderer auf dem Fern Lake Trail unterwegs zu sein. Es fängt gleich gut an: Der Weg führt steil aufwärts durch einen grünen Espenwald in Richtung Süden, immerhin sind rund 460 Höhenmeter innerhalb von 2,6 km zu überwinden. Bald wechselt die Vegetation. Die Espen nehmen ab und die Nadelbäume zu. Carson Peak kommt in Sicht, mit 3.325 m der höchste Berg hier in der Gegend. Der Weg dreht bald nach Südwesten und der Wald wird lichter. Nach 0,6 km haben wir bereits einiges an Höhe gewonnen und genießen nun einen fantastischen Blick in das unter uns liegende Tal, das von den Bergen der High Sierra umrahmt wird. Wir können den Silver Lake hinter uns und den June Mountain vor uns ausmachen. Die vielen Chalets aus Holz in Hanglage zeigen uns, dass wir die Zivilisation noch nicht ganz hinter uns gelassen haben. Der Weg dreht nun in Richtung Osten und es bleibt steil. Die Steigung fordert uns einiges ab, mein Herz klopft und ich freue mich über ein kurzes fast ebenes Stück nach 1,1 km. Nach 1,4 km dreht der Weg nach Süden; das Tal bleibt hinter uns zurück und wir laufen wieder aufwärts. Nach 1,6 km erreichen wir einen pittoresken Wasserfall. Hier teilt sich der Weg; links führt er zum Yost Lake, wir gehen jedoch rechts in Richtung Fern Lake. Unser Weg führt uns erneut in den Wald und es bleibt für rund 200 m sehr steil. Ab hier überqueren wir ganze Schneefelder, unter denen der Weg kaum auszumachen ist. Nach 1,9 km führt der Weg über eine kleine, fast ebene Lichtung, 100 m weiter geht es wieder steil bergauf. Nach 2,1 km führt der Weg im Zickzack fast eben durch einen lichten Wald. Vermutlich wachsen hier Wildblumen und Büsche, momentan liegt jedoch alles unter einer dichten Schneedecke. Nach 2,3 km erreichen wir die Ansel Adams Wilderness, der Weg dreht noch einmal nach Südwesten und führt moderat aufwärts. Wenig später erreichen wir nach 2,6 km den Fern Lake, der aussieht wie einem nordischen Märchen von Hans Christian Andersen entnommen: Zur Hälfte gefroren und in einem schneebedeckten Talkessel liegend, fehlt der Szenerie nur noch die Eiskönigin, die aus dem Unterholz steigt und uns entführt. Es schwimmt jedoch nur ein einsamer Erpel vorbei, dem die Kälte und die dünne Höhenluft anscheinend nichts ausmachen. Wir genießen die fast unheimliche Stille, erkunden die Gegend noch ein wenig und drehen dann um.

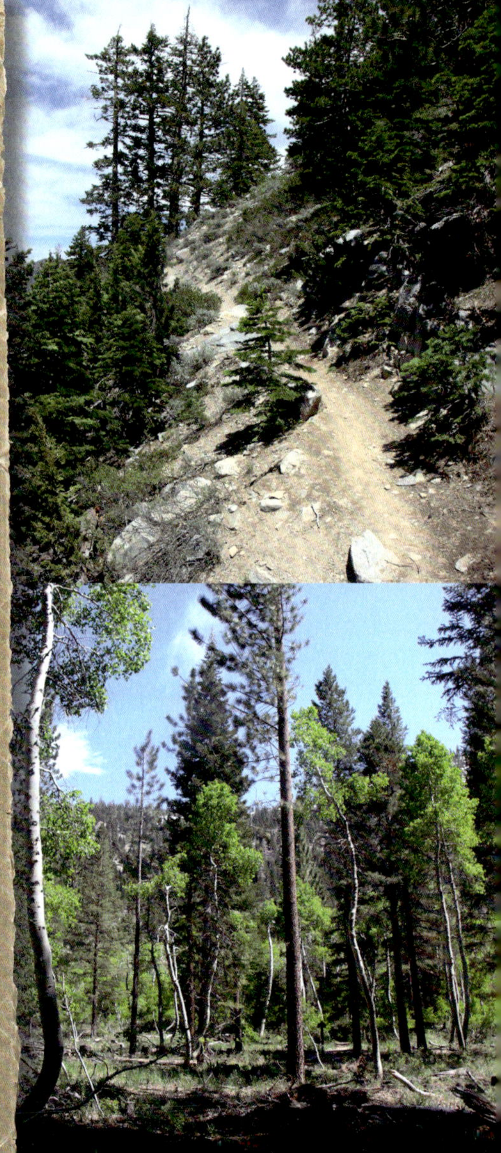

FACTS & FIGURES

Weg zum Trailhead:
Anfahrt ab June Lake (Ort): auf Hwy 158/ June Lake Loop für 3 mi westlich. Stichstraße zum Yost Creek/Fern Lake Trailhead links (südlich). Hier parken. Kein SUV mit „High Clearance" notwendig.

Länge: ★☆☆☆☆
5,2 km (3,3 mi) hin und zurück.

Wanderzeit: ★☆☆☆☆
3,5 Std.

Höhe:

Trailhead:	2.245 m	(7.365 ft)
Fern Lake:	2.709 m	(8.888 ft)
HM hin/zurück:		± 464 m

Wegbeschaffenheit: ★★★☆☆
Weg ist meist einfach zu laufen, wird zunehmend steinig.

Kondition: ★★★☆☆
Rund 460 Höhenmeter auf 2,6 km sind zu überwinden.

Betrieb: ★★☆☆☆

Beste Jahreszeiten:
(Früh-)Sommer, Herbst.

Tanken:
June Lake Loop (Junction South), Lee Vining (⚠ teuer).

Basecamps:
June Lake, Lee Vining.

SPECIAL TIP

Unberührtes Hinterland Schroffe Gipfel, glasklare Seen sowie von Gletschern geformte Schluchten – die Ansel Adams Wilderness, benannt nach dem berühmten amerikanischen Naturfotografen, ist ein Wandergebiet der Extraklasse. Das Schutzgebiet, das 1964 eingerichtet wurde, ist eine gute Alternative zum Yosemite NP, der im Sommer mit Touristen überfüllt ist. 550 km Wander- und Reitwege werden in der Wilderness unterhalten, darunter auch Teile der Fernwanderwege John Muir und Pacific Crest, eine Infrastruktur gibt es dort nicht. Wer einen Mehrtagestrip mit Übernachtung plant, benötigt eine Genehmigung (erhältlich sechs Monate im Voraus unter recreation.gov).

ANSEL

TICKER --- TICKER --- TICKER---TICKER ---TICKER---TICKER

0-0,6 km (0-0,4 mi) Fern Lake Trail führt in einer großen Kurve aufwärts durch den Wald (südlich/südwestlich) --- **0,6-1,6 km** (0,4-1,0 mi) Weg führt meist aufwärts, oberhalb des June-Lake-Loop-Tals am Hang entlang (östlich) --- **1,4-2,1 km** (0,9-1,3 mi) Weg führt erst sehr steil, dann steil aufwärts durch den Wald (südlich) --- **1,4 km** (0,9 mi) Wasserfall, Weg teilt sich; Weg zum Fern Lake führt rechts --- **2,1-2,3 km** (1,3-1,4 mi) Weg führt im Zickzack fast eben durch lichten Wald --- **2,3-2,6 km** (1,4-1,6 mi) Weg führt moderat aufwärts durch lichten Wald (südwestlich) --- **2,6 km** (1,6 mi) Fern Lake erreicht

Fern Lake

Lee Vining
158
June Lake (Ort)
June Lake Loop
N
Trailhead 2.245 m
P
June Lake Loop
395
Carson Peak 3.325 m
Fern Lake 2.709 m

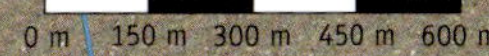

0 m 150 m 300 m 450 m 600 m

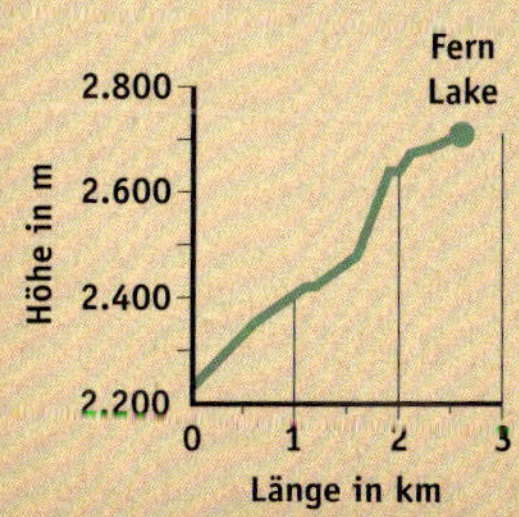

Fern Lake
2.800
2.600
2.400
2.200
Höhe in m
0 1 2 3
Länge in km

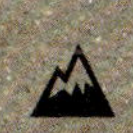

Gem Lake

via Rush Creek Trail

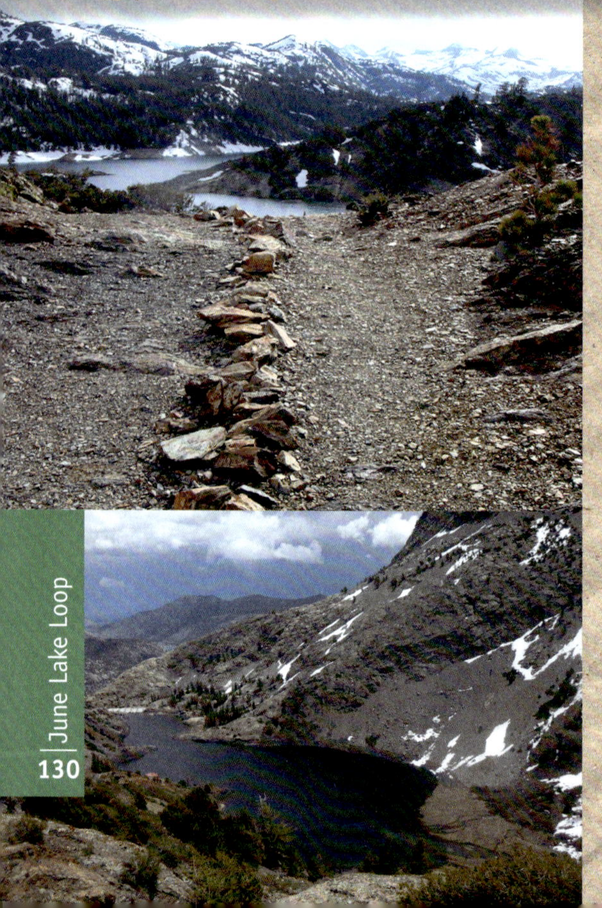

Heute ist es ein wenig bewölkt und nicht sehr warm – ideales Wanderwetter, falls uns nicht doch noch ein Gewitter überraschen sollte. Wir starten unseren zweiten Trip in dieser Gegend diesmal am Silver Lake, der seinen Namen vollkommen zu Recht wegen seiner silbergrauen Farbe trägt. Neben der Frontier Pack Station, einer empfehlenswerten Anlaufstelle für Reittouren in die Umgebung, befindet sich der Rush Creek Trailhead. Hier startet unsere heutige Wanderung zum Gem Lake. Wir werden den Agnew Lake passieren – wie auch der Gem Lake ein Stausee, der die umliegenden Regionen seit Anfang des 20. Jahrhunderts mit Energie aus Wasserkraft versorgt. Wir parken auf dem großen Parkplatz neben dem Trailhead. Hier finden wir bereits diverse Autos vor, die jedoch wohl auch zu den vielen Anglern gehören, die auf beißfreudige Fische im Silver Lake hoffen.

Der Rush Creek Trail führt uns zunächst über eine Brücke, die den Alger Creek quert. Dann erreichen wir den eigentlichen Trailhead und laufen weiter in südliche Richtung. Der Weg führt am rechten Hang entlang und nach einem kurzen ebenen Start moderat bergauf. Links unter uns können wir die Straße des June Lake Loop sehen, die zwischen uns und dem Silver Lake liegt. Nach 1,1 km wird es ein wenig steiler und der Silver Lake links von uns mit zunehmender Höhe kleiner. Nach 1,4 km führt der Weg in leichtem Zickzack weiter aufwärts und entfernt sich weiter vom südlichen Ende des Silver Lake. Nach 1,8 km führt der Weg fast eben um das Halbrund des Berges herum, dessen Topographie folgend. Zunächst schwingt er nach Südosten, dann nach Südwesten und führt nach 2,2 km weiter geradeaus und dann auch wieder aufwärts in Richtung Süden. Links können wir einen imposanten, donnernden Wasserfall hören und sehen, der vom Agnew Lake gespeist wird und noch viel Wasser mit sich führt. Wir müssen einen kleineren Wasserfall überqueren, was einen Balanceakt über diverse Steine erfordert. Nach 2,5 km führen uns Serpentinen den rechten

Reiten wie ein Cowboy Die Frontier Pack Station ist Anlaufstelle Nummer eins für Ausritte in die grandiose Sierra Nevada. Für einige Stunden oder mehrere Tage – die Organisation bietet für Reiter jeglichen Niveaus Touren in die Ansel Adams Wilderness und in den Yosemite NP an. Die Pferde werden gut gepflegt und die Guides sind erfahren, bestens informiert und ausgesprochen sympathisch. Ein großartiges Erlebnis und eine sehr spezielle Art, das einsame Hinterland der Gegend kennenzulernen und sich wie im Wilden Westen zu fühlen (Reservierungen unter frontierpacktrain.com).

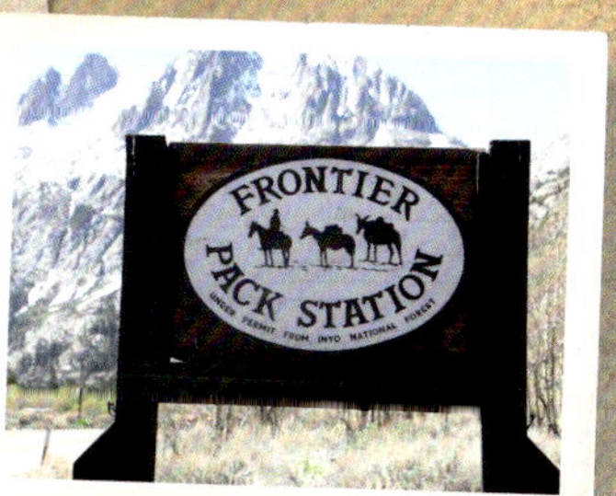

Hang hinauf, dann macht der Weg einen Bogen in südwestliche Richtung. Wir queren mehrfach eine alte Trasse mit Schienen, die für den Transport technischer Ausrüstung für den Dammbau angelegt wurde. Dieser Transportweg ist noch in Betrieb, wenngleich nur wenige Male im Jahr. Nach 3,5 km erreichen wir den Agnew Lake. Hier treffen wir auf einen Abzweig; wir müssen uns rechts in Richtung Gem Lake halten. Ich drehe mich um und genieße den weiten Blick auf den Silver Lake und das Tal. Der Weg führt moderat aufwärts und wird ab 4,2 km steiler. Er führt weiter in die Berge hinein – zunächst gerade und dann in steileren Serpentinen oberhalb des Westufers des Agnew Lake. Der See gerät nun aus unserem Blickfeld, weil wir in einer Kurve um den Berg herumlaufen. Nach 5,1 km haben wir den heute blassblau schimmernden, mit kleinen Eisschollen bedeckten Gem Lake erreicht. Wir laufen einige Zeit an seinem Nordostufer entlang und entdecken knorrige, alte Bäume, von Wind und Wetter geformt und in die karge Landschaft eingepasst, dann wandern wir zurück.

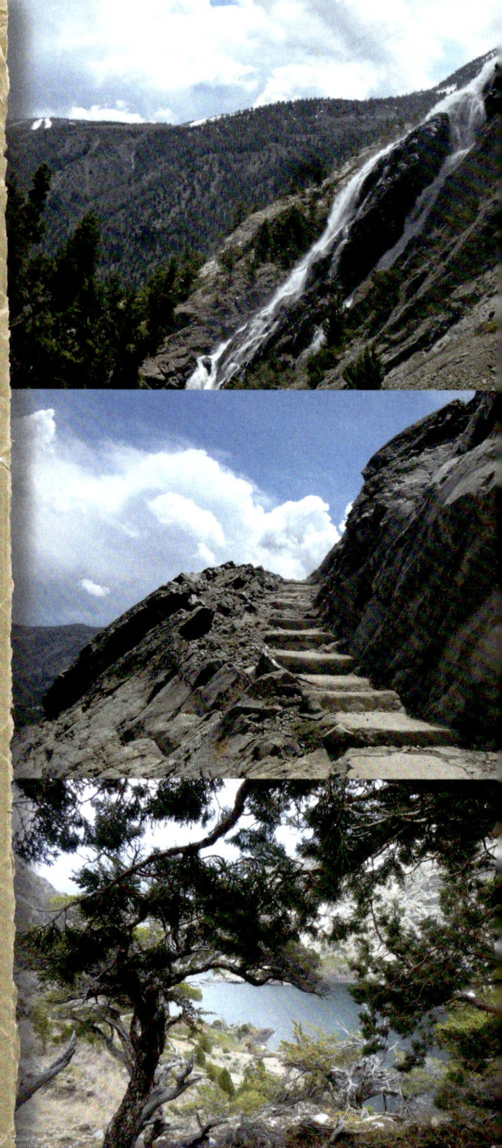

FACTS & FIGURES

Weg zum Trailhead:

Anfahrt ab June Lake (Ort): 4,5 mi auf Hwy 158/June Lake Loop in Richtung Süden/ Südwesten. Dann zum Rush Creek Trailhead links abbiegen (westlich). Hier parken. Kein SUV mit „High Clearance" notwendig.

Anfahrt ab Lee Vining: 5 mi auf Hwy 395 in Richtung Süden bis June Lake Junction North. Dann rechts auf Hwy 158/June Lake Loop, dort 8,7 mi. Dann zum Rush Creek Trailhead rechts abbiegen (westlich). Hier parken. Kein SUV mit „High Clearance" notwendig.

Länge: ★★☆☆☆
10,2 km (6,4 mi) hin und zurück.

Wanderzeit: ★★☆☆☆
4,5 Std.

Höhe:

Trailhead:	2.204 m	(7.231 ft)
Gem Lake:	2.789 m	(9.150 ft)
HM hin/zurück:	± 585 m	

Wegbeschaffenheit: ★★☆☆☆
steinige Passagen.

Kondition: ★★☆☆☆

Betrieb: ★★★☆☆

Beste Jahreszeiten:
Frühjahr, Sommer, Herbst.

Tanken:
June Lake Loop (Junction South), Lee Vining (⚠ teuer).

Basecamps:
June Lake, Lee Vining.

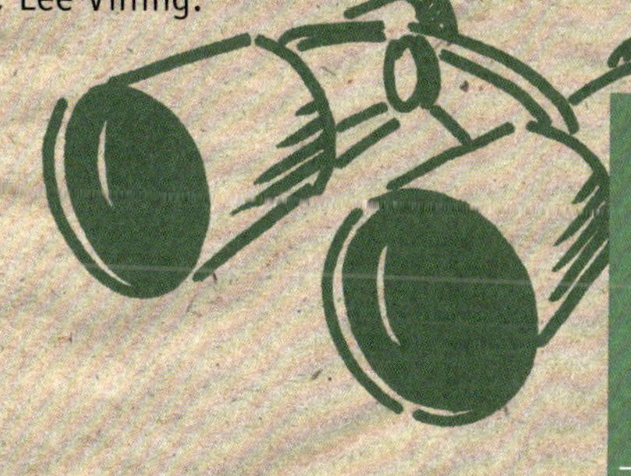

SPECIAL TIP

Energie für Kalifornien Die beiden Stauseen Agnew Lake und Gem Lake wurden Anfang des 20. Jahrhunderts aus natürlichen Seen gebildet. Hierfür wurden zwei Staudämme nach den Vorgaben des dänischen Ingenieurs Lars Jorgensen gebaut. Anstatt der damals üblichen massiven Gewichtsstaumauer, die rein auf die Schwerkraft setzte, ließ er eine gewölbte Bogenstaumauer mit vielen Bögen bauen. Das Projekt war umstritten; Kritiker trauten einem derartig gebauten Damm nicht zu, dem hohen Wasserdruck standzuhalten – was er jedoch bis heute tut. Eine steile Schienentrasse wurde für den Transport technischer Ausrüstung angelegt, die aus der damaligen Goldgräberstadt Bodie stammte.

TICKER --- TICKER --- TICKER---TICKER ---TICKER---TICKER

0-1,8 km (0-1,1 mi) Rush Creek Trail führt eben, dann aufwärts oberhalb des June-Lake-Loop-Tals am Hang entlang (südlich) --- **1,6 km** (1,0 mi) Eintritt in die Ansel Adams Wilderness --- **1,8-2,2 km** (1,1-1,4 mi) Weg schwingt fast eben in großem Bogen der Topographie folgend (südöstlich/südwestlich) --- **2,2 km** (1,4 mi) Überquerung Wasserfall --- **2,2-2,5 km** (1,4-1,6 mi) Weg führt aufwärts (südlich) --- **2,5-3,2 km** (1,6-2,0 mi) Weg führt in Serpentinen den rechten Hang hinauf (südwestlich) --- **2,5 km** (1,6 mi) Überquerung alte Trasse --- **3,2-4,2 km** (2,0-2,6 mi) Weg führt meist aufwärts im Bogen der Topographie folgend (südwestlich) --- **3,5 km** (2,2 mi) Agnew Lake erreicht, Weg teilt sich; Weg zum Gem Lake führt rechts --- **4,2-4,6 km** (2,6-2,9 mi) Weg führt steil aufwärts --- **4,6-4,9 km** (2,9-3,1 mi) Weg führt in Serpentinen steil aufwärts (nordwestlich) --- **4,9-5,1 km** (3,1-3,2 mi) Weg führt steil aufwärts (südwestlich) --- **5,1 km** (3,2 mi) Gem Lake erreicht

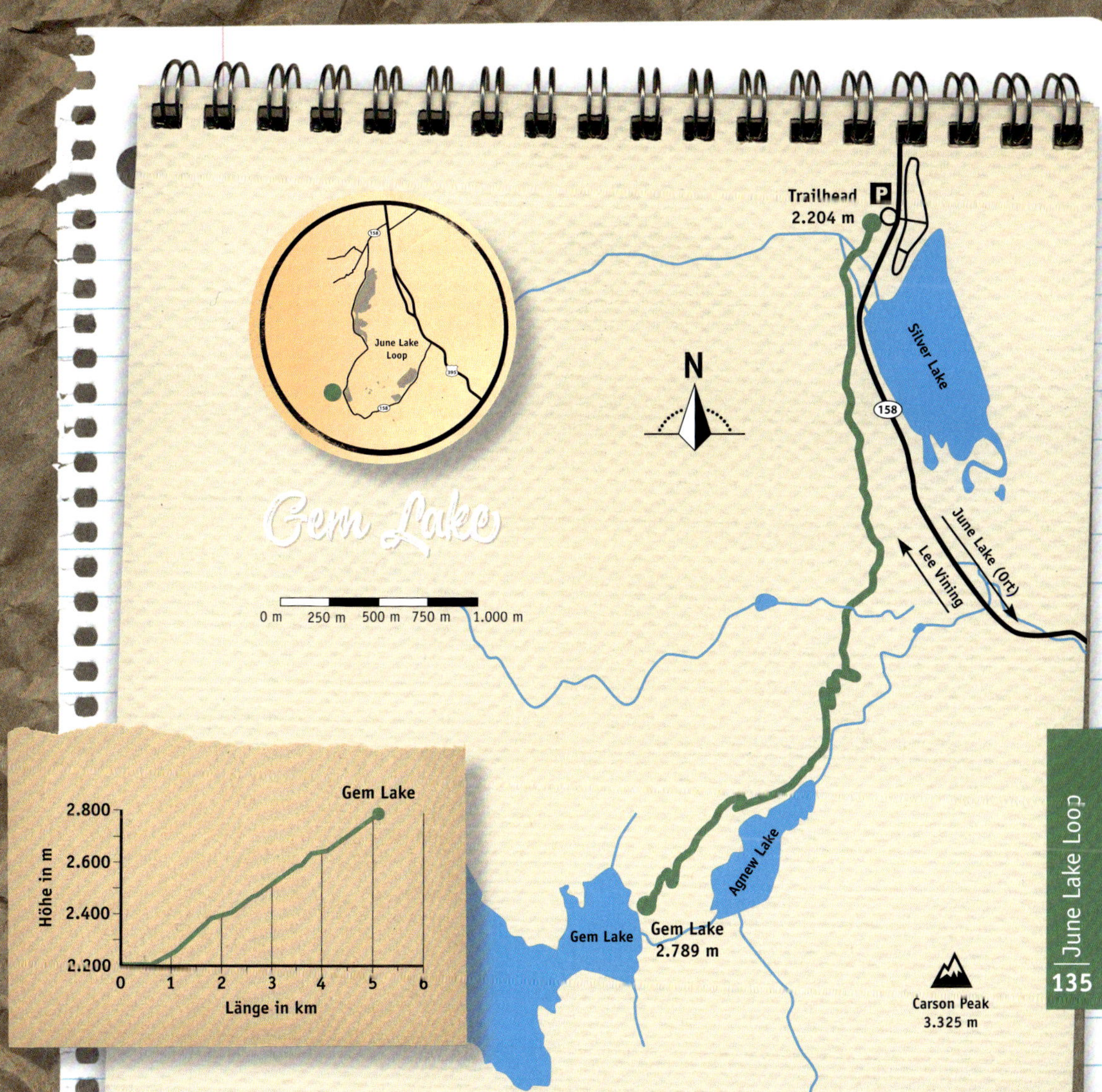

Trailhead
2.204 m
P
Silver Lake
158
N
June Lake Loop
158
395
Gem Lake
0 m
250 m
500 m
750 m
1.000 m
June Lake (Ort)
Lee Vining
Agnew Lake
Gem Lake
Gem Lake
2.789 m
Carson Peak
3.325 m
Höhe in m
2.800
2.600
2.400
2.200
0
1
2
3
4
5
6
Länge in km

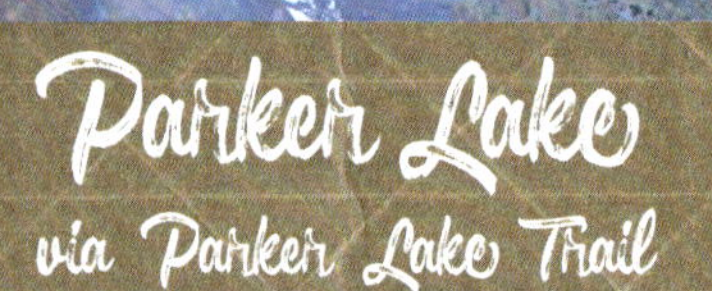

Parker Lake

via Parker Lake Trail

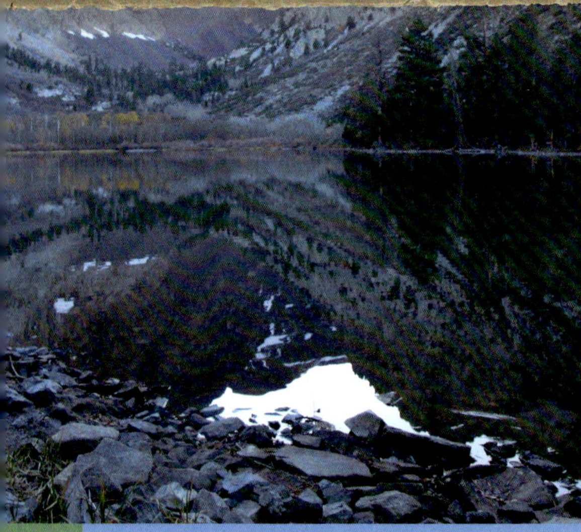

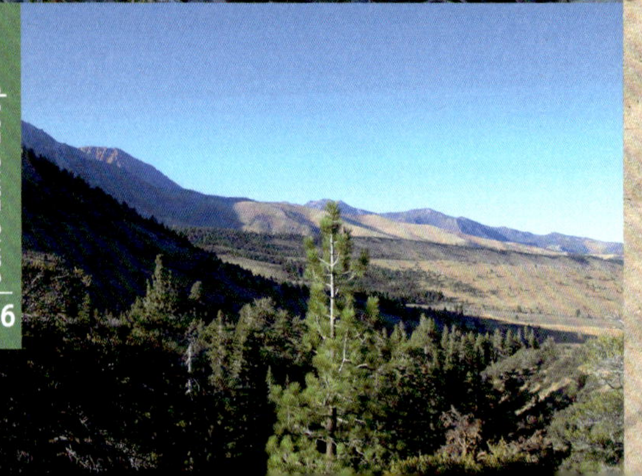

Die heutige Wanderung zum Parker Lake ist im Vergleich zu denen der letzten Tage kurz und beinhaltet nur wenige Höhenmeter. Deswegen können wir die Tour an einem Nachmittag bewältigen. Noch einmal fahren wir auf dem Hwy 158 und passieren June Lake, Gull Lake, Silver Lake sowie Grand Lake. Die großen Seen liegen entlang des Loops wie aufgereiht an einer überdimensionalen Halskette. Eingebettet in silbrig-grüne Landschaft und eingerahmt von hohen Bergen bieten sie einen erhabenen Anblick. Oberhalb des Grand Lake biegen wir ab in die Parker Lake Rd in Richtung Westen. Hier fahren wir 2 mi Dirt Road bis zum Parker Lake Trailhead. Die letzten 300 m sind sehr schlecht zu befahren; ein SUV ist sehr empfehlenswert. Auf dem geräumigen Parkplatz befinden sich noch acht weitere Fahrzeuge, es scheinen hier heute demnach nicht sehr viele Menschen unterwegs zu sein.

Der Parker Lake Trail startet oberhalb des Parkplatzes an einem Hang, der mit silbrigem Beifuß und bereits etwas verblühten Wildblumen bewachsen ist. Wir laufen in steilen Serpentinen den Hang hinauf in südwestliche Richtung. Bald können wir bereits Mount Lewis, Mount Wood und den weit entfernten Parker Peak sehen. Der Weg zieht sich nach 0,3 km nun gerade, jedoch weiter steil in die Höhe. Nach 0,5 km treten wir in die Ansel Adams Wilderness ein. Ein fast ebenes, daher willkommenes Stück erreichen wir nach 0,6 km. Der Weg mündet in ein märchenhaftes Hochtal ein. Rechts kommt der Parker Canyon in Sicht und wir hören den Parker Creek weit unter uns durch die Schlucht fließen. Es ist sehr idyllisch hier oben, einzelne Haine mit Jeffrey-Kiefern und Pracht-Tannen liegen wie hingestreut in der ansonsten lichten, von kleinen Hügeln umgebenen Talsenke. Nach 0,8 km führt der Weg moderat aufwärts. Nach 1,2 km queren wir ein Plateau, dann mäandert der Weg moderat aufwärts durch die Landschaft und wir nähern uns weiter den Bergen in südwestlicher Richtung. Der Parker Canyon bleibt hinter uns zurück und wir queren bald ein weiteres, fast ebenes Plateau. Jetzt laufen wir durch einen Espenhain. Diese Bäume mögen das Wasser,

Die Jeffrey-Kiefer wächst als immergrüner Baum und erreicht Wuchshöhen von bis zu 40 m, in Ausnahmefällen sogar bis 60 m. Sie ist vor allem in der Sierra Nevada ansässig. Ihre Verwechslung mit der ähnlich aussehenden Gelb-Kiefer hatte für die Streitkräfte im amerikanischen Bürgerkrieg oftmals tödliche Unfälle zur Folge: Anstatt nützliches Terpentinöl aus dem Harz der Gelb-Kiefer zu generieren, destillierten sie hoch explosives Heptan aus dem Balsam der Jeffrey-Kiefer.

und prompt führt der Weg nun näher am Parker Creek entlang, der sich hier oben auf gleicher Ebene mit uns befindet. Nach 2,3 km führt der Weg noch einmal steil durch eine Senke. Dann verläuft er nach 2,4 km bis zum Parker Lake weitgehend eben. Nach 2,6 km kreuzt von links (östlich) der Silver Lake Trail, der sich hier mit unserem Weg bis zum Parker Lake vereint und den wir vom Silver Lake aus bereits in die andere Richtung bis zum Gem Pass gelaufen sind. Unser heutiges Ziel erreichen wir nach 2,9 km und sind überwältigt: Der Parker Lake gehört zu den schönsten Gewässern, die ich jemals gesehen habe. Gesäumt von dunkelgrünen Nadelbäumen und gelben Espen liegt er still in einem Talkessel, der von Mount Wood und Mount Lewis gebildet wird. Im abendlichen Licht schimmern die Berge in Grau- und Rottönen. Die beiden Gipfel spiegeln sich in dem glatten See, ebenso wie der Parker Peak. Auf dem Rückweg erfreuen wir uns noch einmal an der fabelhaften Aussicht auf den Mono Lake, der still in der Abendsonne liegt.

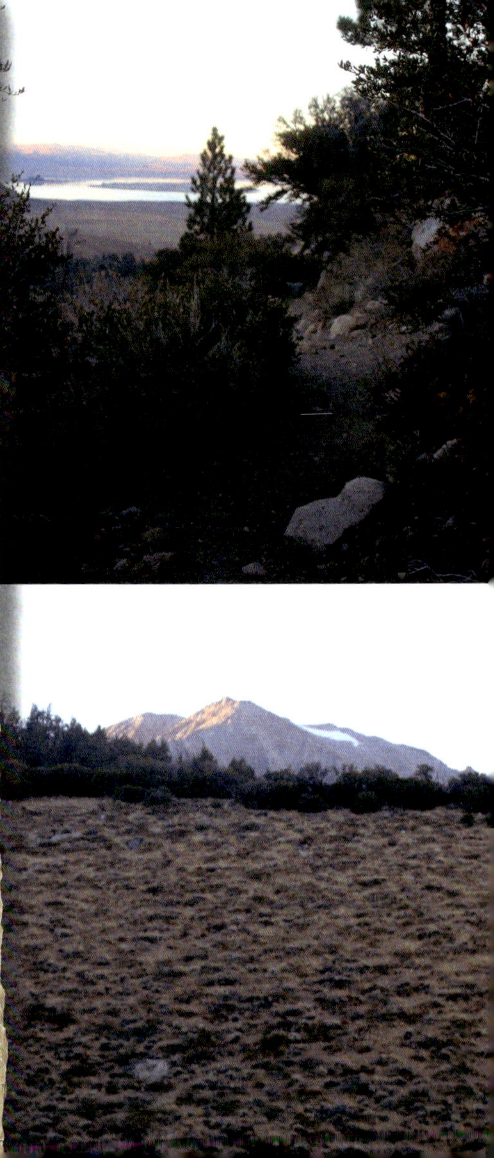

FACTS & FIGURES

Weg zum Trailhead:

Anfahrt ab June Lake (Ort): 12 mi auf Hwy 158/June Lake Loop in Richtung Süden. Dann links auf die Parker Lake Rd (Dirt Road), dort 1,7 mi bis zum gekennzeichneten Abzweig. Hier links auf die Straße in Richtung Parker Lake Trail abbiegen, dort 0,3 mi bis zum Trailhead. Hier parken. SUV mit „High Clearance“ empfohlen.

Anfahrt ab Lee Vining: 5 mi auf Hwy 395 in Richtung Süden bis June Lake Junction North. Dann rechts auf Hwy 158/June Lake Loop, dort 1,3 mi. Dann rechts auf die Parker Lake Rd (Dirt Road), dort 1,7 mi bis zum gekennzeichneten Abzweig. Hier links auf die Straße in Richtung Parker Lake Trail abbiegen, dort 0,3 mi bis zum Trailhead. Hier parken. SUV mit „High Clearance“ empfohlen.

Länge: ★☆☆☆☆

5,8 km (3,6 mi) hin und zurück.

Wanderzeit: ★☆☆☆☆

2,5 Std.

Höhe:

Trailhead:	2.371 m	(7.779 ft)
Parker Lake:	2.526 m	(8.287 ft)
HM hin/zurück:	± 196/41 m	

Wegbeschaffenheit: ★★★★☆

Weg ist einfach zu laufen.

Kondition: ★★☆☆☆

Betrieb: ★★☆☆☆

Beste Jahreszeiten:

(Früh-)Sommer, Herbst.

Tanken:

June Lake Loop (Junction South), Lee Vining (⚠ teuer).

Basecamps:

June Lake, Lee Vining.

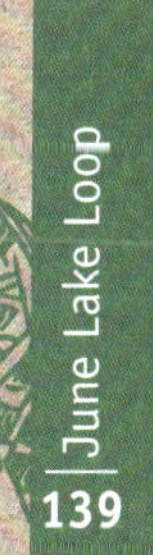

SPECIAL TIP

Backcountry Camping am Parker Lake Für alle, die einmal für eine Nacht im Hinterland ihr Zelt aufschlagen möchten, ist der Parker Lake ein geeignetes Ziel, da er relativ einfach zu erreichen und nicht überlaufen ist. Hier den Sonnenaufgang zu beobachten ist ein tolles Erlebnis. Die besten Plätze, sein Zelt aufzuschlagen, befinden sich an der Nordseite des Sees. Wichtig ist, alles Essbare und Duftende in einem mitgebrachten, bärensicheren Container zu verstauen. Diese Boxen kann man z. B. im Visitor Center mieten oder kaufen. Für Mehrtagestrips in Nationalparks und andere Schutzgebiete benötigt man in Kalifornien in der Regel eine Genehmigung (sechs Monate im Voraus online erhältlich unter recreation.gov oder im Visitor Center).

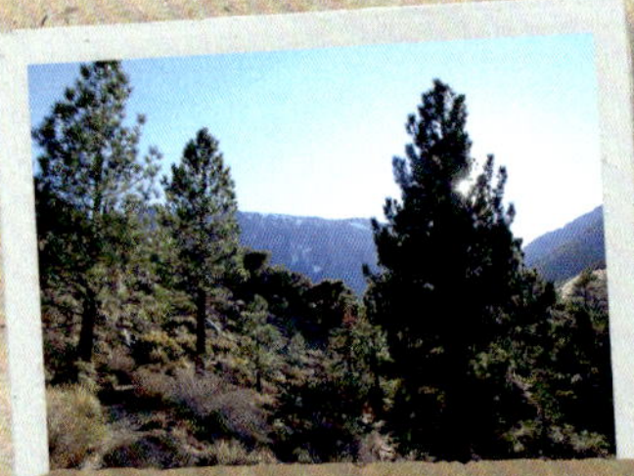

TICKER --- TICKER --- TICKER---TICKER ---TICKER---TICKER

0-0,6 km (0-0,4 mi) Parker Lake Trail führt erst in Serpentinen, dann gerade steil aufwärts den Hang hinauf (südwestlich) --- **0,5 km** (0,3 mi) Eintritt in die Ansel Adams Wilderness --- **0,6-0,8 km** (0,4-0,5 mi) Weg führt durch eine Talsenke; rechts Parker Canyon und Parker Creek --- **0,8-1,2 km** (0,5-0,8 mi) Weg führt moderat aufwärts durch lichtes Terrain --- **1,2-1,6 km** (0,8-1,0 mi) Weg führt eben, dann aufwärts --- **1,6-2,2 km** (1,0-1,4 mi) Weg führt eben durch einen Espenhain --- **2,2-2,3 km** (1,4-1,4 mi) Weg führt steil durch eine Talsenke --- **2,3-2,9 km** (1,4-1,8 mi) Weg führt fast eben durch lichten Wald --- **2,6 km** (1,6 mi) Silver Lake Trail kreuzt von links (östlich) und vereint sich mit Parker Lake Trail --- **2,9 km** (1,8 mi) Parker Lake erreicht

Parker Lake

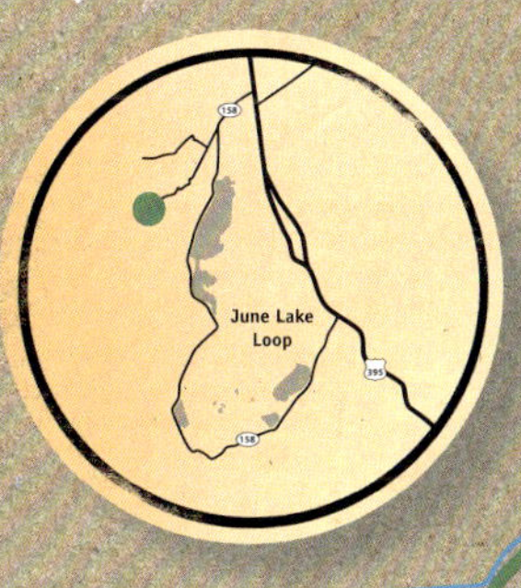

June Lake Junction
Lee Vining
Parker Lake Rd
P
Trailhead
2.371 m

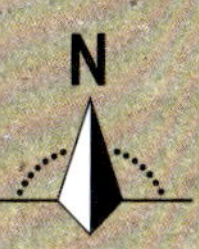

Parker Lake
2.526 m

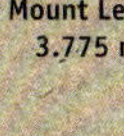

Mount Lewis
3.775 m

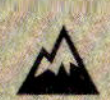

Parker Peak
3.917 m

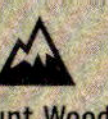

Mount Wood
3.858 m

Parker
Lake
2.600
2.400
2.200
Höhe in m
0
1
2
3
Länge in km

0 km
0,5 km
1 km
1,5 km
2 km

Bloody Canyon
via Mono Pass Trail

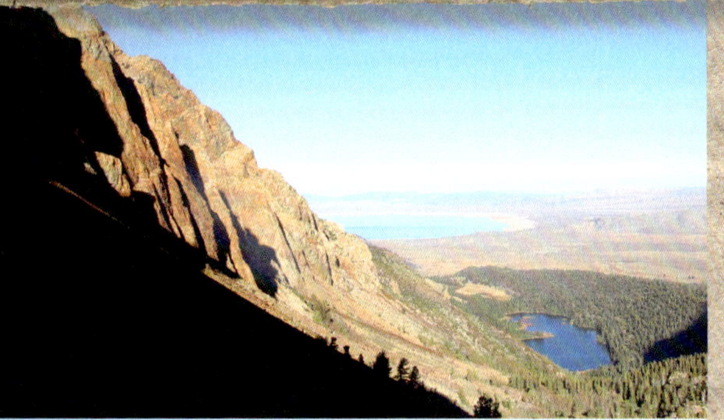

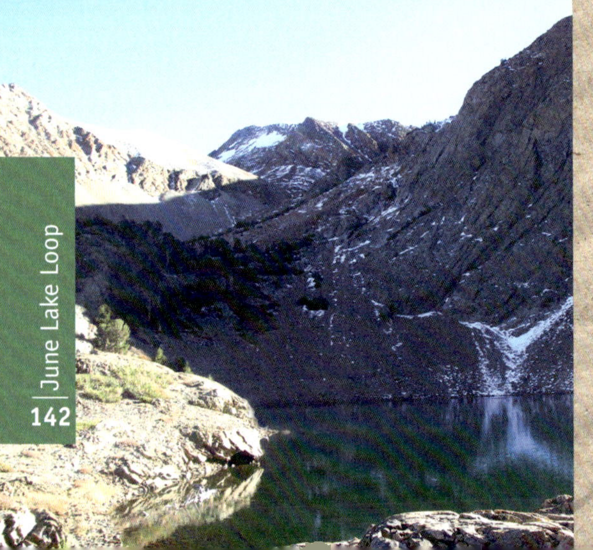

Unsere letzte Wanderung in dieser Gegend führt uns durch den Bloody Canyon, eine Schlucht, die sich östlich des Mono Pass befindet. Wir haben von der Westseite des Yosemite NP aus bereits die Wanderung zu dem Pass gemacht, der zwischen Mount Gibbs und Mount Lewis liegt, und sind gespannt, wie der andere, steilere Wegabschnitt auf der Ostseite durch den wenig bekannten Bloody Canyon aussieht. Unser heutiges Ziel ist der Lower Sardine Lake, der sich kurz unterhalb des Mono Pass befindet. Vom June Lake Loop kommend fahren wir noch einmal die Parker Lake Rd, halten uns nach 0,5 mi nordwestlich und folgen der Beschilderung zum Walker Lake Trailhead. Er liegt im Inyo NF in einer kleinen Talsenke. Nebenan liegt ein hübscher, kleiner Wildcampingplatz einladend unter großen Kiefern – mit einer Toilette, Feuerstellen und Picknickbänken.

Wir folgen dem Mono Pass Trail durch die Talsenke und steigen dann rechts (südwestlich) auf einen Kamm. Von hier laufen wir in langen, steilen Serpentinen zum Walker Lake hinab. Wir kommen an einem Abzweig vorbei und folgen dem regulären Weg nach links. Nach 0,6 km sind wir am See angekommen. Der Weg zieht sich in südwestlicher Richtung am See entlang und dreht nach 1,1 km kurz in Richtung Nordwesten.

Handelsroute durch den Bloody Canyon Den heutigen Mono Pass Trail haben die östlich der Berge lebenden Paiute Indianer ursprünglich als Trans-Sierra Verbindung genutzt, um mit dem Volk der Miwok im Yosemite-Tal Handel zu treiben. Später nutzten weiße Prospektoren den Weg, um zu hoch gelegenen Minen zu gelangen. Der steile, dramatische Pfad über die Ostflanke durch den steinigen Canyon wurde ihren Pferden jedoch oft zum Verhängnis. Die scharfkantigen Steine schnitten den Tieren tief in ihre Fesseln. Der Legende nach stammt der Name des Bloody Canyon von den blutigen Wunden der bedauernswerten Pferde.

Wir laufen jetzt eben durch hohes Gras und einen lichten Espenhain. Nach 1,3 km verläuft der Weg in Richtung Südwesten, die Bäume werden dichter und wir queren zweimal den Walker Creek über Holzbohlen. Er passiert nach 1,8 km die Grenze zur Ansel Adams Wilderness und führt in Serpentinen aufwärts im Wechsel mit kurzen ebenen Passagen durch offenes Terrain in den Canyon hinein. Nordwestlich ragen die rostfarbenen Ausläufer des Mount Gibbs in den Himmel, nordöstlich entdecken wir den Walker Lake und weit entfernt den Mono Lake. Nadelbäume bestimmen nun die Vegetation, wir hören den Fluss. Nach 2,4 km laufen wir links an einem weißen Felsmassiv vorbei und orientieren uns am Walker Creek, an dem der zeitweilig zugewachsene

Weg entlangführen soll. Links der Felsen versperrt ein großer Baumstamm die Sicht und das Weiterkommen; wir müssen hinüberklettern. Dahinter führt der Weg weiter aufwärts durch den Wald an einem Wasserfall vorbei. Nach 2,9 km überqueren wir erneut den Walker Creek und nach 3,0 km verlassen wir den Wald. Der Weg zieht sich nun steil nach oben durch die dramatische Landschaft in den schmaler werdenden Bloody Canyon, der von hoch aufragenden Felswänden begrenzt wird. Nach 3,4 km führt der Weg erneut an einem Wasserfall vorbei, der die Gipfelwand zu unserer Linken hinunterstürzt, und verläuft nach einer kurzen, ebenen Passage in Serpentinen wieder aufwärts. Die Vegetation nimmt ab, je höher wir kommen. Der Weg wird steiniger und steiler. Mal windet er sich in Serpentinen und mal verläuft er gerade aufwärts, unterbrochen von einigen ebenen Wegstücken, die den Canyon queren. Nach 5,1 km sind wir an unserem heutigen Ziel, dem Lower Sardine Lake, angekommen. Wir sitzen eine Weile an seinem Ufer und beobachten unzählige kleine Fische im grünen See.

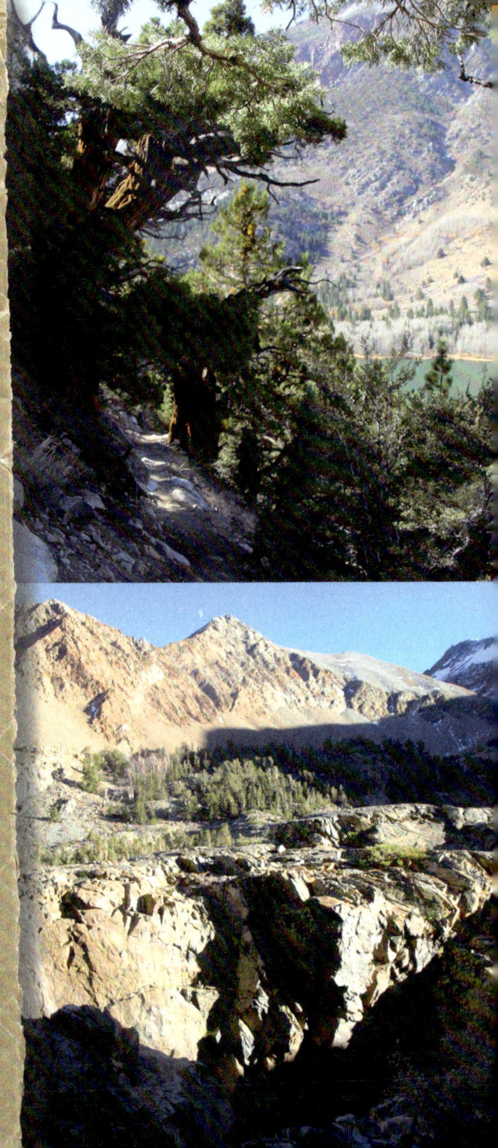

FACTS & FIGURES

Weg zum Trailhead:
Anfahrt ab June Lake (Ort): 12 mi auf Hwy 158/June Lake Loop Richtung Süden. Dann links auf die Parker Lake Rd (Dirt Road), dort 0,5 mi. Dann rechts abbiegen (kein Schild), dort 0,5 mi bis zum Abzweig. Hier rechts abbiegen auf die Straße in Richtung Walker Lake Trailhead, dort 0,3 mi bis zum Abzweig. Hier links abbiegen, dort 2,7 mi bis zum Trailhead. Hier parken. SUV mit „High Clearance“ empfohlen.

Länge: ★★☆☆☆
10,2 km (6,4 mi) hin und zurück.

Wanderzeit: ★★☆☆☆
4,5 Std.

Höhe:

Trailhead:	2.570 m	(8.432 ft)
Lower Sardine Lake:	2.991 m	(9.813 ft)
HM hin/zurück:	± 583/162 m	

Wegbeschaffenheit: ★☆☆☆☆
Weg ist nicht sehr gepflegt, teilweise zugewachsen, umgestürzte Bäume, wird zunehmend steinig.

Kondition: ★★★★☆
Rund 700 Höhenmeter sind zu überwinden, davon 135 auf 0,6 km am Ende.

Betrieb: ★☆☆☆☆

Beste Jahreszeiten:
(Früh-)Sommer, Herbst.

Tanken:
June Lake Loop (Junction South), Lee Vining (⚠ teuer).

Basecamps:
June Lake, Lee Vining.

SPECIAL TIP

Klassisch dinieren Wer nach einer langen Wanderung keine Lust mehr hat zu kochen, sollte einmal die schmackhaften Fisch- oder Fleischgerichte im Carson Peak Inn probieren. Schöne Idee: Die Portionsgröße der Mahlzeit kann dem Appetit angepasst werden. Wer auf das Essen wartet, wärmt währenddessen seine Füße am Kamin mit einem Drink in der Hand. Das Lokal im Landhausstil liegt zwischen Gull Lake und Silver Lake am June Lake Loop unterhalb des berühmten gleichnamigen Gipfels (carsonpeakinn.com).

TICKER --- TICKER --- TICKER---TICKER ---TICKER---TICKER

0-0,6 km (0-0,4 mi) Mono Pass Trail führt über einen kleinen Kamm, dann steil abwärts in Richtung Walker Lake (südwestlich) --- **0,6-1,3 km** (0,4-0,8 mi) Weg führt eben am Süd- und Westufer des Walker Lake entlang (südwestlich/ nordwestlich) --- **1,3 km** (0,8 mi) Überquerung des Walker Creek --- **1,3-1,8 km** (0,8-1,1) Weg führt eben durch lichten Espenhain, dann durch Nadelwald (südwestlich) --- **1,8 km** (1,1 mi) Eintritt in die Ansel Adams Wilderness --- **1,8-2,2 km** (1,1-1,4 mi) Weg führt in Serpentinen moderat aufwärts durch offenes Terrain --- **2,2-3,0 km** (1,4-1,9 mi) Weg mäandert aufwärts durch den Wald --- **2,4 km** (1,5 mi) Weg führt an weißem Felsmassiv (rechts) vorbei --- **2,5 km** (1,6 mi) Wasserfall --- **2,9 km** (1,8 mi) Flussüberquerung --- **3,0-5,1 km** (1,9-3,2 mi) Weg führt steil aufwärts durch meist offenes, felsiges Terrain, unterbrochen von einigen ebenen Passagen, Serpentinen wechseln sich mit geraden Passagen ab --- **3,4 km** (2,1 mi) Wasserfall --- **4,5 km** (2,8 mi) Flussüberquerung --- **5,1 km** (3,2 mi) Lower Sardine Lake erreicht

Bloody Canyon

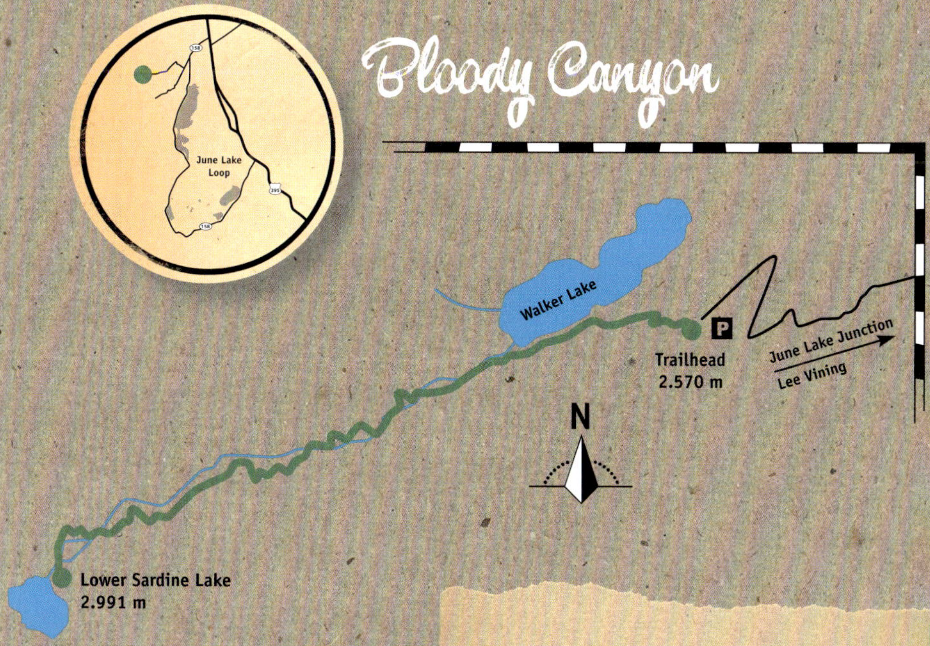

June Lake Loop

Walker Lake

Trailhead
2.570 m

June Lake Junction

Lee Vining

N

Lower Sardine Lake
2.991 m

0 m
500 m
1.000 m

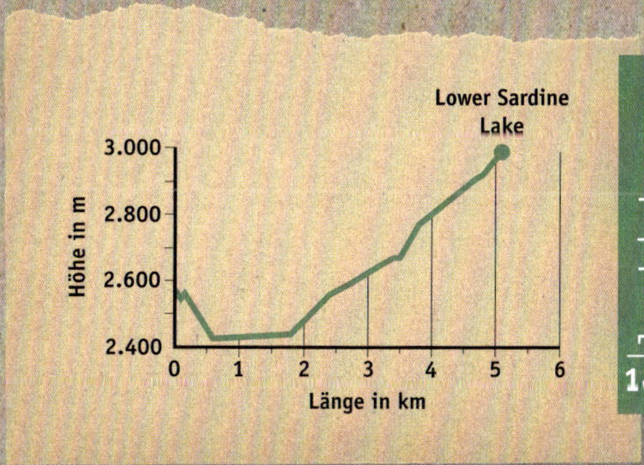

Lower Sardine Lake

Höhe in m

3.000
2.800
2.600
2.400

0 1 2 3 4 5 6

Länge in km

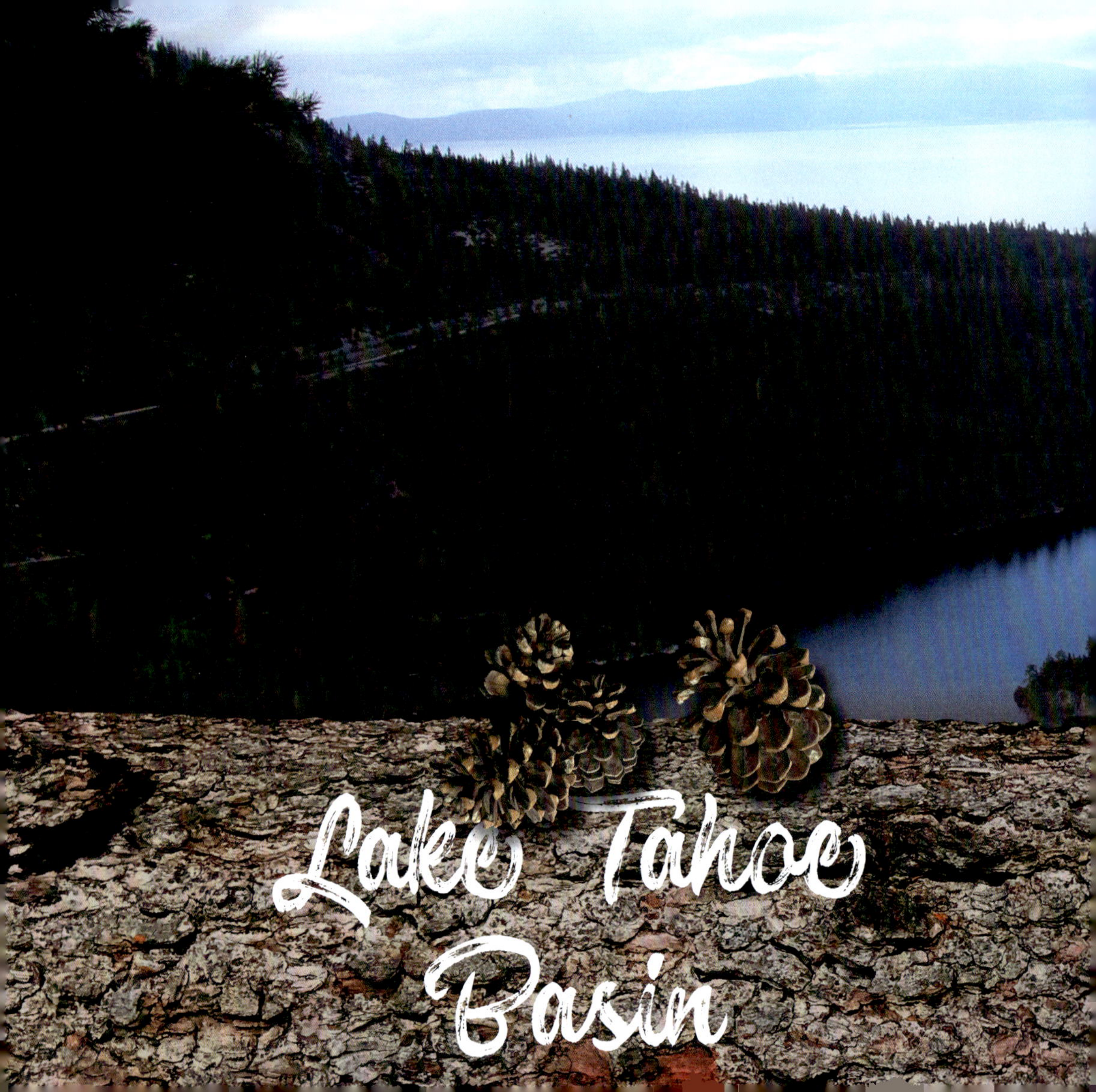
Lake Tahoe
Basin

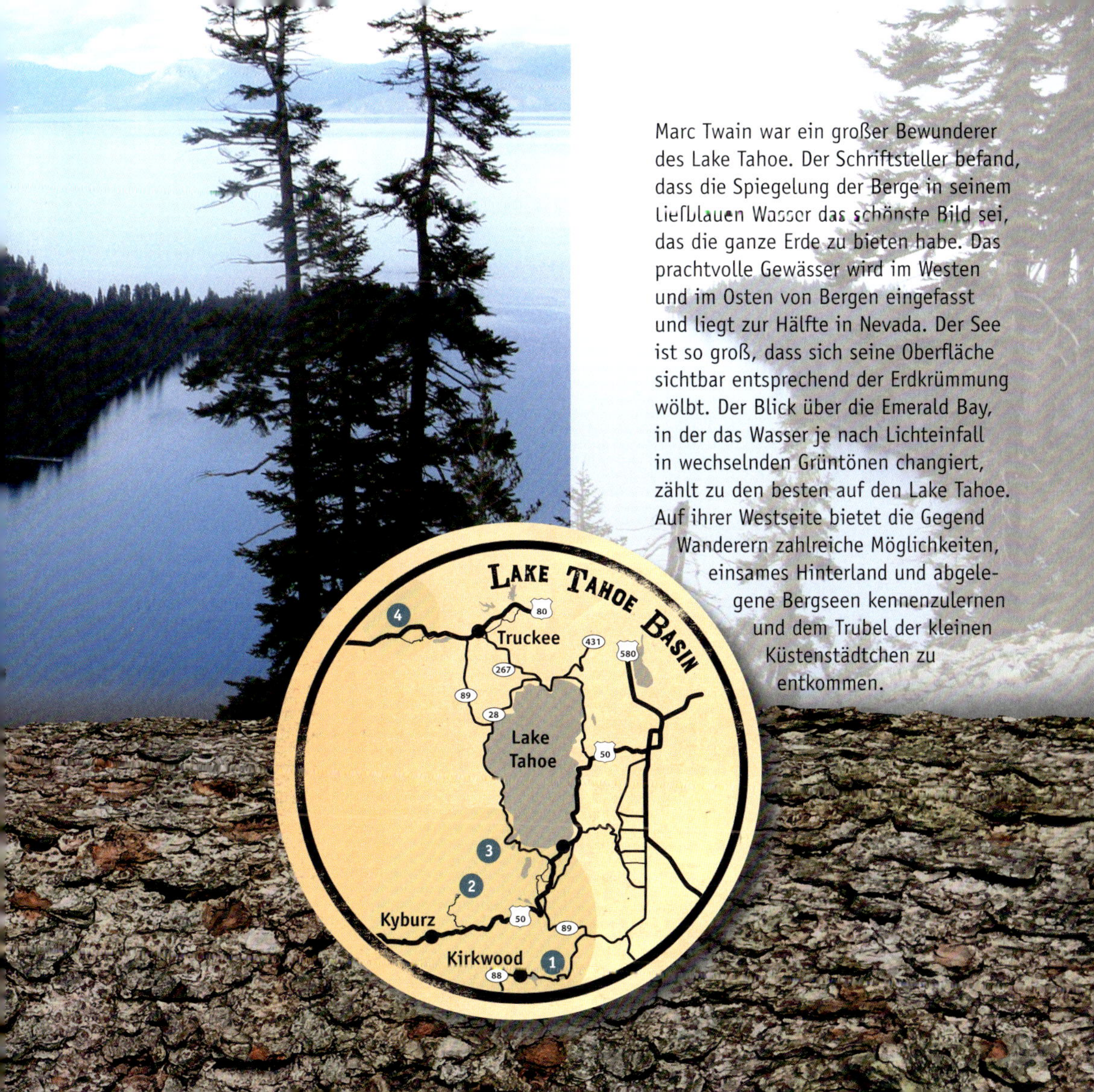

Marc Twain war ein großer Bewunderer des Lake Tahoe. Der Schriftsteller befand, dass die Spiegelung der Berge in seinem tiefblauen Wasser das schönste Bild sei, das die ganze Erde zu bieten habe. Das prachtvolle Gewässer wird im Westen und im Osten von Bergen eingefasst und liegt zur Hälfte in Nevada. Der See ist so groß, dass sich seine Oberfläche sichtbar entsprechend der Erdkrümmung wölbt. Der Blick über die Emerald Bay, in der das Wasser je nach Lichteinfall in wechselnden Grüntönen changiert, zählt zu den besten auf den Lake Tahoe. Auf ihrer Westseite bietet die Gegend Wanderern zahlreiche Möglichkeiten, einsames Hinterland und abgelegene Bergseen kennenzulernen und dem Trubel der kleinen Küstenstädtchen zu entkommen.

BASE CAMPS

Anfahrt

Hwy 89 verbindet South Lake Tahoe im Süden mit der Emerald Bay (9 mi nördlich von South Lake Tahoe), Tahoe City (27 mi nördlich von South Lake Tahoe) und Truckee (42 mi nördlich von South Lake Tahoe).

Hwy 50 verbindet South Lake Tahoe mit Kyburz (29 mi südwestlich von South Lake Tahoe).

Hwy 50/89/88 verbindet South Lake Tahoe mit Kirkwood (29 mi südwestlich von South Lake Tahoe).

Kirkwood/Hope Valley

Sorensen's Resort (☎ 530-694-2203; sorensensresort.com; 14255 Hwy 88): geschmackvoll gestaltetes Anwesen. Diverse Holzhütten im Blockhausstil mit eigenem Bad und Küchenzeile; Bettwäsche, Handtücher, Kochgeschirr vorhanden, kein TV. Gutes Restaurant mit fabelhaften Weinen, romantische Terrasse, kleiner Laden für Geschenke und Snacks, Sauna.

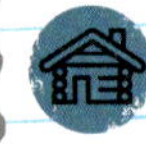

Kit Carson Lodge (☎ 209-258-8500; kitcarsonlodge.com; 32161 Kit Carson Rd; WLAN): malerisch am See und im Wald gelegenes Resort. 18 voll ausgestattete Cabins, acht Zimmer; kein TV. Restaurant, gute Weine, Terrasse mit Seeblick, kleiner Laden, Schwimmen, Reiten, Fischen, Wandern. ⚠ Ziemlich teuer, schwankende Service- und Essensqualität.

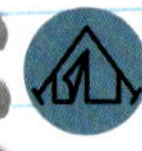

Woods Lake Campground (von Kirkwood aus auf Hwy 88 für 3,4 mi in Richtung Osten fahren. Dann rechts [südlich] auf Woods Lake Rd [Dirt Road], dort 1,3 mi bis Campground; ⏲ Juli bis Okt.; nicht reservierbar): ruhig und sehr schön am See gelegen, 25 einfache Zeltplätze, Toilette, Wasser. ⚠ Nachts eventuell kühl.

South Lake Tahoe

Truckee

Loch Leven Lodge (☎ 877-663-6637; lochlevenlodge.com; 13855 Donner Pass Rd; WLAN): Holzlodge, direkt am schönen Donner Lake gelegen, sieben hübsche Zimmer und eine Maisonette-Wohnung für max. acht Personen (alle mit Seeblick), große Terrasse direkt am Donner Lake, Whirlpool.

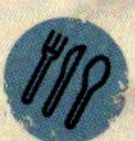

Moody`s Bistro, Bar & Beats (☎ 530-587-8688; moodysbistro.com; 10007 Bridge St): Das Gourmetrestaurant im Truckee-Hotel wartet mit leckeren Kreationen aus regionalen Bio-Zutaten auf (wenn möglich). Häufig Livemusik.

Kyburz

 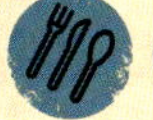 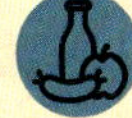

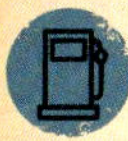

Strawberry Lodge (☎ 530-659-7200; strawberrylodge.com; 17510 Hwy 50; WLAN): 29 Zimmer ohne TV. Restaurant, Bar, Terrasse mit Waldblick. Historisches Gebäude, etwas heruntergekommen, Tankstelle mit kleinem Shop auf der anderen Straßenseite.

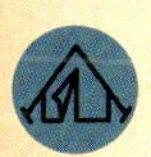

Wrights Lake Campground (von der Strawberry Lodge aus auf Hwy 50 für 4 mi in Richtung Westen fahren. Dann rechts [nördlich] auf die Wrights Lake Rd [Dirt Road], dort 8 mi bis Campground; ⏲ Juli bis Sept.; reservierbar): 64 einfache Zelt- und RV-Plätze, Toilette, Trinkwasser. Sehr schön nahe dem Wrights Lake gelegen. Geeignet zum Schwimmen, Kanufahren und Fischen (📢 keine Motorboote erlaubt).

1 Round Lake
2 Twin Lakes
3 Maggie`s Peaks
4 Castle Peak

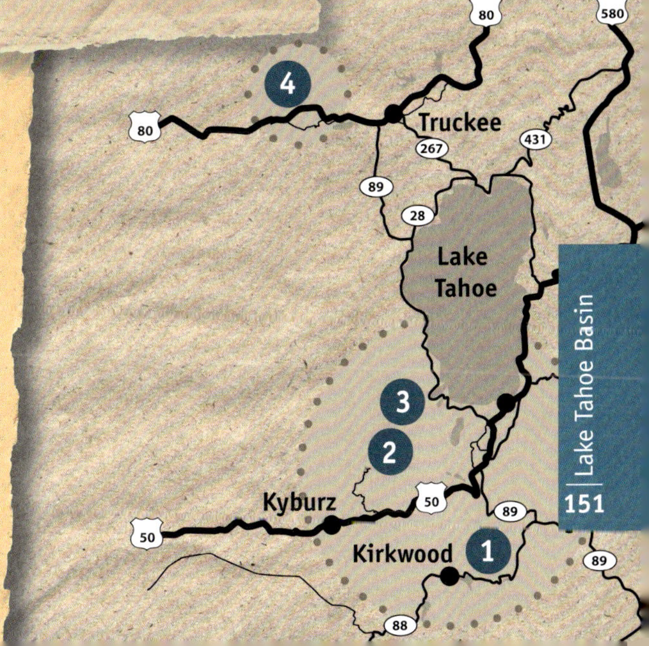

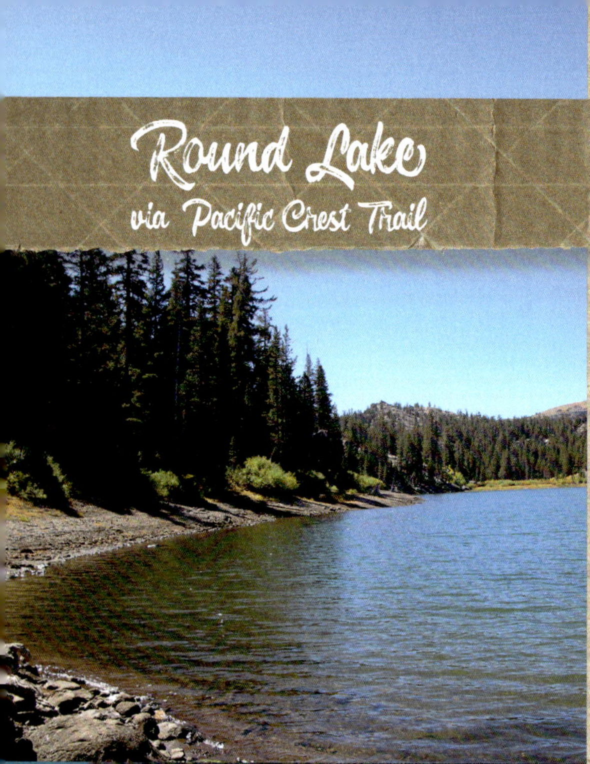

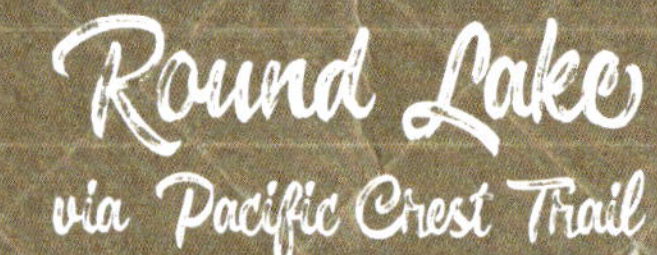

Round Lake
via Pacific Crest Trail

Das Lake Tahoe Basin soll sich fantastisch zum Wandern eignen, und das möchten wir gern selbst erleben. Viel von der reichen Natur hier ist als Wilderness-Gebiet ausgewiesen – die kommerzielle Nutzung ist in solchen Territorien verboten. Wir haben gestern im empfehlenswerten Sorensen`s Resort Quartier bezogen, dort hervorragend gegessen und es uns dann in unserer heimeligen, kleinen Hütte gemütlich gemacht. Nach einem reichhaltigen Frühstück brechen wir auf und fahren rund 10 mi den Hwy 88 zum Carson Pass, wo sich der Trailhead zu unserem heutigen Trip befindet. Wir werden ein Stück auf dem Pacific Crest Trail in den Eldorado NF hinein bis zum Round Lake wandern. Diese Gegend ist besonders interessant, weil neben dem Granit, aus dem die Sierra Nevada weitgehend besteht, hier auch vulkanische Gesteinsformationen vorkommen, die einen spannenden Kontrast bilden.

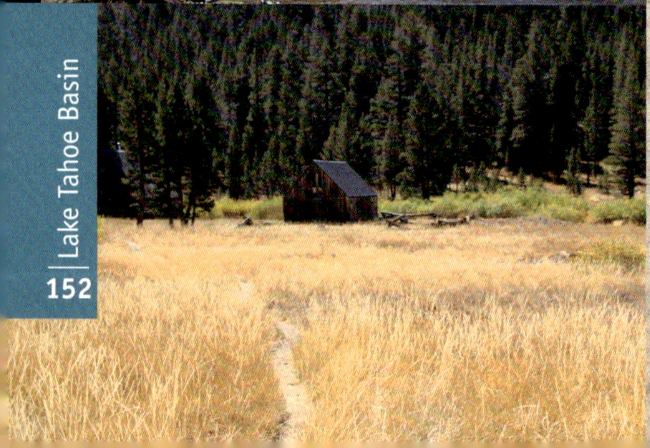

Wir laufen zunächst durch ein felsiges Gebiet parallel zur Straße in Richtung Westen. Hier wachsen interessante Kiefern und Espen zwischen dem runden, weißen Gestein. Der mit rot verfärbten Büschen gesäumte Pfad führt moderat meist auf- und dann abwärts. Nach 0,8 km dreht er langsam nach Norden und wir können links unter uns den Caples Lake ausmachen. Wir laufen nun aufwärts in einen Nadelwald.

Nach 1,3 km öffnet sich vor uns ein eher karges Hochtal zwischen bräunlichen, meist abgerundeten Bergen und wir beginnen den Anstieg auf eine Erhebung in seiner Mitte. Im Frühjahr soll es hier viele Wildblumen geben, aktuell dominieren beige-braune Farbtöne, was jedoch seinen ganz eigenen Reiz hat. Wir queren mehrere kleine, aktuell ausgetrocknete Flussbetten. Ab 1,6 km geht es steiler aufwärts. Der Weg verschiebt sich etwas in Richtung Westen und führt ab 1,8 km wieder nach Norden. Nach 2,0 km haben wir den höchsten Punkt der Erhebung erreicht und werden mit nicht erwarteten Blicken auf den Lake Tahoe und die Berge der Desolation Wilderness belohnt, die wir morgen besuchen werden. Jetzt laufen wir für rund 400 m eben auf dem Hügel entlang, bevor der Weg nach 2,4 km auf der anderen Seite abwärts verläuft. Nach 3,0 km verengt sich das Tal und der Baumbewuchs nimmt wieder zu. Wir laufen weiter bergab, wobei es auch einige

Lästige Flugobjekte

Überall dort, wo es Gewässer gibt, tummeln sie sich im Sommer gern in Hülle und Fülle und belästigen den anwesenden Naturliebhaber: Die Rede ist von Mücken und anderen stechenden Insekten. Bis in den Herbst hinein können sie in der Nähe von Seen und Flüssen in Kalifornien eine wahre Plage sein und allergische Reaktionen hervorrufen. Hilfe bieten ein Antimückenspray mit dem chemischen Wirkstoff DEET (alles andere ist eher nutzlos) und lose, hochgeschlossene Kleidung.

ebene Passagen gibt. Nach 3,3 km erreichen wir die Meiss Meadows und nach 4,3 km die gleichnamige Hütte, die sich Familie Meiss aus Darmstadt um 1880 als hübsche Sommerresidenz geschaffen hat. Der Weg führt nun scharf rechts weiter eben durch die Wiesen in Richtung Nordosten. Nach 4,6 km treffen wir auf einen Abzweig. Wir laufen weiter aufwärts in den Wald hinein in Richtung Round Lake. Bald müssen wir über zwei Erhebungen laufen. Nach 5,8 km führt der Weg nach rechts in Richtung Osten, um dann kurze Zeit später nach Norden zu drehen. Nach 6,2 km geht es auf und ab weiter durch einen Wald aus Espen und Tannen. Der Weg führt kurz eben, um nach 7,0 km fast nur noch bergab zu verlaufen. Nach 8,0 km erreichen wir den Round Lake, dessen interessantestes Merkmal die riesige Vulkanformation ist, die alles überragt. Bald darauf finden wir eine Kiesbucht am See. Sie eignet sich prima für eine wohlverdiente Pause vor dem erneuten Auf und Ab des Rückwegs – abgesehen von den vielen Mücken, die den Platz offensichtlich auch sehr mögen.

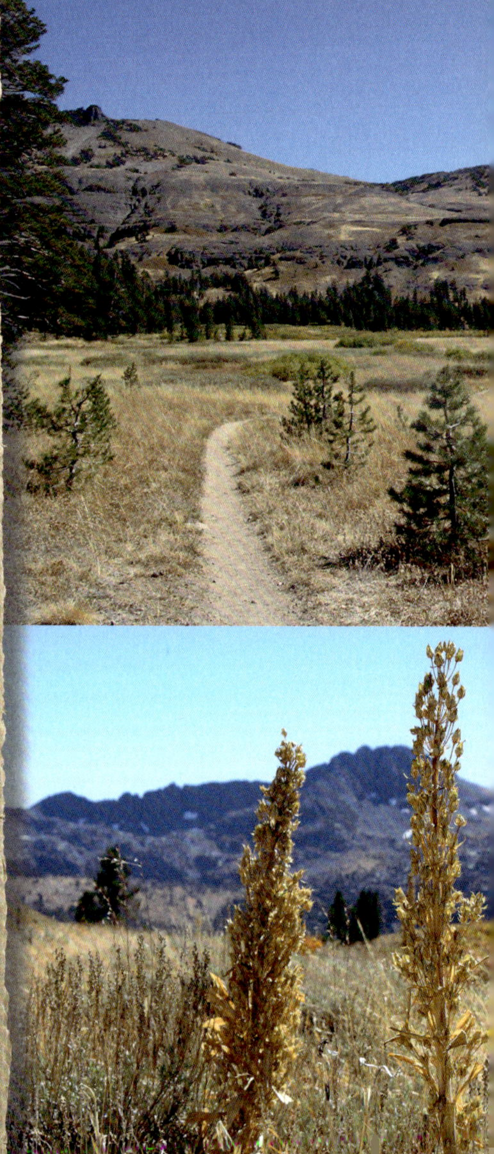

FACTS & FIGURES

Weg zum Trailhead:
Anfahrt ab Sorensen's Resort (Hwy 88, Hope Valley): 9,6 mi auf Hwy 88 in Richtung Südwesten bis Carson Pass/Meiss Trailhead, rechts an der Straße (nördlich). Hier parken. SUV mit „High Clearance" nicht notwendig.

Länge: ★★★☆☆
16 km (10 mi) hin und zurück.

Wanderzeit: ★★☆☆☆
4,5 Std.

Höhe:

Trailhead:	2.596 m (8.517 ft)
Round Lake:	2.450 m (8.038 ft)
HM hin/zurück:	± 196/376 m

Wegbeschaffenheit: ★★★★☆

Kondition: ★★★☆☆

Betrieb: ★★★☆☆

Beste Jahreszeiten:
(Früh-)Sommer, Herbst.

Tanken:
Kirkwood (nur Benzin, Pumpe funktioniert nicht immer), South Lake Tahoe.

Basecamps:
Kirkwood/Hope Valley, South Lake Tahoe.

SPECIAL TIP

Sorensen's Resort Es ist schwer zu sagen, was am besten ist an der Wohlfühlunterkunft, die wunderschön in den Bergen liegt. Hier bleibt kein Wunsch offen: Das Restaurant mit Holzterrasse punktet mit ausgezeichnetem Essen und ausgewählten Weinen. Wer Glück hat und das möchte, sitzt am großen Tisch zusammen mit interessanten Tischnachbarn. Die Hütten im Blockhausstil sind behaglich eingerichtet und bis auf einen Fernseher komplett ausgestattet. Den dürfte man angesichts der vielen Möglichkeiten, sich mit seinem kostenlosen „Happy Hour Drink" auf dem Anwesen zu entspannen, allerdings nicht vermissen (sorensensresort.com).

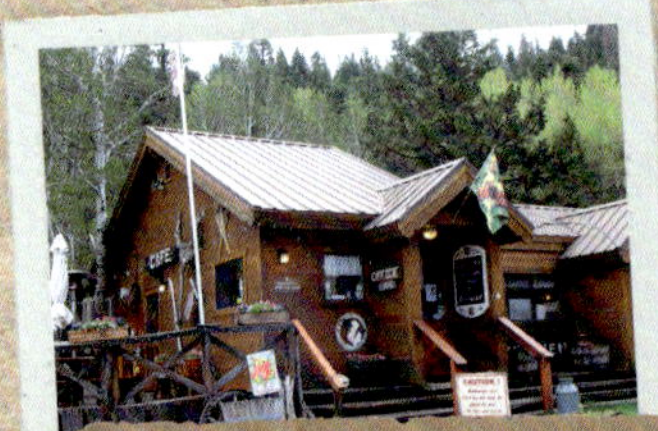

TICKER --- TICKER --- TICKER---TICKER ---TICKER---TICKER

0-0,8 km (0-0,5 mi) Pacific Crest Trail führt auf- und dann abwärts durch felsiges Gebiet (westlich) --- **0,8-1,0 km** (0,5-0,6 mi) Weg führt aufwärts und dreht nördlich --- **1,0-1,6 km** (0,6-1,0) Weg führt in unregelmäßigen Serpentinen aufwärts --- **1,6-2,0 km** (1,0-1,3 mi) Weg führt moderat aufwärts auf Erhebung (erst kurz westlich, dann nördlich) --- **2,0-2,4 km** (1,3-1,5 mi) Weg führt eben --- **2,4-3,8 km** (1,5-2,4) Weg führt abwärts, unterbrochen von kurzen ebenen Passagen --- **3,8-4,7 km** (2,4-2,9 mi) Weg führt fast eben durch Meiss Meadows (nordwestlich) --- **4,7 km** (2,9 mi) Weg teilt sich; Weg zum Round Lake führt geradeaus (nordöstlich) --- **4,7-6,2 km** (2,9-3,9 mi) Weg führt zweimal auf- und abwärts über zwei Hügel durch den Wald --- **5,8 km** (3,6 mi) Weg führt für rund 300 m rechts nach Osten --- **6,2-7,0 km** (3,9-4,4 mi) Weg führt moderat auf und ab (nördlich) --- **7,0-8,0 km** (4,4-5,0 mi) Weg führt abwärts durch den Wald --- **8,0 km** (5,0 mi) Round Lake erreicht

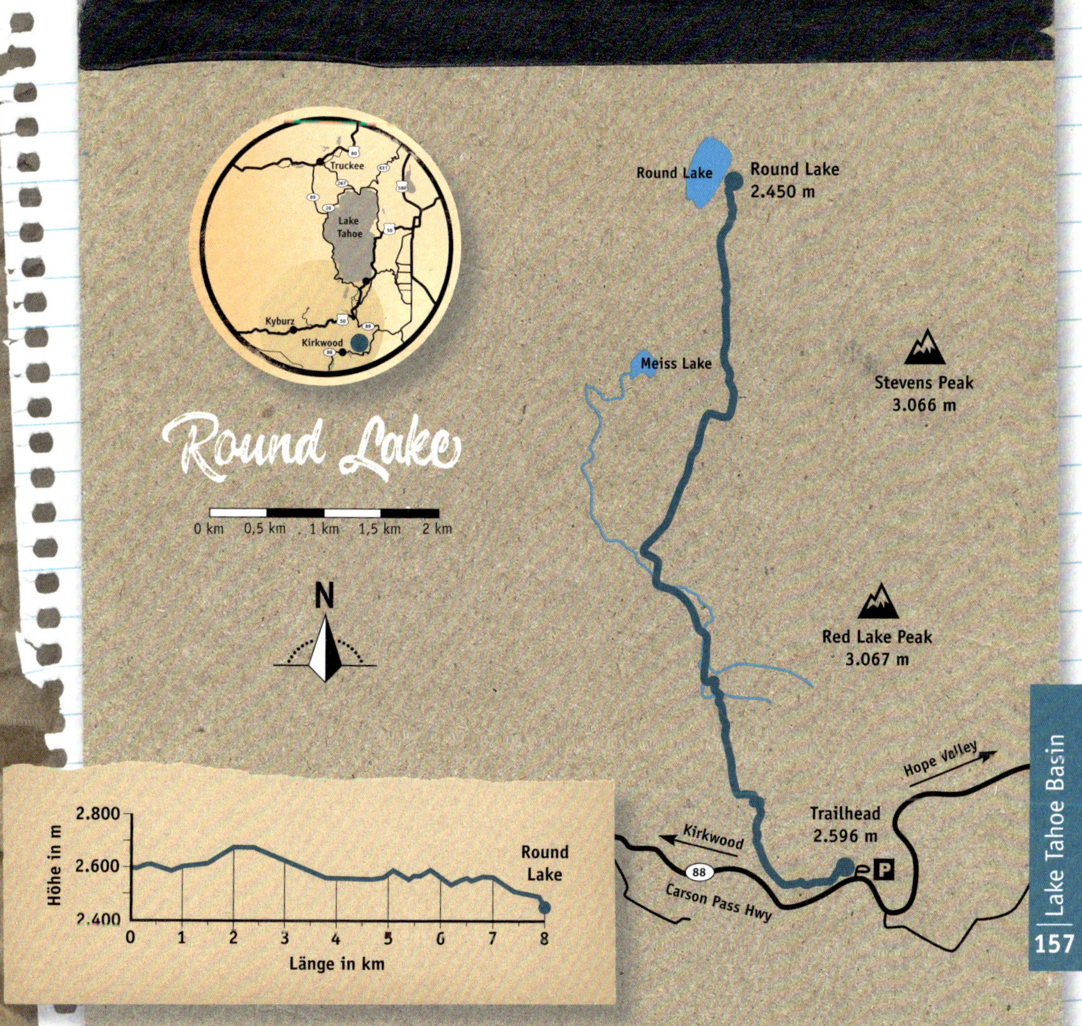
Truckee
Lake Tahoe
Kyburz
Kirkwood
Round Lake
0 km 0,5 km 1 km 1,5 km 2 km
N
Round Lake
Round Lake
2.450 m
Meiss Lake
Stevens Peak
3.066 m
Red Lake Peak
3.067 m
Hope Valley
Trailhead
2.596 m
P
Kirkwood
88
Carson Pass Hwy
2.800
2.600
2.400
Höhe in m
0 1 2 3 4 5 6 7 8
Länge in km
Round Lake

Twin Lakes

via Twin & Island Lakes Trail

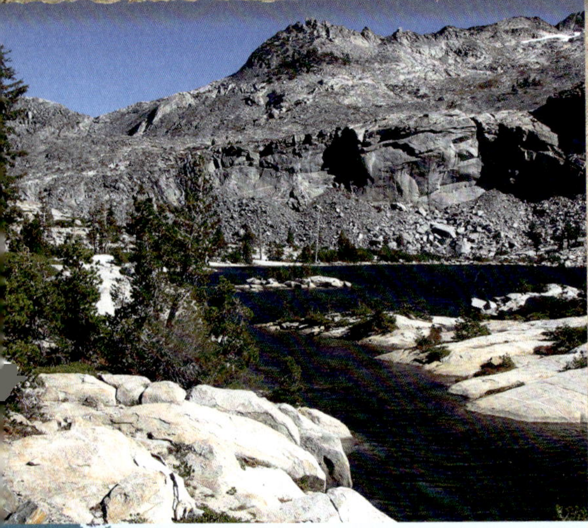

Die Desolation Wilderness ist ein wenig überlaufenes Wandergebiet südöstlich des Lake Tahoe. Mit seinem charakteristischen weißen Felsgestein soll es ein sehr reizvoller Teil der Sierra Nevada sein. Der Hwy 50 führt uns zum Abzweig zur Wrights Lake Rd, einer gut befahrbaren Dirt Road, die in die Berge hineinführt. Die Gegend hier ist traumhaft schön und heute früh ist noch kein Mensch unterwegs. Ein Koyote kommt aus dem Unterholz gelaufen, quert die Straße und nimmt unser näherkommendes Auto kaum zur Kenntnis. Wir passieren nach rund 8 mi den Wrights Lake Campground, auf dem wir später Station machen werden. Der Wrights Lake schimmert durch die Bäume und wir freuen uns auf ein Bad nach unserer heutigen Tour. Nach 9 mi erreichen wir das Ende der Straße. Hier befindet sich ein Parkplatz, von dem aus wir die heutige Wanderung zu den Twin Lakes starten.

Wir wandern los in nördliche Richtung und laufen zunächst durch ein Gatter. Kurz bevor wir eine Brücke erreichen, teilt sich der Weg. Hier laufen wir rechts den Twin Lakes Trail, der auch 16E17 heißt. Der Weg schwingt nun eben durch einen lichten Wald in Richtung Nordosten um ein Feuchtgebiet herum. Es ist schattig und wir sehen links den Wrights Lake. Bald dreht der Weg wieder in Richtung Norden und wir bewegen uns auf ein Bergmassiv zu. Zweifelsohne müssen wir hier hinauf – ohne die Überwindung von einigen Höhenmetern erreichen wir wohl auch diesmal nicht unser Ziel. Nach 0,5 km verlassen wir den Wald und erklimmen ein Felsfeld. Der Weg führt gut sichtbar als Pfad teilweise über Stufen nach oben und dreht in nordöstliche Richtung. Nach 0,8 km haben wir ein Plateau erreicht und wir laufen eine kurze Strecke fast eben. Nach 0,9 km schlängelt sich der Weg weiter nach oben, unterbrochen von kurzen ebenen Passagen. Hier liegt viel Geröll auf dem Weg. Wald wechselt sich nun ab mit Felsen, über die wir laufen müssen. Der Weg über den glatten Granit ist mit Steinen markiert und leicht zu laufen. Manchmal ist er jedoch schwer auszumachen. Nach 1,4 km erreichen wir einen kleinen Wasserfall und laufen weiter durch den Wald entlang eines kleinen Stroms. Die Desolation Wilderness erreichen wir nach 1,8 km. Nach 2 km teilt sich der Weg. Wir nehmen den linken, nicht gekenn-

Das zur Gattung der Baumhörnchen gehörende Nagetier mit dem gelben Bauch kommt ausschließlich im westlichen Nordamerika vor. Es lebt in Tannen- und Fichtenwäldern in Höhen bis zu rund 3.000 m. Der buschige Schwanz dient einerseits dem Männchen beim Imponiergehabe vor der Paarung und andererseits beim Klettern als Steuer- und Balancierhilfe. Das Douglas-Hörnchen ist ein Allesfresser und muss sich seinerseits besonders vor Wildkatzen und Raubvögeln in Acht nehmen.

Douglas-Hörnchen

zeichneten Abzweig in Richtung Norden. Hier müssen wir aufpassen, die Wegteilung ist schwer zu erkennen. Wir queren nun den Fluss. Vor uns liegt jetzt ein imposantes, flaches Felsbassin, das sich gegen den dunkelblauen Himmel abzeichnet: schierer, weißer Granit fast ohne Vegetation. Nach 2,1 km führt der Weg für 0,5 km aufwärts über die Felsen und wir erklimmen den Rand des Bassins. Der Weg führt nun für 0,3 km eben und dann abwärts in den Wald. Er verläuft erneut aufwärts, mal nordwestlich, mal nordöstlich schwingend über Felsen, um für kurze Zeit zu einem Pfad aus Sand zu werden. Nun geht es abwärts um einen kleinen Hügel herum und wieder aufwärts. Nach rund 3,5 km passieren wir ein kleines Gewässer und erreichen nach einer kurzen letzten Aufwärtspassage von 400 m nach knapp 4 km die Twin Lakes. Petrolblau und imposant liegen sie eingebettet in gewaltiges, weißes Gestein. Wir machen eine lange Pause am Rand des schönen Doppelsees. Danach folgen wir dem Pfad noch ein wenig und erfreuen uns an den immer besser werdenden Blicken auf die Berge.

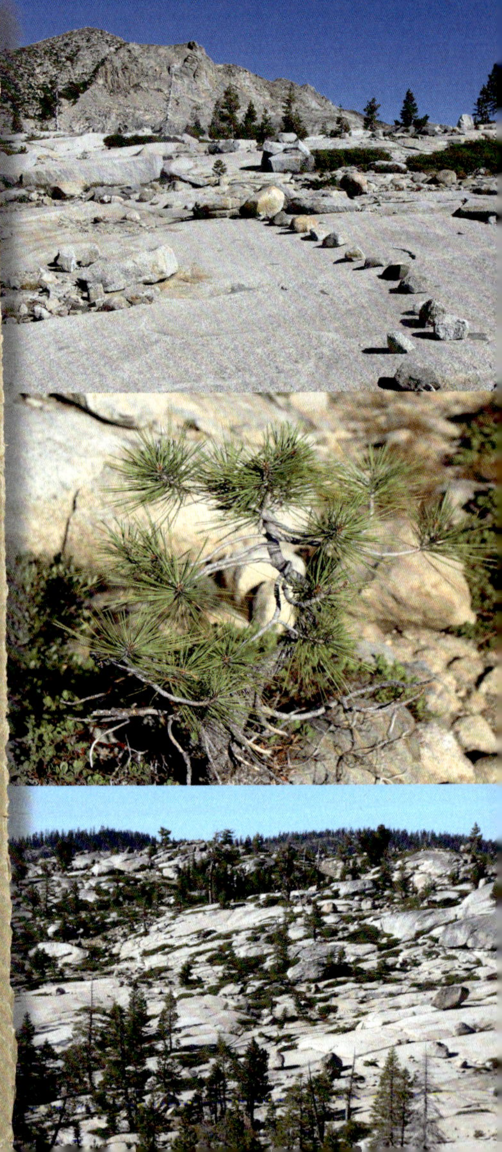

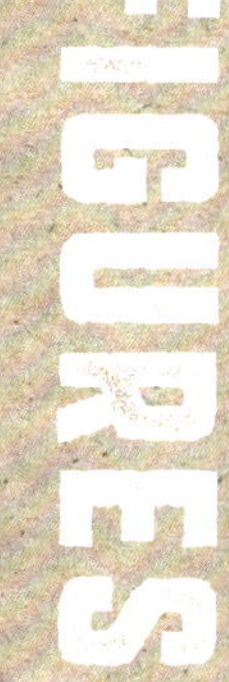

Weg zum Trailhead:
Anfahrt ab Strawberry Lodge (Kyburz): 4 mi auf Hwy 50 in Richtung Westen. Dann rechts (nördlich) auf Wrights Rd (Dirt Road), dort 9 mi vorbei am Campingplatz bis zu einem Parkplatz. Hier parken. Wrights Lake Trailhead hinter dem Gatter nordwestlich vom Parkplatz. SUV mit „High Clearance" empfohlen.

Länge: ★☆☆☆☆
7,8 km (4,9 mi) hin und zurück.

Wanderzeit: ★☆☆☆☆
3 Std.

Höhe:

Trailhead:	2.121 m (6.959 ft)
Twin Lakes:	2.437 m (7.995 ft)
HM hin/zurück:	+ 274/19 m

Wegbeschaffenheit: ★★★☆☆
Weg führt meist über Waldboden oder gut begehbare, glatte Felsen.

Kondition: ★★☆☆☆

Betrieb: ★★☆☆☆

Beste Jahreszeiten:
Sommer, Herbst.

Tanken:
Kyburz (Strawberry Lodge).

Basecamps:
Kyburz,
South Lake Tahoe (⚠ längere Anfahrt).

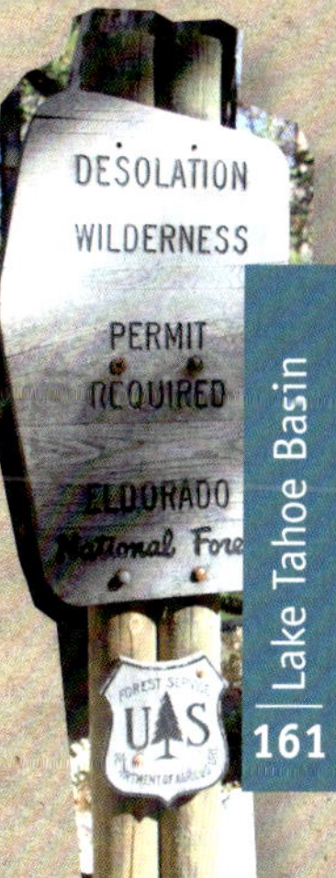

SPECIAL TIP

Augen auf Das Wandern in der Sierra Nevada erfordert häufig einen wachsamen Blick und eine hohe Konzentration, weil die Wege manchmal nicht gut zu sehen und schlecht ausgeschildert sind. Der hier beschriebene Weg zu den Twin Lakes teilt sich nach 2 km (1,3 mi). Die zwei Möglichkeiten sind jedoch schlecht zu erkennen, weil es ab da in beide Richtungen über weiße Felsen weitergeht, die zwar jeweils mit Steinen gekennzeichnet sind, dadurch jedoch auch ähnlich aussehen. Irreführenderweise weist zwar ein Schild zum Grouse Lake nach rechts, jedoch keines nach links zu den Twin & Island Lakes.

TICKER --- TICKER --- TICKER---TICKER ---TICKER---TICKER

0-0,5 km (0-0,3 mi) Twin & Island Lakes Trail schwingt eben durch Wald und Feuchtgebiet (nördlich/nordöstlich) --- **0,5-2,1 km** (0,3-1,3 mi) Weg führt moderat aufwärts, unterbrochen von kurzen ebenen Passagen; Felsen und Wald wechseln sich ab --- **1,4 km** (0,9 mi) Wasserfall erreicht --- **1,8 km** (1,1 mi) Eintritt in die Desolation Wilderness --- **2,0 km** (1,3 mi) Weg teilt sich; Weg zu den Twin Lakes führt links (⚠ Twin Lakes nicht ausgeschildert) --- **2,1-2,6 km** (1,3-1,6 mi) Weg führt steiler aufwärts durch flaches Felsbassin --- **2,6-2,9 km** (1,6-1,8 mi) Weg führt eben, dann abwärts durch Wald, dann über Fels --- **2,9-3,3 km** (1,8-2,1 mi) Weg führt aufwärts (östlich) --- **3,3-3,6 km** (2,2-2,4 mi) Weg führt abwärts und passiert ein Gewässer --- **3,6-4,0 km** (2,3-2,5 mi) Weg führt aufwärts (nordöstlich) --- **4,0 km** (2,5 mi) Twin Lakes erreicht

Twin Lakes

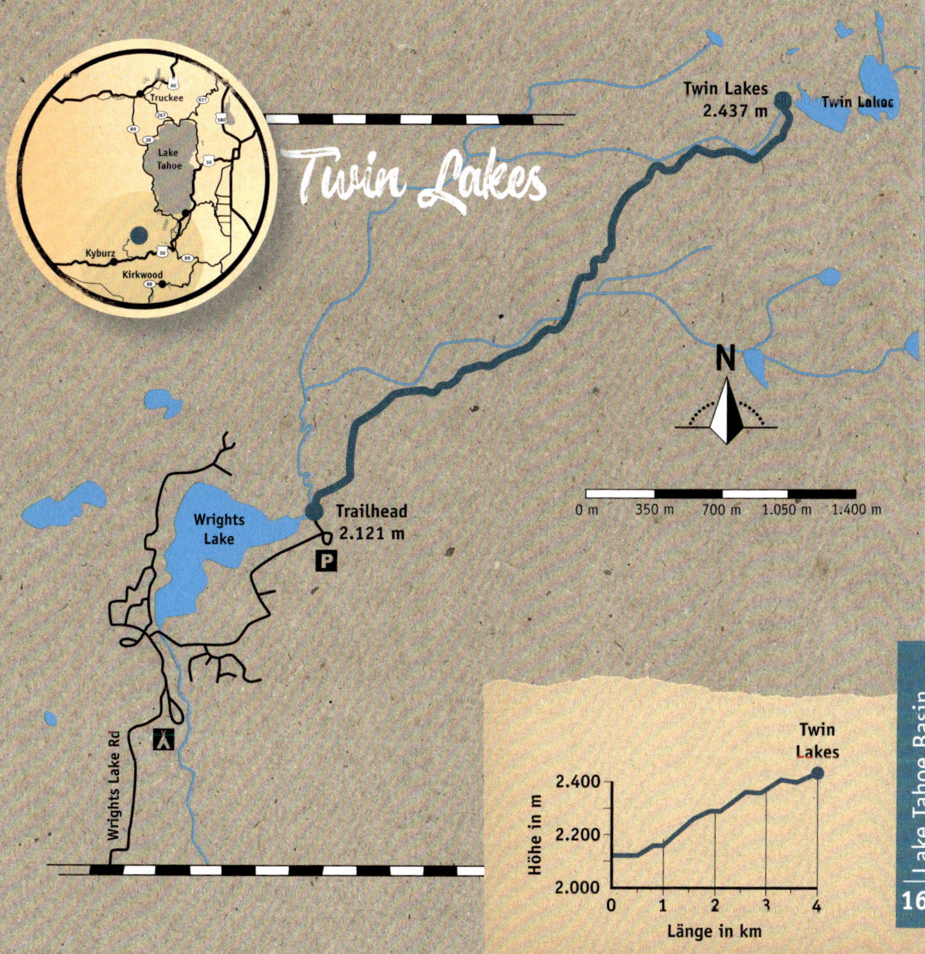

Truckee
Lake Tahoe
Kyburz
Kirkwood

Twin Lakes
2.437 m
Twin Lakes
Wrights Lake
Trailhead
2.121 m
P
Wrights Lake Rd
N

0 m 350 m 700 m 1.050 m 1.400 m

Twin Lakes
Höhe in m
2.400
2.200
2.000
0 1 2 3 4
Länge in km

Maggie`s Peaks

via Bayview Trail

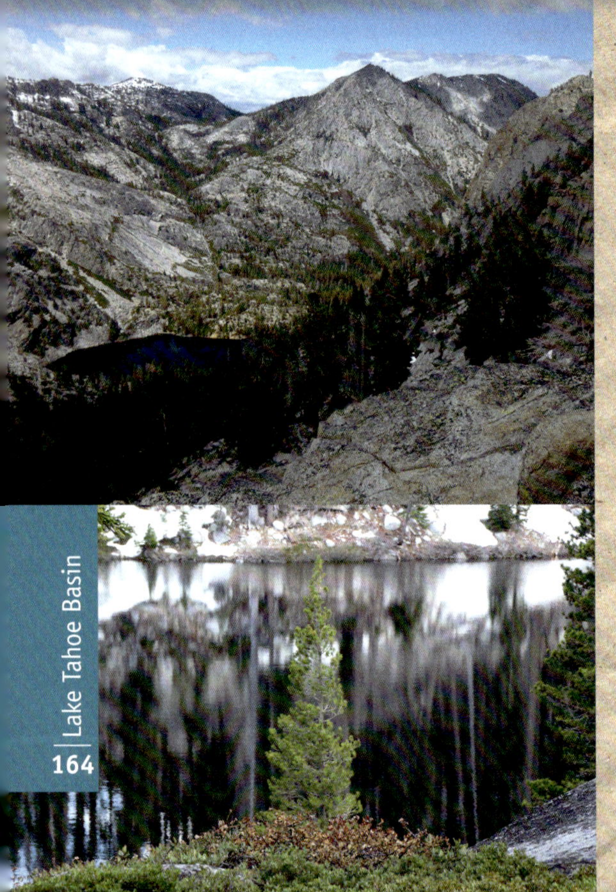

Unser zweiter Tag in der Desolation Wilderness steht ganz im Zeichen der vielen Seen, die in dieser Gegend zu finden sind. Der Weg zu Maggie`s South Peak führt an diversen unterschiedlichen Gewässern vorbei – das Highlight dieser Wanderung ist allerdings der Lake Tahoe mit seiner zu Recht berühmten Emerald Bay, die man aus fantastischen Perspektiven zu Gesicht bekommen soll. Die von einem Gletscher geformte Bucht ist von steilem Granitgestein und vielen Nadelbäumen umgeben und schimmert – den Lichtverhältnissen entsprechend – in unterschiedlichen Blau- und Grüntönen. In ihrer Mitte befindet sich die kleine Fannette Island, wo man die Relikte eines verfallenen Teehauses besichtigen kann. Wir starten unsere Wanderung am Bayview Campground gegenüber der Bucht. Hier befindet sich der Trailhead, der uns ins Hinterland der Desolation Wilderness führt.

Der Himmel bietet uns heute ein wildes Wolkenspiel und es ist deutlich kühler als gestern – ideales Wanderwetter. Links führt ein Pfad zum Cascade Lake und zu einem Wasserfall, wir gehen jedoch rechts in Richtung Dicks Lake. Unser Weg führt gleich steil nach oben in unregelmäßigen Serpentinen durch den Wald in Richtung Westen.
Wir kommen schon am Anfang ins Schwitzen und müssen bald die erste Jacke ausziehen. Rechts von uns taucht die Emerald Bay auf, die wir desto besser sehen können, je höher wir steigen. Nach 0,6 km treten wir in die Desolation Wilderness ein. Der Wald wird nun lichter und nach 0,7 km erreichen wir einen Aussichtspunkt, der inmitten großer, weißer Felsen liegt und bereits einen großartigen Blick über die Bucht und den dahinterliegenden Lake Tahoe offenbart. Moderate Aufwärtspassagen wechseln sich jetzt mit ebenen Passagen ab. Nach 0,9 km führt der Weg nun gerade in südwestliche Richtung und nach 1,4 km geht es ein kurzes, angenehmes Stück bergab. Rechts von uns befindet sich eine Bergkette, an der wir durch lichten Wald entlanglaufen. Der Weg führt nun wieder steiler bergauf und ist jetzt mehr mit Wurzeln durchsetzt, was das Laufen ein bisschen anstrengender macht. Nach 1,7 km erreichen wir den schwarzen Granite

Maggie`s Peaks Der Legende nach arbeitete im 19. Jahrhundert eine Barfrau namens Maggie im ehemaligen Hotel Tahoe Tavern. Aufgrund ihrer ansehnlichen Figur wurde der Berg mit den zwei Gipfeln nach ihr benannt. Obwohl sie im Vergleich zu anderen in der Gegend relativ unspektakulär und leicht zu erreichen sind, warten die Peaks mit überwältigend schönen Panoramablicken in die umliegende Desolation Wilderness auf. Maggie`s Peaks waren darüber hinaus in der berühmten Fernsehserie „Bonanza" im Vorspann als Hintergrundmotiv zu sehen.

BONANZA
PONDEROSA RANCH

Lake. Wir laufen eben ein Stück oberhalb des Sees am Hang entlang, um dann aufzusteigen. Nach 2,0 km zieht sich der Weg erst in Serpentinen, dann gerade bis zum Sattel hinauf, der zwischen Maggie`s Peaks hindurchführt. Wir erreichen den Grat nach 2,9 km. Auf der östlichen Seite sehen wir den blauen Lake Tahoe und auf der westlichen Seite blicken wir weit in die Desolation Wilderness hinein. In der Ferne können wir den Echo Lake ausmachen; wie ein grauer Diamant im Futteral sitzt er in einem Granitbassin und funkelt vor sich hin. Wir laufen nun scharf links den Weg hinauf in Richtung Süden. Es wird noch einmal steiler. Nach 3,3 km ebnet er sich ein und nach 3,4 km haben wir den südlichen Gipfel von Maggie`s Peaks erreicht. Jetzt scheint die Sonne und wir sind begeistert von den grandiosen Blicken auf Lake Tahoe, Granite Lake und Cascade Lake. Auf der anderen Seite können wir Snow Lake und Azure Lake sehen, die hellgrau schimmernd in der Ferne liegen. Hier oben sind wir ganz allein und erfreuen uns an dem tollen Ausblick – ein Erlebnis mit geringem Aufwand.

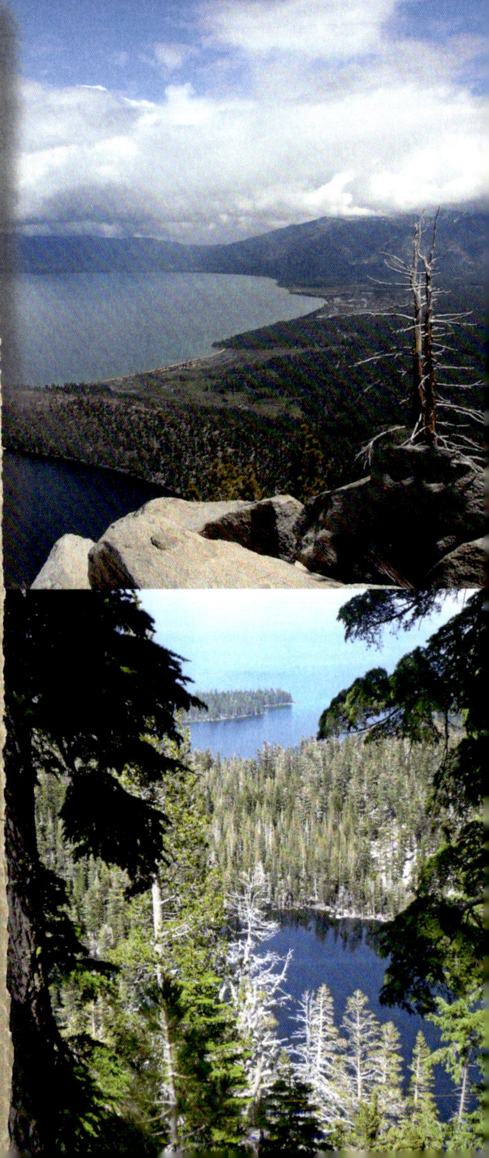

FACTS & FIGURES

Weg zum Trailhead:
Anfahrt ab South Lake Tahoe (Junction): 7,6 mi auf Hwy 89 in Richtung Norden bis zum Abzweig „Bayview Campground". Hier links (südlich) fahren und auf großem Parkplatz parken. Trailhead südlich vom Campground. SUV mit „High Clearance" nicht notwendig. ⚠ Nicht von den vielen Autos abschrecken lassen, die meisten Besucher laufen links zu den Cascade Falls.

Länge: ★☆☆☆☆
6,8 km (4,3 mi) hin und zurück.

Wanderzeit: ★☆☆☆☆
2,5 Std.

Höhe:

Trailhead:	2.105 m	(6.906 ft)
Maggie's South Peak.	2.635 m	(8.645 ft)
HM hin/zurück:		± 538/8 m

Wegbeschaffenheit: ★★★★☆
Weg führt über Waldboden.

Kondition: ★★★☆☆

Betrieb: ★★★☆☆

Beste Jahreszeiten:
Sommer, Herbst.

Tanken:
South Lake Tahoe.

Basecamp:
South Lake Tahoe.

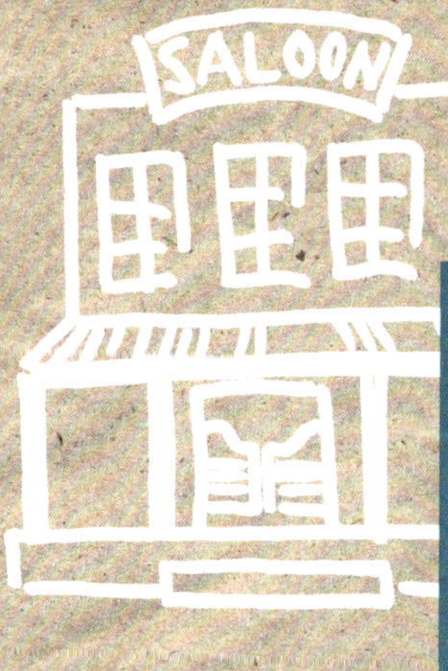

SPECIAL TIP

„Overnighter" für Anfänger Eine schöne Option, die Desolation Wilderness besser kennenzulernen, ist die Verlängerung dieser Tour bis zum Dicks Lake. Er liegt rund 4 km entfernt vom Sattel zwischen Maggie's Peaks in südwestlicher Richtung. Ein Weg führt auf der anderen Seite des Sattels hinunter zum See. Diese Erweiterung ist sowohl als Tagestour zu bewältigen (inklusive Maggie's South Peak) als auch als Overnight-Trip zu empfehlen. Für Übernachtungen in der Desolation Wilderness benötigt man eine Genehmigung. Für Feiertage und Wochenenden frühzeitig reservieren (online unter recreation.gov sechs Monate im Voraus oder in einem der Forest Service Permit Offices).

TICKER --- TICKER --- TICKER --- TICKER --- TICKER --- TICKER

0-0,7 km (0-0,4 mi) Bayview Trail führt in steilen Serpentinen aufwärts durch den Wald am Hang entlang (westlich) --- **0,6 km** (0,4 mi) Eintritt in die Desolation Wilderness --- **0,7-1,0 km** (0,4-0,6 mi) moderate Aufwärtspassagen wechseln sich mit ebenen Passagen ab (nordwestlich) --- **0,8 km** (0,5 mi) Aussichtspunkt rechts (nördlich) --- **1,0-1,7 km** (0,6-1,1 mi) moderate bis steilere Aufwärtspassagen wechseln sich mit ebenen und Abwärtspassagen ab (südwestlich) --- **1,7 km** (1,1 mi) Granite Lake erreicht --- **1,7-2,0 km** (1,1-1,3 mi) Weg führt fast eben oberhalb am See entlang --- **2,0-2,8 km** (1,3-1,8 mi) Weg führt erst in Serpentinen, dann gerade aufwärts auf einen Grat --- **2,8 km** (1,8 mi) Weg führt scharf rechts aufwärts (westlich) --- **2,9 km** (1,8 mi) Sattel zwischen Maggie's Peaks erreicht --- **2,9-3,4 km** (1,8-2,1 mi) Weg führt aufwärts (südlich) --- **3,4 km** (2,1 mi) Maggie's South Peak erreicht

Maggie`s Peaks

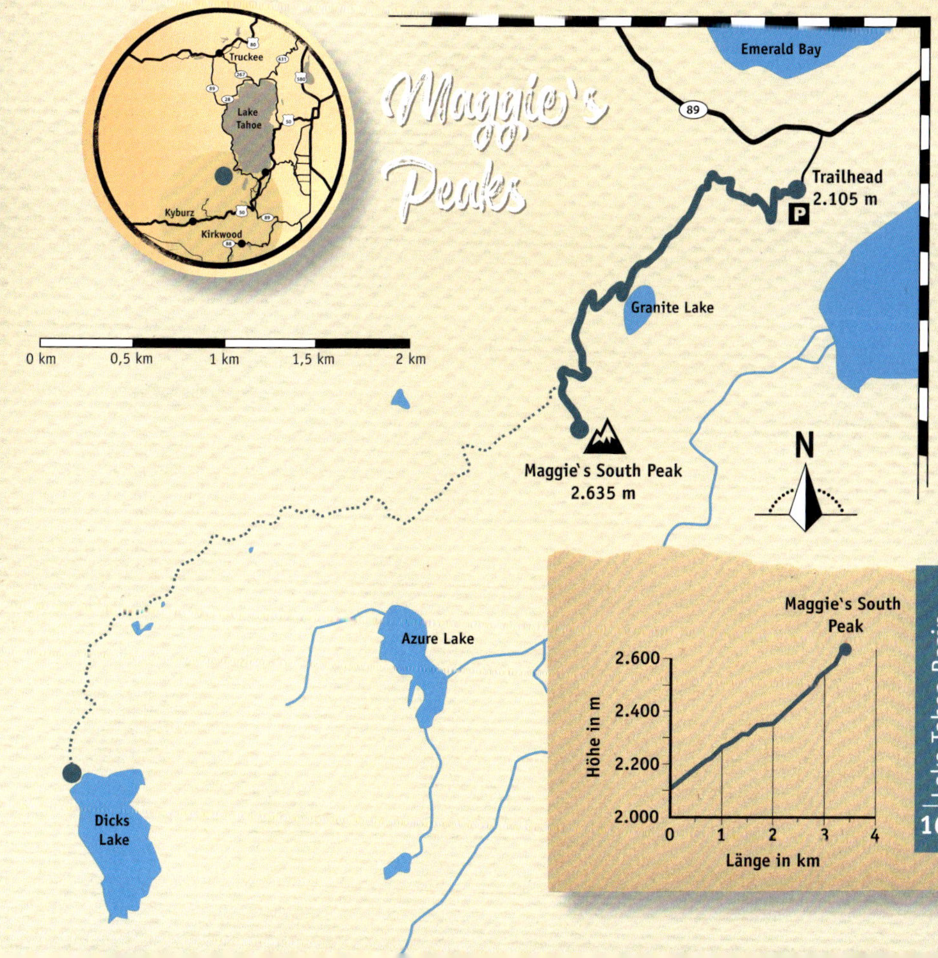

Truckee
Lake Tahoe
Kyburz
Kirkwood

0 km 0,5 km 1 km 1,5 km 2 km

Emerald Bay
89
Trailhead
2.105 m
P
Granite Lake
N
Maggie`s South Peak
2.635 m
Azure Lake
Dicks Lake

Maggie`s South Peak

Höhe in m: 2.000, 2.200, 2.400, 2.600
Länge in km: 0, 1, 2, 3, 4

Castle Peak
via Castle Peak Trail

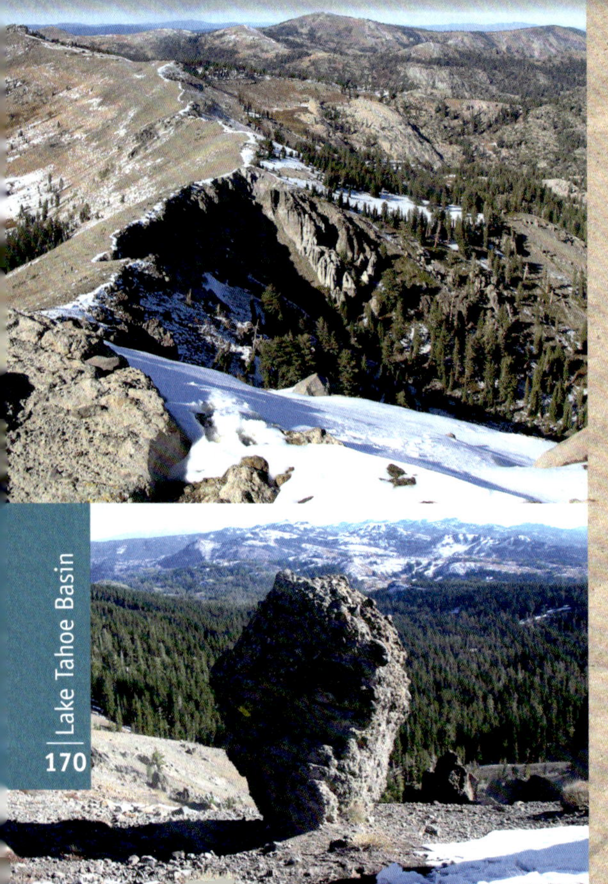

Die letzte Wanderung im Lake Tahoe Basin machen wir am Donner Lake. Hier sind deutlich weniger Menschen unterwegs als am bekannteren Lake Tahoe. Außer für den malerisch gelegenen See ist die Gegend auch berühmt für die interessante Geschichte der Donner Party: Siedler wurden hier einst auf ihrem Weg in den Westen von einem frühen, harten Wintereinbruch überrascht, was fatale Folgen hatte. Bevor wir uns geschichtlichen Details widmen, wollen wir jedoch den Castle Peak besteigen und freuen uns auf eine kurze und zum Schluss steile Wanderung, die uns großartige Ausblicke bescheren soll – vorausgesetzt, dass wir klare Sicht haben. Wir haben Glück und machen uns an einem strahlenden Morgen auf den Weg zum Trailhead. Hier treffen wir auch wieder auf unseren alten Bekannten, den Pacific Crest Trail, der uns auf unseren Wanderungen in der Sierra Nevada so häufig begegnet.

Wir starten unsere Wanderung zum Castle Peak am Trailhead nördlich der Interstate 80. Er befindet sich am Ende des geteerten Teils der Castle Valley Rd. Wir parken unser Auto und laufen die Straße, die jetzt eine Dirt Road ist, weiter in Richtung Nordwesten. Hier gibt es ein Schild, das uns jedoch nicht den Weg weist. Abzweige führen nach rechts und links, wir bleiben jedoch auf der mittleren Straße. Der Weg führt moderat aufwärts durch den Wald. Nach 0,6 km können wir rechts bereits den Castle Peak ausmachen; einer Burgmauer gleich thront graubraunes Gestein auf dem Gipfel des Berges, den wir heute erwandern wollen. Rechts laufen wir nun an einer Wiese vorbei, der Wald ist hier ein wenig lichter und wir müssen einige kleinere Bäche überqueren. Nach 2,4 km erreichen wir das Ende der Forststraße in einem Rondell im Wald. Der Weg führt nun steiler nach links, verlässt den Wald und zieht sich dann in einer Rechtskurve den Kamm hinauf, an dessen Ende sich der Castle Peak befindet.

Donner Party

Eines der grauenvollsten Ereignisse in der nordamerikanischen Siedlungsgeschichte ist verknüpft mit der Reise von rund 90 Siedlern in Richtung Westen, die 1846 in Illinois begann. Der Treck wurde nach ihrem Führer George Donner benannt. Eine vermeintliche Abkürzung sollte die Donner Party – anstatt Zeit zu sparen – mehrere zusätzliche Wochen kosten. Von einem heftigen Wintereinbruch überrascht, konnten die Pioniere die Sierra Nevada nicht wie geplant überqueren, sondern mussten am heutigen Donner Lake ohne Nahrung ausharren. Die Essensvorräte waren bald aufgebraucht und anhaltende Schneefälle verhinderten die Nahrungsbeschaffung. Die Hälfte der Menschen wurde gerettet, wohl auch, weil sie sich durch Kannibalismus am Leben erhielten.

Nach 2,7 km beginnt der zunächst sanfte, gerade Anstieg in nordöstliche Richtung und wir haben jetzt einen weiten Blick auf die umliegende Bergwelt. Nach 3,2 km wird es steiler und der Weg führt gerade im Wechsel mit engen Serpentinen – hier müssen wir aufpassen, nicht über loses Geröll zu stolpern. Die Sicht wird immer besser und ich bleibe kurz stehen, um die grandiose Aussicht zu genießen. In Richtung Süden können wir bis zur Desolation Wilderness schauen und im Norden sogar den Lassen Peak ausmachen. Nach 3,5 km erreichen wir das erste „Gemäuer" des Castle Peak. Die vulkanischen Felsgebilde sehen aus, als hätte jemand mit einer Vorliebe für seltsame Gesteinsformationen eine Burg gebaut. Wir laufen fast eben an der ersten Formation vorbei; noch sind wir nicht angekommen. Dann wird der Weg für eine kurze Passage noch einmal richtig steil. Es ist jedoch leichter, als es von unten aussieht. Nach 4,5 km haben wir Castle Peak erreicht und werden mit einem 360-Grad-Blick belohnt, der die kurze Anstrengung mehr als angemessen entlohnt.

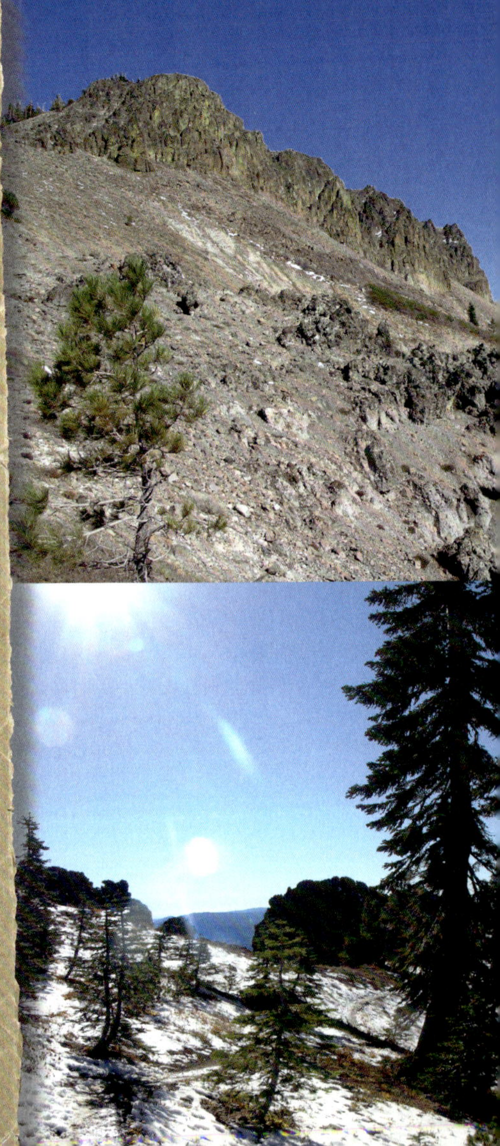

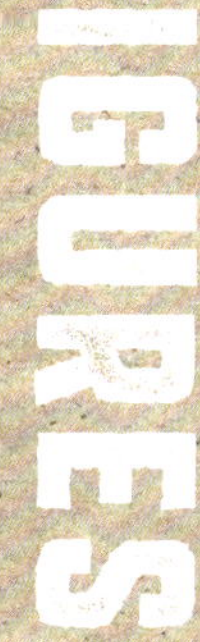

Weg zum Trailhead:
Anfahrt ab Loch Leven Lodge (Truckee): 1,7 mi auf Donner Pass Rd in Richtung Westen. Dann rechts (nördlich) auf Donner Lake Rd, dort 1,1 mi. Dann rechts auf I 80 in Richtung Sacramento, dort 4,3 mi bis Ausfahrt „Castle Peak". Dann rechts (nördlich) auf die Castle Valley Rd, dort 0,2 mi. Hier parken. Trailhead beim Schild nördlich vom Parkplatz. SUV mit „High Clearance" bis dahin nicht notwendig.

Länge: ★★☆☆☆
9 km (5,6 mi) hin und zurück.

Wanderzeit: ★☆☆☆☆
3,5 Std.

Höhe:

Trailhead:	2.220 m	(7.283 ft)
Castle Peak:	2.766 m	(9.075 ft)
HM hin/zurück:		± 546 m

Wegbeschaffenheit: ★★★☆☆
Weg führt anfangs über Waldboden (Dirt Road), später steinige und steilere Passagen.

Kondition: ★★★☆☆

Betrieb: ★★★☆☆

Beste Jahreszeiten:
Sommer, Herbst.

Tanken:
Truckee.

Basecamp:
Truckee.

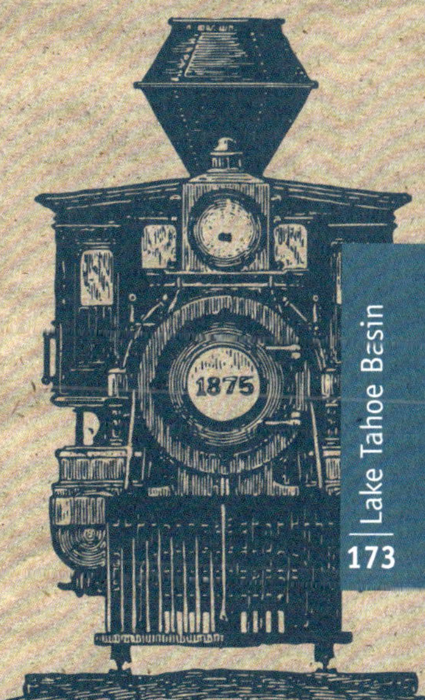

SPECIAL TIP

Kunst im Eisenbahntunnel Die erste transkontinentale Eisenbahnstrecke, die durch die Berge der Sierra Nevada verlief, wurde 1869 von der Central Pacific Railroad fertiggestellt. Rund 10.000 chinesische Arbeiter waren auf der westlichen Seite daran beteiligt und bauten in einem mühseligen Prozess ohne Maschinen 15 Tunnel durch den Berg. 1993 wurden drei der Tunnel stillgelegt, die heute als sehr sehenswertes historisches Denkmal dienen. Die Tunnel, die man durchlaufen kann, sind mit Graffiti-Kunst veredelt, was die Skurrilität des Ortes noch unterstreicht. Erreichbar von der Donner Pass Rd auf Höhe der China Walls (Hinweisschild). Hier parken und dann über die Felsen zu den Tunneln aufsteigen. Feste Schuhe und eine Taschenlampe sind hilfreich.

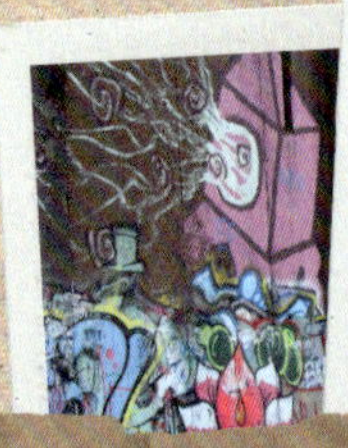

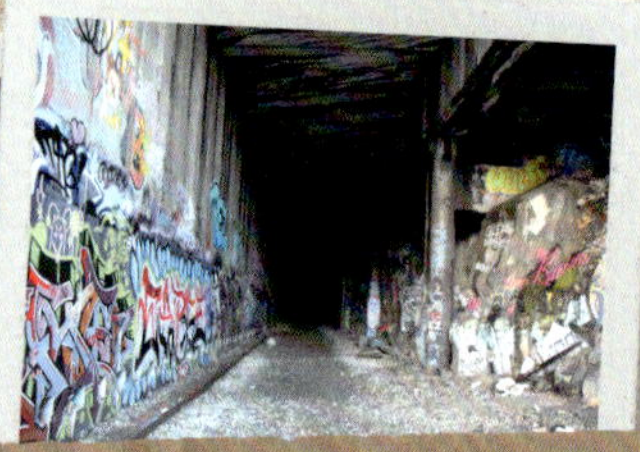

TICKER --- TICKER --- TICKER---TICKER ---TICKER---TICKER

0-2,4 km (0-1,5 mi) Castle Peak Trail (Dirt Road) führt moderat aufwärts durch den Wald (nordwestlich) --- **0,6 km** (0,4 mi) Weg passiert eine Wiese (rechts) --- **2,4-2,7 km** (1,5-1,7 mi) Weg führt in einer Linkskurve auf den Kamm des Castle Peak (nordwestlich/nordöstlich) --- **2,7-3,2 km** (1,7-2,0 mi) Weg führt gerade und moderat aufwärts (nordöstlich) --- **3,2-3,5 km** (2,0-2,2 mi) Weg führt steiler aufwärts; gerade Passagen wechseln sich mit engen Serpentinen ab --- **3,5-3,7 km** (2,2-2,3 mi) Weg führt eben an der ersten Felsformation vorbei --- **3,7-4,5 km** (2,3-2,8 mi) Weg führt steil in engen Serpentinen zum Gipfel --- **4,5 km** (2,8 mi) Castle Peak erreicht

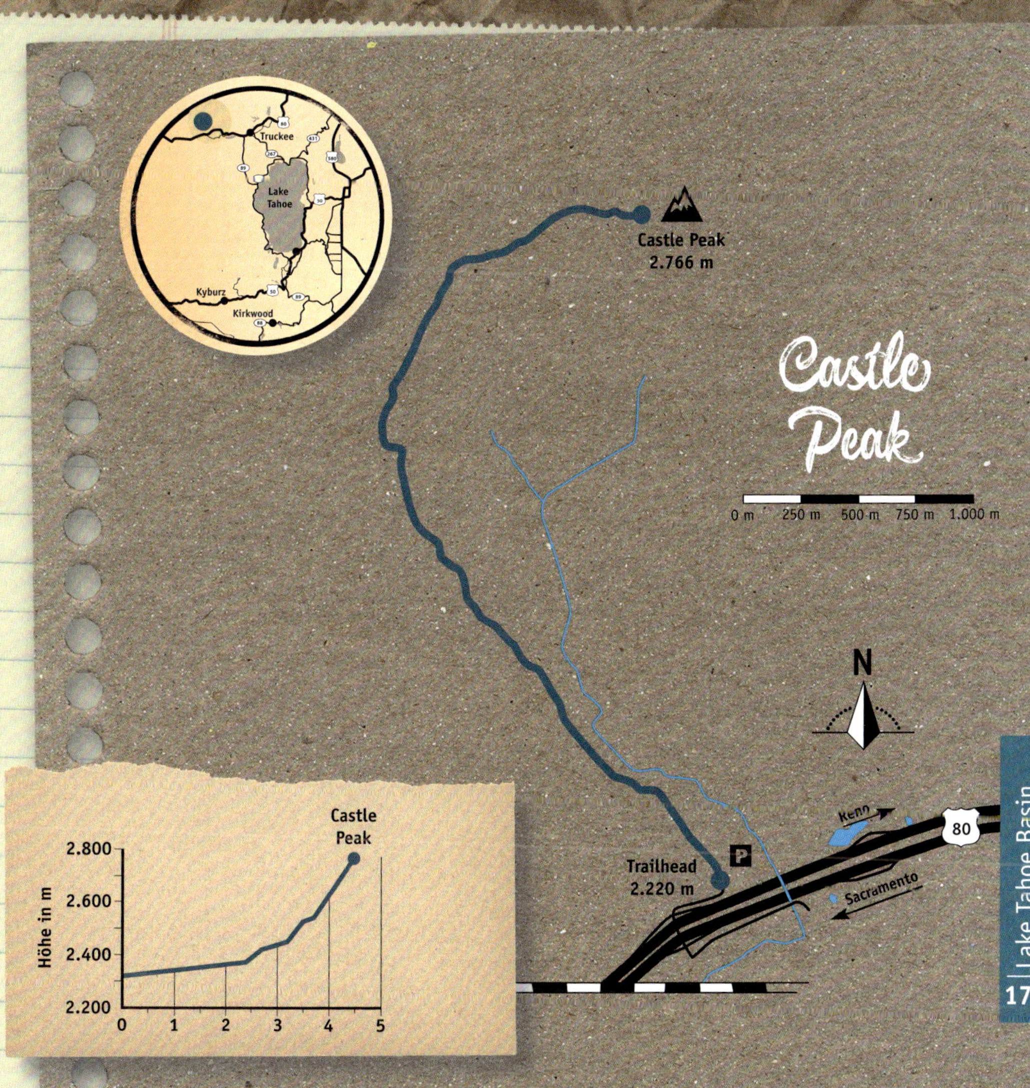
Truckee
Lake Tahoe
Kyburz
Kirkwood
Castle Peak
2.766 m
Castle Peak
0 m
250 m
500 m
750 m
1.000 m
N
Trailhead
2.220 m
P
Reno
80
Sacramento
Castle Peak
Höhe in m
2.800
2.600
2.400
2.200
0
1
2
3
4
5

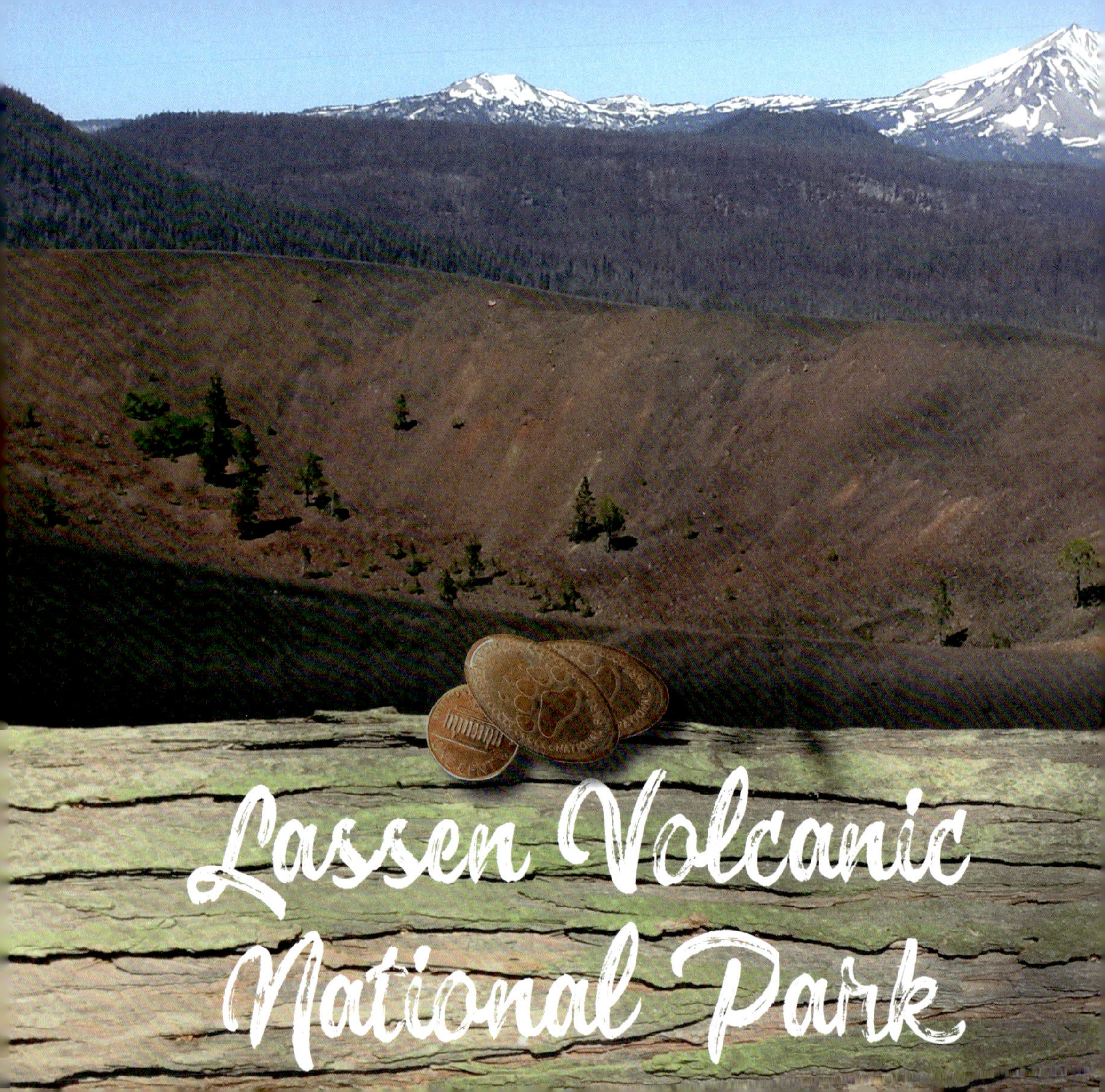
Lassen Volcanic
National Park

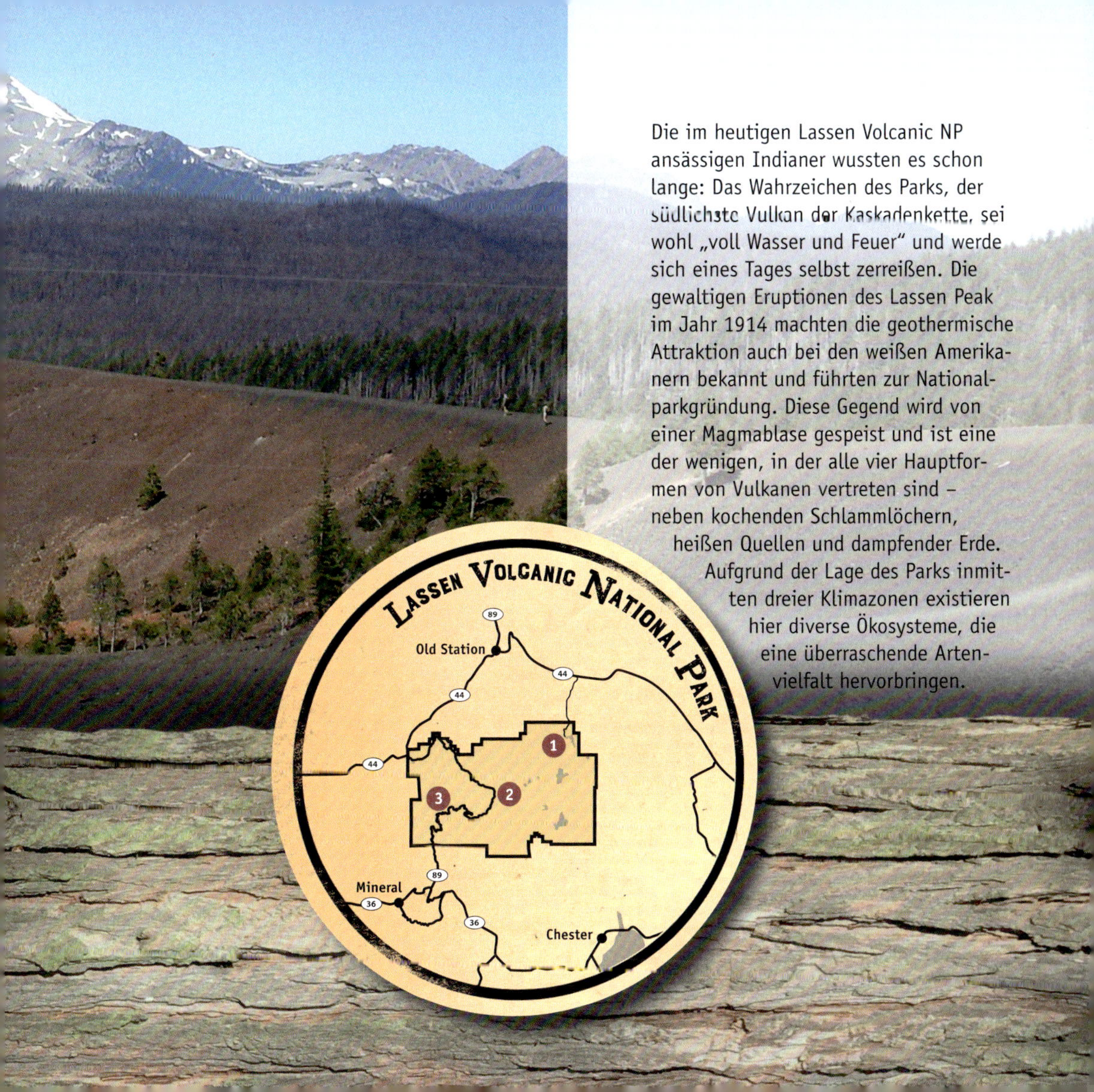

Die im heutigen Lassen Volcanic NP ansässigen Indianer wussten es schon lange: Das Wahrzeichen des Parks, der südlichste Vulkan der Kaskadenkette, sei wohl „voll Wasser und Feuer" und werde sich eines Tages selbst zerreißen. Die gewaltigen Eruptionen des Lassen Peak im Jahr 1914 machten die geothermische Attraktion auch bei den weißen Amerikanern bekannt und führten zur Nationalparkgründung. Diese Gegend wird von einer Magmablase gespeist und ist eine der wenigen, in der alle vier Hauptformen von Vulkanen vertreten sind – neben kochenden Schlammlöchern, heißen Quellen und dampfender Erde. Aufgrund der Lage des Parks inmitten dreier Klimazonen existieren hier diverse Ökosysteme, die eine überraschende Artenvielfalt hervorbringen.

BASE CAMPS

Anfahrt

Lassen Volcanic NP: Der Park hat zwei Haupteingänge. Lassen National Hwy/Hwy 89 führt durch den Park und verbindet den Südeingang Kohm Yah-mah-nee (10 mi nordöstlich von Mineral) mit dem Nordeingang Manzanita Lake (28 mi nördlich vom Südeingang).

Hwy 44 führt von Redding im Westen vorbei am Nordeingang des Lassen Volcanic NP (48 mi östlich von Redding), Old Station (60 mi östlich von Redding) bis Susanville (112 mi östlich von Redding).

Mineral: Hwy 36 verbindet Mineral mit Chester (29 mi östlich von Mineral).

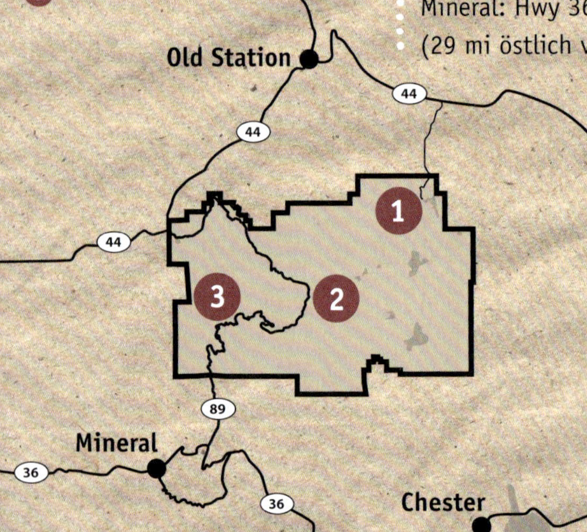

Chester

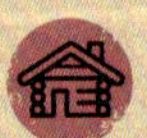
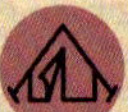
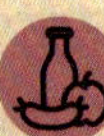
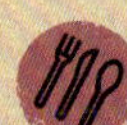
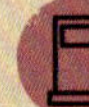
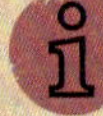

Mineral

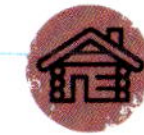

Mill Creek Resort (☎ 530-595-4449; millcreekresort.net; 40271 Hwy 172 [⚠ im Winter für einige Monate geschlossen]; WLAN): neun rustikale Cabins mit eigenem Bad und Küchenzeile; Bettwäsche, Handtücher, Kochgeschirr vorhanden, kein TV. Kleiner Gemischtwarenladen, uriges Restaurant.

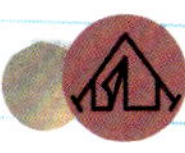

Hole-in-the-Ground Campground (von Mineral aus auf Hwy 172 für 5,5 mi in Richtung Südosten fahren; dann rechts (südlich) auf die FR 28N06 [Dirt Road], dort 2,8 mi. Dann links auf nicht gekennzeichnete Straße [Dirt Road], dort 0,6 mi bis Campground; ⏲ April bis Okt.; nicht reservierbar): sehr schön im Wald am Fluss gelegen, 13 einfache Zelt- und RV-Plätze, Toilette, Wasser.

Lassen Volcanic NP (nördlicher Parkteil)

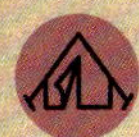

Manzanita Lake Camping & Cabins (nahe dem nördlichen Parkeingang; ⏲ Ende Mai bis Okt.; reservierbar): am Manzanita Lake gelegen, 179 einfache Zelt- und RV-Plätze, Toilette, Trinkwasser. 20 schlichte, kürzlich erbaute Holzhütten ohne Strom und Wasser, traumhaft am See gelegen. Kleiner Shop mit Lebensmitteln und Campingutensilien, Duschen, Waschsalon, Tanken.

Butte Lake Campground (von Susanville aus auf Hwy 44 für 41 mi in Richtung Nordwesten fahren; dann links (südlich) auf die Butte Lake Rd [Dirt Road], dort 6 mi bis Campground; ⏲ Juni bis Okt.; reservierbar): sehr schön im Wald am See gelegen, 101 einfache Zelt- und RV-Plätze, Toilette, eventuell Wasser.

Old Station (ehemalige Versorgungsstation, 52 mi westlich von Susanville; einfache Infrastruktur)

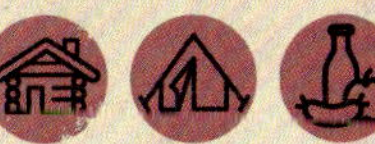

Snag Lake Loop
via Cinder Cone Trail

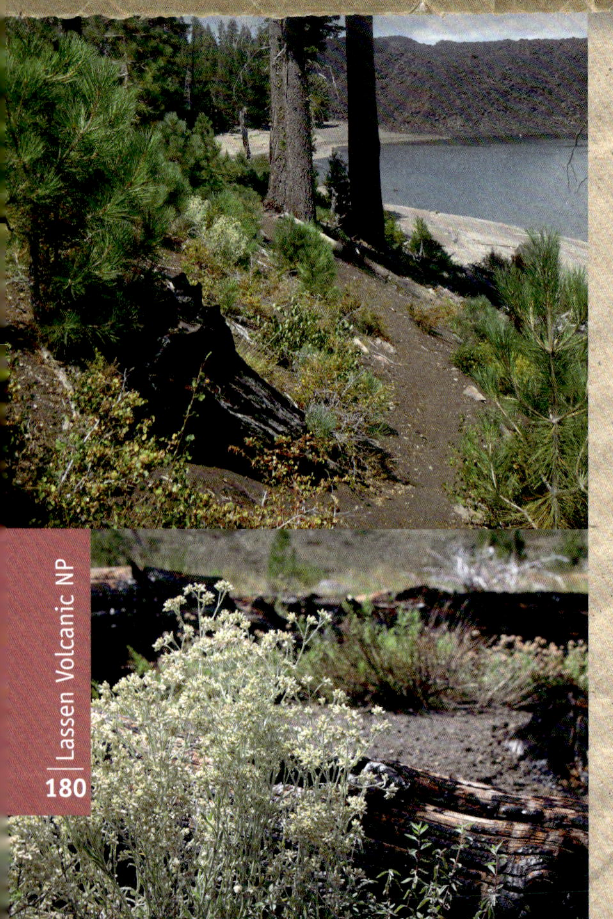

Wir starten unsere Erkundung des Lassen Volcanic NP und besuchen zunächst seinen ruhigen Nordteil. Die Vulkanberge hier gehören bereits zum südlichen Teil des Kaskadengebirges und prägen den unverwechselbaren Charakter des Parks. Er bietet wenig Infrastruktur und ist ein bisschen abseits herkömmlicher Reiserouten gelegen, daher sind hier deutlich weniger Menschen unterwegs als in anderen Nationalparks. Wir beziehen Quartier auf dem Butte Lake Campground, einem großen Campingplatz, gelegen am gleichnamigen See. Heute wollen wir den interessanten, ungewöhnlichen Snag Lake Loop wandern, einen Rundweg entlang des Cinder-Cone-Vulkans und bizarrer Lavaformationen sowie des Rainbow Lake. Der Butte Lake Trailhead befindet sich fast direkt an unserem Campingplatz und bei hochsommerlichen Temperaturen wandern wir los durch lose Vulkanasche.

Der Rainbow Lake Trail führt uns zunächst eben bis moderat aufwärts durch einen lichten Wald in Richtung Südwesten. Links tauchen nach 1,9 km die Fantastic Lava Beds auf, interessante Aufwölbungen aus Vulkangestein. Dahinter schimmert der perfekt geformte Kegel des Cinder Cone, den wir nach 2,1 km passieren. Das Laufen durch den Lavasand ist anstrengend und es ist heiß, daher freuen wir uns auf ein kurzes Bad im Rainbow Lake. Nach 2,6 km erreichen wir den ersten gekennzeichneten Abzweig und wir halten uns links in Richtung Snag Lake. Der Weg führt nun bergab. Wir laufen in die farbigen Lava Beds hinein und am Abzweig vorbei, der zum hinteren Aufgang des Cinder Cone führt. Der Weg führt für ein kurzes Stück eben und wir erreichen nach 3,7 km den nächsten Abzweig – hier laufen wir weiter geradeaus in Richtung Rainbow Lake. Nach 4,2 km geht es wieder aufwärts. Wir gehen nun durch ein schwer waldbrandgeschädigtes Waldstück, steigen über einen kleinen Hügel und gelangen nach 7,4 km zum hübschen Rainbow Lake. Nach einer kurzen Erfrischung im See folgen wir dem Weg links weiter am Ufer für 300 m in Richtung

Trinken ist Pflicht Beim Wandern besteht generell die Gefahr, den erhöhten Flüssigkeitsverbrauch nicht zu bemerken oder zu unterschätzen. Je anstrengender die Wanderung, umso größer der Bedarf. Während der hier beschriebenen langen Rundtour bei Hitze und durch Vulkanasche sollte man mindestens vier Liter Wasser oder Saftschorle mitnehmen und trinken – trotz des zusätzlichen Gewichts. Zu wenig Flüssigkeitszufuhr kann zu Kopfschmerzen, Muskelkrämpfen und Schwindelgefühl oder sogar zu einem Kreislaufkollaps führen.

Südosten. Dann steigen wir von der anderen Seite wieder etwas versetzt auf den schon bekannten Hügel. Eine Zeitlang verläuft der Weg eben, um nach 8,8 km abwärts in ein Tal zu führen. Er mäandert in großen Bögen mal in östliche und mal in südöstliche Richtung. Hier wachsen wieder kleine Nadelbäume und Wildblumen in der von Bränden heimgesuchten Gegend. Der Weg wird zunehmend felsig mit sandigen Passagen – wir müssen sehr aufpassen. Nach 9,4 km führt er um einen Hügel herum, wir können den Cinder Cone nun von hinten sehen. Wir erreichen den großen Snag Lake nach 10,9 km und folgen dem Weg in moderatem Auf und Ab entlang seines Westufers. Nach 12,8 km stoßen wir wieder auf die Lava Beds. Hier gehen wir links aufwärts und abwärts in nordwestliche Richtung und laufen direkt durch das skurrile Vulkangestein. Nach 15,4 km folgt auf ein ebenes Wegstück nochmals für 900 m eine anstrengende Aufwärtspassage und wir treffen wieder auf den Hinweg. Ab dann laufen wir abwärts bis eben und erreichen den Trailhead nach 18,9 km.

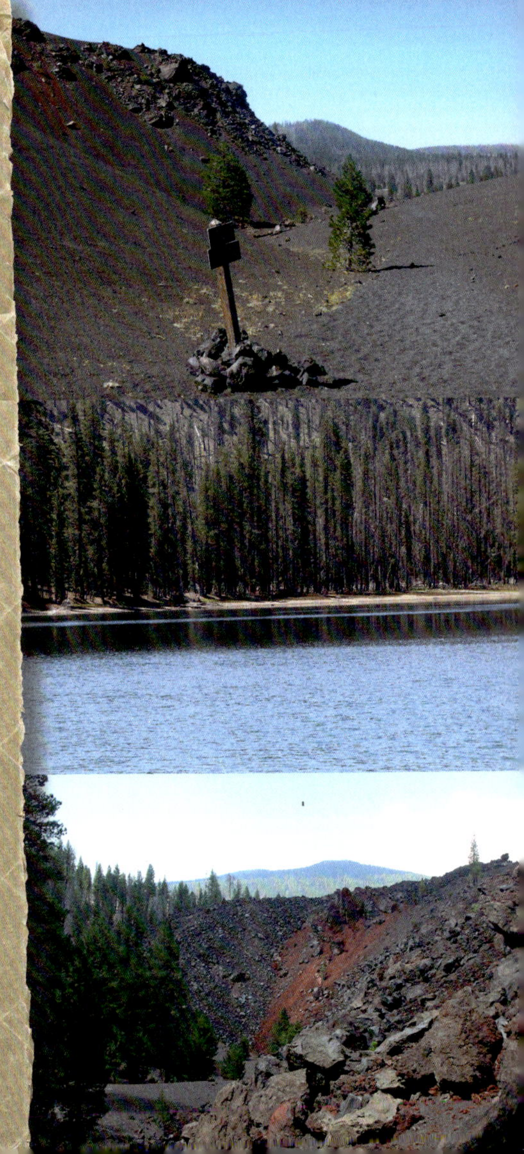

FACTS & FIGURES

Weg zum Trailhead:
Anfahrt ab Old Station: 11 mi auf Hwy 44 in Richtung Nordosten. Dann rechts auf Butte Lake Rd, dort 6 mi bis zum Butte Lake Campground. Hier parken. Der Butte Lake Trailhead befindet sich direkt am westlichen Ende des Parkplatzes. SUV mit „High Clearance" empfohlen.

Anfahrt ab Manzanita Lake Campground (nördlicher Parkteil): 26 mi auf Hwy 89/44 in Richtung Nordosten. Dann rechts auf Butte Lake Rd, dort 6 mi bis zum Butte Lake Campground. Hier parken. Der Butte Lake Trailhead befindet sich direkt am westlichen Ende des Parkplatzes. SUV mit „High Clearance" empfohlen.

Länge: ★★★★☆
18,9 km (11,8 mi)
Rundweg.

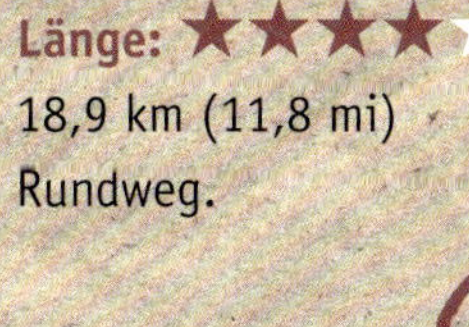

Wanderzeit: ★★★★☆
7,5 Std.

Höhe:

Trailhead:	1.859 m (6.099 ft)
Snag Lake:	1.868 m (6.129 ft)
HM hin/zurück:	± 390 m

Wegbeschaffenheit: ★☆☆☆☆
Weg führt zu einem großen Teil über Vulkanasche.

Kondition: ★★★★☆

Betrieb: ★★☆☆☆

Beste Jahreszeiten:
(Früh-)Sommer, Herbst.

Tanken:
Old Station, Manzanita Lake Campground.

Basecamps:
Lassen Volcanic NP (Butte Lake Campground), Old Station.

SPECIAL TIP

Lohnenswerter Halbtagesausflug Der symmetrisch geformte Cinder Cone ist vermutlich das letzte Mal Mitte des 17. Jahrhunderts ausgebrochen, hat durch seine Lava den Grassy Creek gestaut und Seen wie den Butte Lake gebildet. Der Aufstieg über nachgebende Vulkanasche ist mühsam, aber relativ kurz. Die Anstrengung lohnt sich sehr wegen der tollen Aussicht auf bunte Aschedünen und die umliegenden Gipfel und Seen wie z. B. Lassen Peak oder Snag Lake.

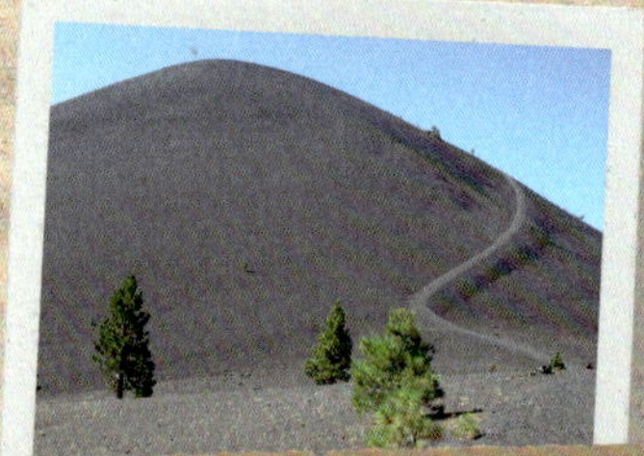

TICKER --- TICKER --- TICKER --- TICKER --- TICKER --- TICKER

0-2,6 km (0-1,6 mi) Cinder Cone Trail führt eben, dann moderat aufwärts (südwestlich) --- **2,1 km** (1,3 mi) Weg führt am Cinder Cone vorbei --- **2,6 km** (1,6 mi) Weg teilt sich; Weg zum Rainbow Lake (Zwischenziel) führt links --- **2,6-3,5 km** (1,6-2,2 mi) Weg führt abwärts --- **3,5-4,2 km** (2,2-2,6 mi) Weg führt eben --- **3,7 km** (2,3 mi) Weg teilt sich; Weg zum Rainbow Lake führt rechts --- **4,2-7,0 km** (2,6-4,4 mi) Weg führt aufwärts --- **7,0-7,4 km** (4,4-4,6 mi) Weg führt über kleinen Hügel zum Rainbow Lake --- **7,4-7,7 km** (4,6-4,8 mi) Weg führt eben am Nordostufer des Sees entlang (südöstlich) --- **7,7-8,8 km** (4,8-5,5 mi) Weg führt auf kleinen Hügel, dann eben --- **8,8-10,9 km** (5,5-6,8 mi) Weg schwingt in Bögen abwärts zum Snag Lake --- **10,9-12,8 km** (6,8-8,0 mi) Weg mäandert auf und ab am Westufer des Sees entlang (nordöstlich) --- **12,8-14,6 km** (8,0-9,1 mi) Weg führt steil aufwärts und abwärts (nordwestlich) --- **14,6-15,4 km** (9,1-9,6 mi) Weg führt eben --- **15,4-16,3 km** (9,6-10,2 mi) Weg führt aufwärts --- **16,3-18,9 km** (10,2-11,8 mi) Weg führt moderat abwärts (nordöstlich) --- **18,9 km** (11,8 mi) Butte Lake Trailhead erreicht

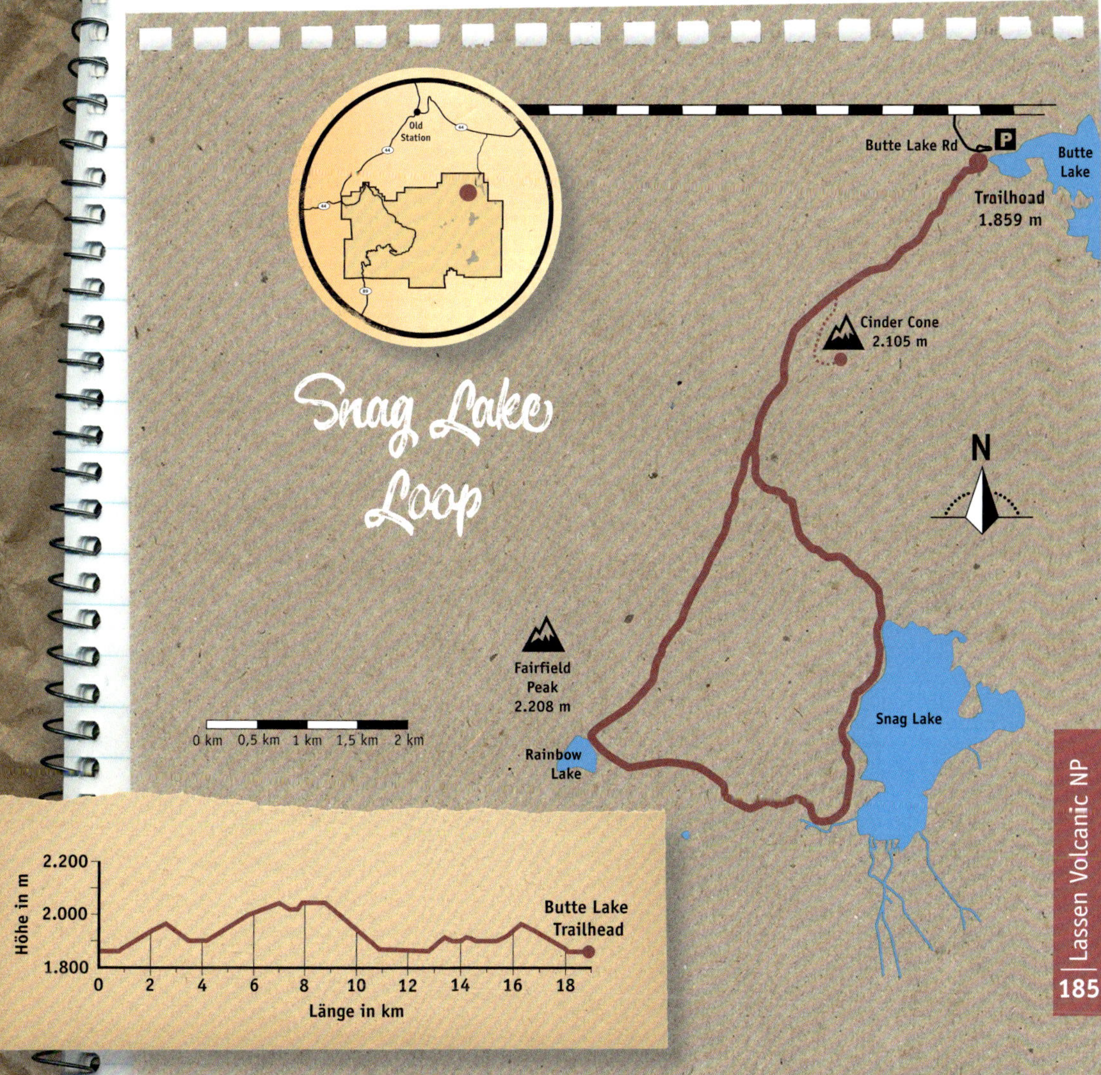
Old Station
Snag Lake Loop
Butte Lake Rd
P
Butte Lake
Trailhead 1.859 m
Cinder Cone 2.105 m
N
Fairfield Peak 2.208 m
0 km 0,5 km 1 km 1,5 km 2 km
Rainbow Lake
Snag Lake
2.200
2.000
1.800
Höhe in m
0 2 4 6 8 10 12 14 16 18
Länge in km
Butte Lake Trailhead

Big Bear Lake
via Big Bear Lake Trail

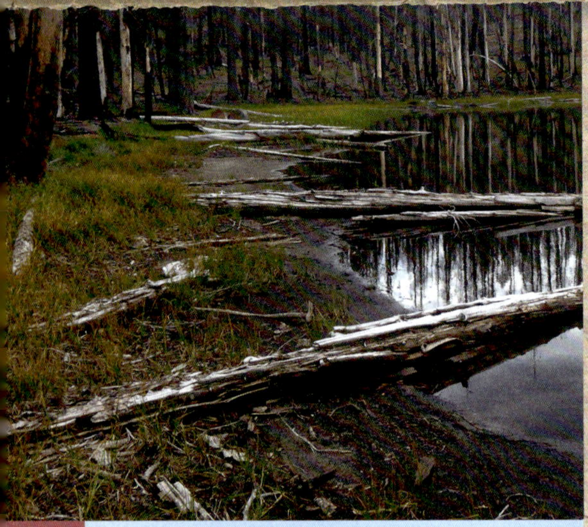

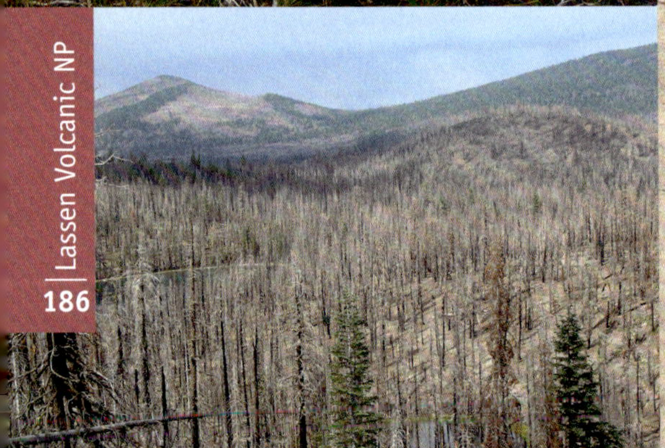

An unserem zweiten Tag im Lassen Volcanic NP werden wir zum Big Bear Lake wandern. Diese Tour liegt genau zwischen den zwei vulkanischen „Hotspots" Lassen Peak und Cinder Cone und damit fast in der Mitte des Parks. Die Wanderung wartet mit einigen Seen und kleineren Tümpeln auf, die sich durch Größe, Farbe, Uferbeschaffenheit und Umgebung unterscheiden, was der vulkanisch geprägten, kargen Landschaft noch einen zusätzlichen Reiz verleihen soll. Von Mineral aus kommend fahren wir rund 25 mi bis zum Summit Lake North Trailhead, der sich nördlich des gleichnamigen Campingplatzes am Lassen National Hwy befindet. Der Summit Lake Campground ist ein beliebter Ausgangspunkt für Erkundungen des Nationalparks und daher sind auch heute an diesem warmen Tag viele Menschen unterwegs.

Wir starten den Big Bear Lake Trail und laufen parallel zur Straße über eine Brücke eben in südöstliche Richtung. Der Weg führt durch den Wald, vorbei am Campingplatz und dann ein kurzes Stück entlang des Ostufers des Summit Lake. Nach 0,8 km teilt sich der Weg und wir laufen links in Richtung Little Bear Lake; unser heutiges Ziel, der Big Bear Lake, ist noch nicht ausgeschildert. Ab hier geht es nun bergauf in Richtung Osten und wir lassen die zahlreichen Parkbesucher schnell hinter uns. 2012 wütete hier ein verheerender Waldbrand namens „Reading", der 15 Prozent des Waldbestandes innerhalb des Parks und des angrenzenden National Forest vernichtet hat. Daher wächst hier kein dichter Wald; nur einzelne, grünbemooste Bäume stehen in niedrigem Buschwerk. Kleine Tannen und Büsche sind jedoch bereits wieder vorhanden. Nach 1,8 km erreichen wir ein Plateau und der Weg führt fast eben in nordöstliche Richtung. Wir können nun den Lassen Peak sehen, wenn wir hinter uns in Richtung Westen zurückschauen. Der Boden und der Weg bestehen meist aus fester Vulkanasche, daher ist das Laufen angenehmer als bei der gestrigen Wanderung. Wir erreichen nach 2,1 km einen Abzweig und laufen der Beschilderung folgend links in Richtung Big Bear Lake; bald führt der Weg wieder aufwärts. Nach 2,9 km queren wir karge, flache

Gauklerblume

Die Gauklerblume ist weit verbreitet und stammt ursprünglich aus Nordamerika. Zu dieser Gattung gehören 150 bis 170 verschiedene Arten. Bei den meisten handelt es sich um ein- bis mehrjährige krautige Pflanzen, die gern an Flussläufen und Seerufern wachsen. Ihren Namen verdankt sie ihren bunten, wildgefleckten Blüten, die an einen farbenfrohen Zirkus denken lassen und von denen keine der anderen gleicht.

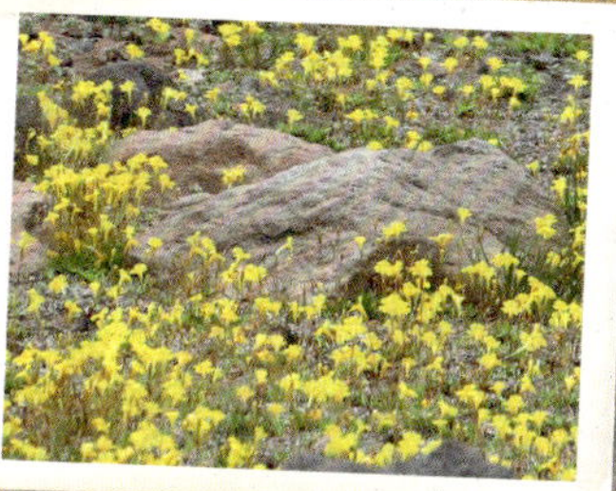

Täler, die aussehen wie Mondlandschaften: grauer Boden aus Vulkanasche, verkohlte Baumstümpfe und wenig Vegetation. Passend dazu taucht ein schwarzer Tümpel auf, der von verbranntem und grauem Gehölz umgeben ist. Außer uns ist kein Mensch hier und wir fühlen uns wie in einem Science-Fiction-Film. Nach 3,3 km führt der Weg moderat abwärts und wir schauen von oben auf den Big Bear Lake und die umliegenden Berge. Links taucht bald ein türkisfarbener See auf, um den der Weg ein kurzes Stück eben herumläuft, bevor er in Richtung Norden dreht. Ab 4,7 km wird der Abstieg steiler und der Weg führt nach Nordwesten. Nach 5,2 km erreichen wir den Little Bear Lake. Im Sommer enthält er wenig Wasser und präsentiert sein steiniges Ufer, auf dem sich viele Gauklerblumen angesiedelt haben. Der Weg führt scharf nach rechts in Richtung Osten und wir erreichen den nur wenig größeren Big Bear Lake nach 5,7 km. Von Norden ziehen dunkle Wolken auf. Wir machen uns schnell auf den Rückweg, um unseren Ausflug in diese surreale Welt trockenen Fußes zu beenden.

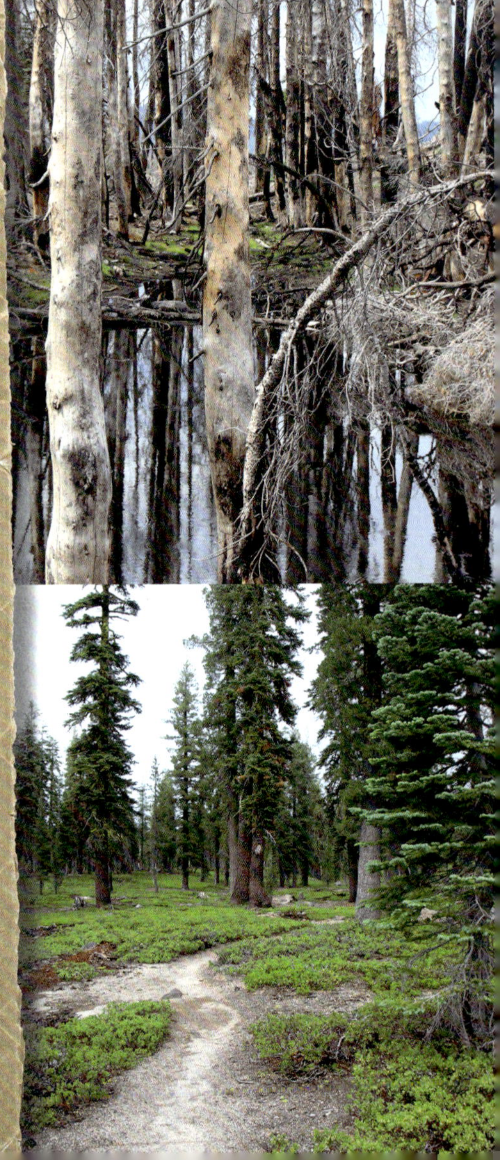

FACTS & FIGURES

Weg zum Trailhead:
Anfahrt ab Mineral: 4,3 mi auf Hwy 36 in Richtung Osten. Dann links auf Lassen National Hwy/Hwy 89, dort 21 mi in Richtung Norden bis zur Summit Lake Ranger Station rechts neben der Straße (östlich). Hier parken. Der Summit Lake North Trailhead befindet sich direkt am Parkplatz. Kein SUV mit „High Clearance“ notwendig.

Anfahrt ab Manzanita Lake Campground (nördlicher Parkteil): 12 mi auf Lassen National Hwy/Hwy 89 in Richtung Süden bis zur Summit Lake Ranger Station links neben der Straße (östlich). Hier parken. Der Summit Lake North Trailhead befindet sich direkt am Parkplatz. Kein SUV mit „High Clearance“ notwendig.

Länge: ★★☆☆☆
11,4 km (7,1 mi) Rundweg.

Wanderzeit: ★☆☆☆☆
3,5 Std.

Hohe:

Trailhead:	2.039 m (6.690 ft)
Big Bear Lake:	2.036 m (6.680 ft)
HM hin/zurück:	± 183/186 m

Wegbeschaffenheit: ★★☆☆☆
Weg führt einem großen Teil über (festgelaufene) Vulkanasche.

Kondition: ★★☆☆☆

Betrieb: ★★☆☆☆

Beste Jahreszeiten:
(Früh-)Sommer, Herbst.

Tanken:
Chester,
Manzanita Lake Campground.

Basecamps:
Lassen Volcanic NP (Manzanita Lake Campground), Mineral.

SPECIAL TIP

Mill Creek Resort Eine sehr sympathische Unterkunft mitten im Wald ist das Mill Creek Resort, etwas außerhalb von Mineral. Neun rustikale, voll ausgestattete Holzhütten laden zum Wohnen ein. So manch einer freut sich nach einer anstrengenden Wanderung über eine heiße Dusche, um im Anschluss daran etwas auf der eigenen Veranda zu grillen oder im angeschlossenen Restaurant hausgemachte Küche zu genießen. Die Gerichte werden mit frischen, saisonalen Zutaten gekocht. Ein kleiner Gemischtwarenladen führt das Nötigste für den täglichen Gebrauch, auch für die Bewohner des angrenzenden Campingplatzes.

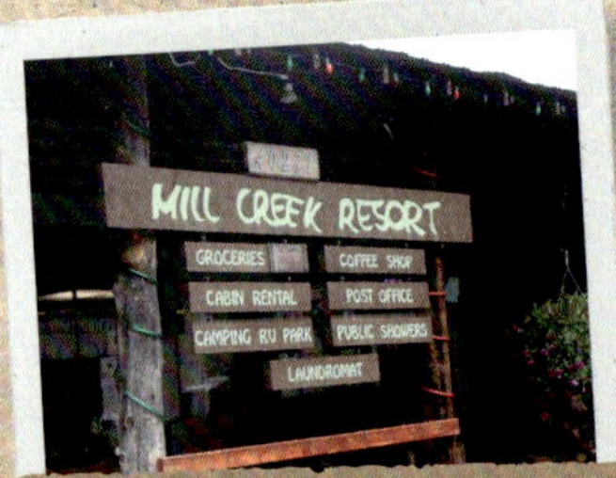

TICKER --- TICKER --- TICKER---TICKER ---TICKER---TICKER

0-0,8 km (0-0,5 mi) Big Bear Lake Trail führt eben durch (brandgeschädigten) Wald (südöstlich) --- **0,8 km** (0,5 mi) Weg teilt sich; Weg zum Big Bear Lake führt links --- **0,8-1,8 km** (0,5-1,1 mi) Weg führt aufwärts durch lichten Wald (östlich) --- **1,8-2,3 km** (1,1-1,4 mi) Weg führt fast eben über ein Plateau (nordöstlich) --- **2,1 km** (1,3 mi) Weg teilt sich; Weg zum Big Bear Lake führt links --- **2,3-2,9 km** (1,4-1,8 mi) Weg führt aufwärts --- **2,9-3,3 km** (1,8-2,1 mi) Weg führt fast eben durch flache Täler mit wenig Vegetation --- **3,3-3,7 km** (2,1-2,3 mi) Weg führt bergab --- **3,7-4,1 km** (2,3-2,6 mi) Weg führt eben und um namenlosen See herum --- **4,1-4,7 km** (2,6-2,9 mi) Weg führt moderat abwärts (nördlich) --- **4,7-5,2 km** (2,9-3,3 mi) Weg führt steiler abwärts und dreht nach Nordwesten --- **5,2 km** (3,3 mi) Little Bear Lake erreicht --- **5,2-5,7 km** (3,3-3,6 mi) Weg führt abwärts und dann eben (östlich) --- **5,7 km** (3,6 mi) Big Bear Lake erreicht

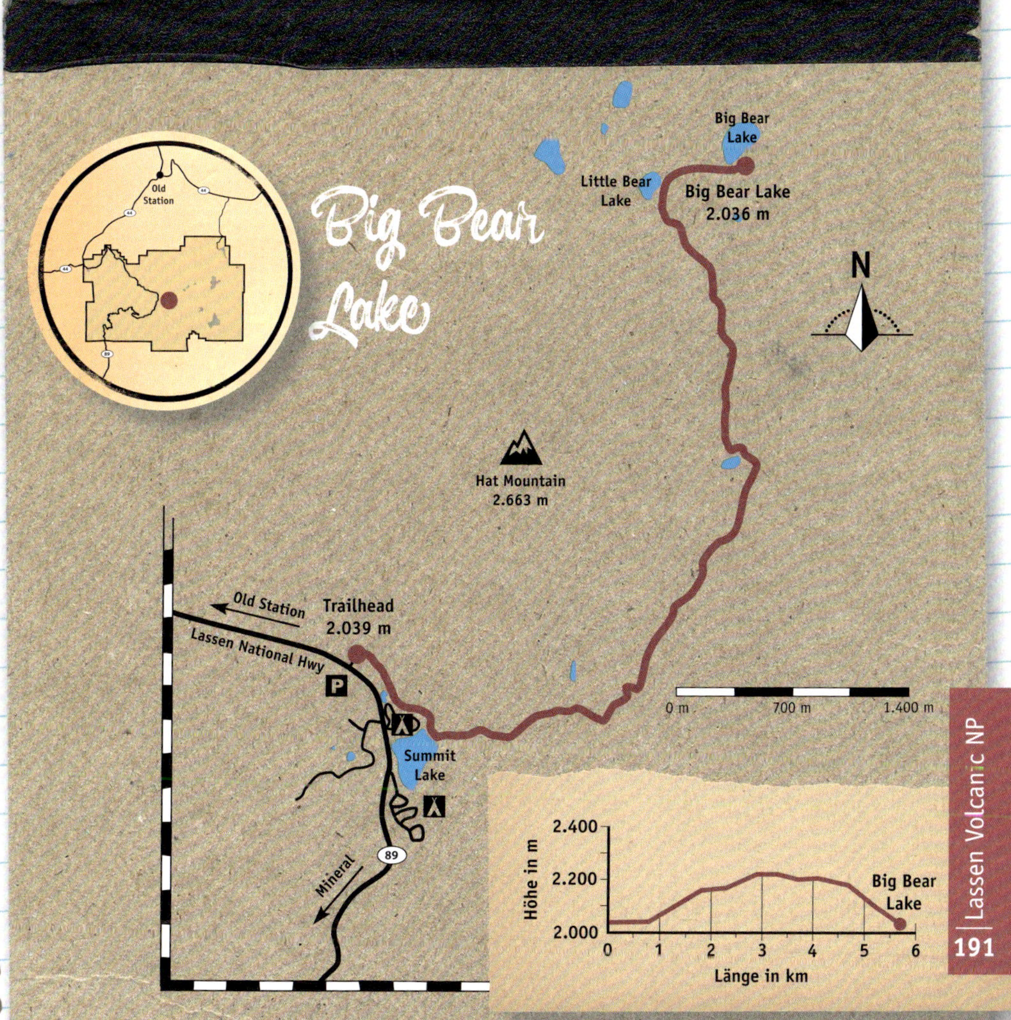
Big Bear Lake
Old Station
Big Bear Lake
Little Bear Lake
Big Bear Lake
2.036 m
N
Hat Mountain
2.663 m
Old Station
Trailhead
2.039 m
Lassen National Hwy
P
Summit Lake
89
Mineral
0 m
700 m
1.400 m
2.400
2.200
2.000
Höhe in m
0
1
2
3
4
5
6
Länge in km
Big Bear Lake

Lassen Peak
via Lassen Peak Trail

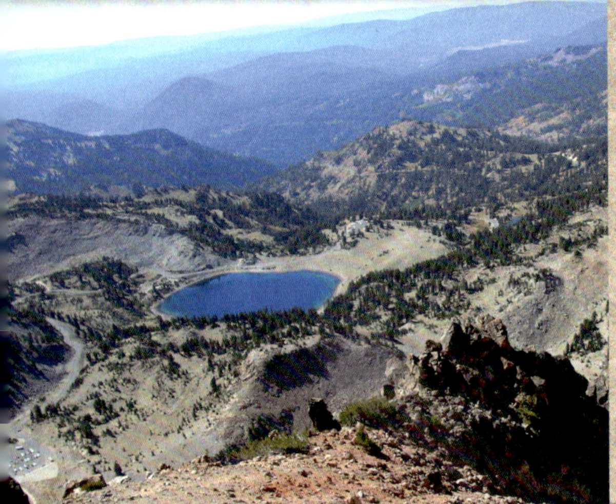

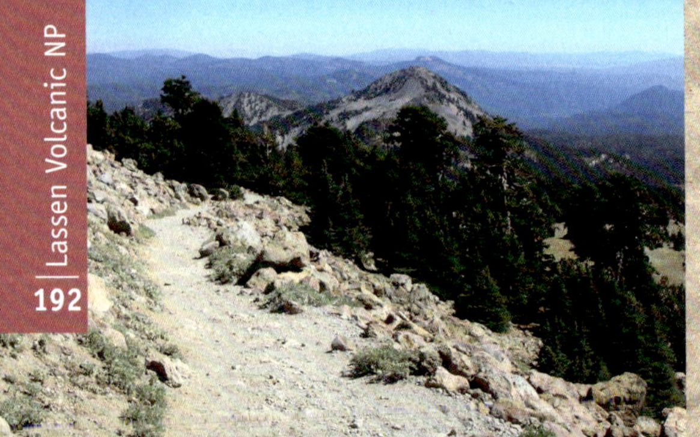

Die heutige Tour auf den Lassen Peak verspricht noch einmal ein wahres Highlight zum Abschluss unseres Besuchs im Lassen Volcanic NP zu werden. Der Lassen Peak ist einer der größten Lavadom-Vulkane der Welt. Er entstand vor rund 27.000 Jahren aus den Überbleibseln des älteren und größeren Mount Tehama und wird von mehreren Kratern gekrönt. Ein Lavadom entsteht durch die Eruption von sehr zähflüssiger Lava innerhalb eines bereits bestehenden Vulkans. Durch rasche Abkühlung bildet sich so unmittelbar über der Austrittsstelle eine Lavakuppe, die den Schornstein des Vulkans wie mit einem Pfropfen verschließt. Wir freuen uns auf diesen spannenden Trip, der spektakuläre Blicke auf die „Devastated Area" verspricht, die beim jüngsten Ausbruch 1914 entstanden ist. Von Mineral aus kommend fahren wir rund 16 mi nordöstlich bis zum Lassen Peak Trailhead.

Der Lassen Peak liegt in seiner vollen Größe vor uns und macht den Eindruck, dass seine Besteigung mit einiger Anstrengung verbunden ist. Es ist sonnig und windig und der Lassen Peak Trail wartet wie vermutet gleich mit einem steilen Start auf. Wir laufen bergauf über Vulkanasche in drei längeren Serpentinen in Richtung Nordosten. Die Asche ist jedoch festgetreten, wir kommen daher ganz gut voran. Der Weg führt uns nach einer Passage durch Terrain ohne Bewuchs in einen lichten Wald. Nach 0,5 km führt der Weg gerade weiter in Richtung Nordosten. Wir erreichen nach 1,0 km den Bergrücken, der zum Lassen Peak führt. Nun laufen wir wieder in Serpentinen den Grat hinauf, jetzt in Richtung Nordwesten. Die Blicke sind bald unbezahlbar, steht der Lassen Peak doch ziemlich exponiert da. Wir sehen Lake Helen in seiner Kuhle liegen und schauen auf die umliegenden Vulkane im Park. Der knallblaue See bildet einen krassen Kontrast zu den braunroten Farbschattierungen des umliegenden Gesteins. Der steile Anstieg wird nach 1,4 km für 300 m von einem fast ebenen Stück unterbrochen, hier können wir für einen kleinen Moment verschnaufen. Nach 1,7 km führt der Weg nun weiter gerade aufwärts, um nach 2,0 km in engen Serpentinen zu verlaufen. Es geht immer steil bergauf durch vulkanisches Gestein, der Weg selbst ist jedoch gut gepflegt. Schautafeln erläutern interessante Details der geothermischen Aktivität, die hier stattgefunden hat, und

Die Wanderdrossel ist in Nordamerika weitverbreitet. Die meisten ihrer Art ziehen im Winter südwärts. Die Vögel ernähren sich hauptsächlich von Regenwürmern, Insekten und Beeren. Ihre Nester werden ausschließlich von den Weibchen aus Gräsern, kleinen Ästen und Moos gebaut, das Innere wird zur Wärmedämmung noch zusätzlich mit Lehm ausgekleidet. Wanderdrosseln bleiben sich treu, innerhalb einer Saison und manchmal auch ein ganzes Leben, das allerdings meist nur vier Jahre währt.

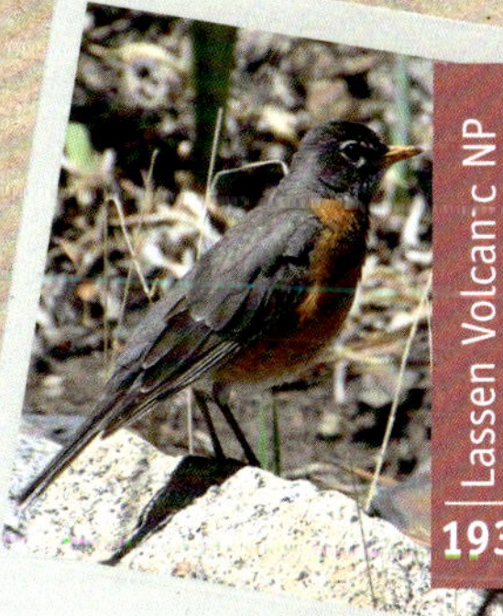

Wanderdrossel

wir überholen eine erschöpfte Schulklasse. Nach 3,3 km erreichen wir die Plattform des Lassen Peak. Wir können einige seiner Vulkankrater ausmachen, andere sind komplett von erstarrter Lava bedeckt. Weitere Tafeln erläutern die umliegenden landschaftlichen Highlights. Der 360-Grad-Blick ist umwerfend: In Richtung Norden sehen wir sehr klar den Mount Shasta, südlich reicht das Auge über den Bumpass Mountain bis zum Lake Almanor und zu weiteren Seen. Schummeln gilt jedoch nicht, also laufen wir weiter in Richtung Gipfel – zunächst ein kleines Stück abwärts in östliche Richtung. Hier liegt tatsächlich noch ein wenig Schnee. Nach 3,6 km führt ein Pfad steil nach oben über Felsgestein. Wir erreichen dann nach 3,7 km den Lassen Peak und klettern über die großen Felsen, die hier oben den Gipfel markieren, ein Stück hinüber auf die andere Seite. Hier haben wir in alle Richtungen eine fantastische Aussicht, endlos kann das Auge schweifen. Die letzten 200 m steile Kletterpartie haben sich auf jeden Fall gelohnt, einen schöneren Ort zum Picknicken kann man sich kaum vorstellen.

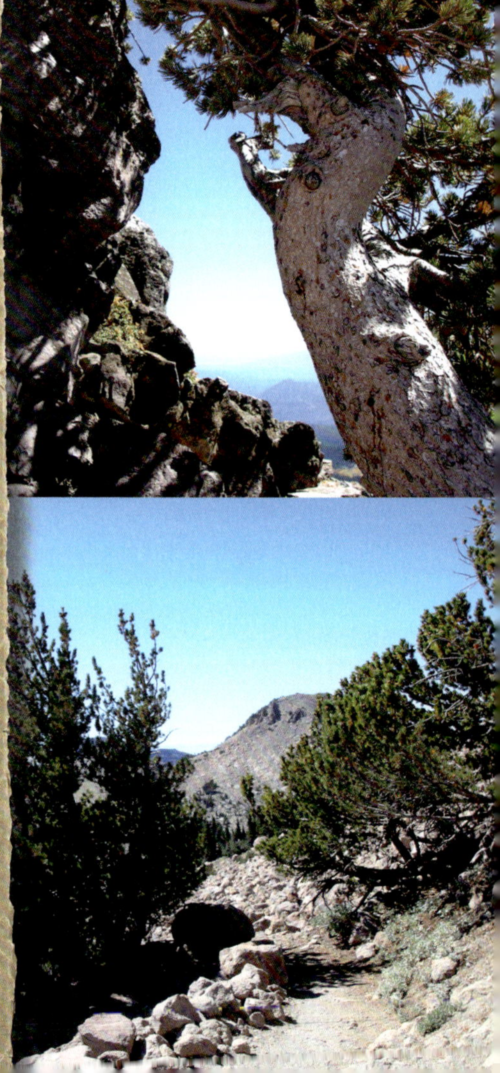

FACTS & FIGURES

Weg zum Trailhead:
Anfahrt ab Mineral: 4,3 mi auf Hwy 36 in Richtung Osten. Dann links auf Lassen National Hwy/Hwy 89, dort 12 mi in Richtung Norden bis zum Lassen Peak Trailhead links neben der Straße (nördlich). Hier parken. Der Lassen Peak Trailhead befindet sich direkt am Parkplatz. Kein SUV mit „High Clearance" notwendig.

Anfahrt ab Manzanita Lake (nördlicher Parkteil): 21 mi auf Lassen National Hwy/Hwy 89 in Richtung Süden bis zum Lassen Peak Trailhead rechts neben der Straße (nördlich). Hier parken. Der Lassen Peak Trailhead befindet sich direkt am Parkplatz. Kein SUV mit „High Clearance" notwendig.

Länge: ★☆☆☆☆
7,4 km (4,6 mi) Rundweg.

Wanderzeit: ★☆☆☆☆
3,5 Std.

Hohe:

Trailhead:	2.575 m (8.448 ft)
Lassen Peak:	3.183 m (10.443 ft)
HM hin/zurück:	± 614/6 m

Wegbeschaffenheit: ★★★☆☆

Kondition: ★★★☆☆

Betrieb: ★★★☆☆

Beste Jahreszeiten:
(Früh-)Sommer, Herbst.

Tanken:
Chester, Manzanita Lake.

Basecamps:
Lassen Volcanic NP (Manzanita Lake), Mineral, Chester.

SPECIAL TIP

Besiedelung des Westens: Nobles Emigrant Trail

Insbesondere zwischen 1830 und 1870 nutzen Siedler, die in den Westen der heutigen USA wollten, Überlandwege, die sie mit ihren Planwagen befahren konnten. William Nobles, Zimmermann aus Minnesota, stieß 1851 zufällig auf eine Abkürzung, die den Weg der Siedler nach Nordkalifornien verkürzen und erleichtern sollte. Die als Nobles Emigrant Trail bekannt gewordene neue Route zweigte in Nevada vom Applegate Trail ab und führte durch die Black Rock Desert, den nördlichen Teil des heutigen Lassen Volcanic NP bis nach Shasta City. Der „Nobles Shortcut" stellte sich auch als die weitaus bessere Alternative zum Lassen Trail heraus – einem Abzweig, der auch nach Kalifornien führte, jedoch länger und gefährlicher war.

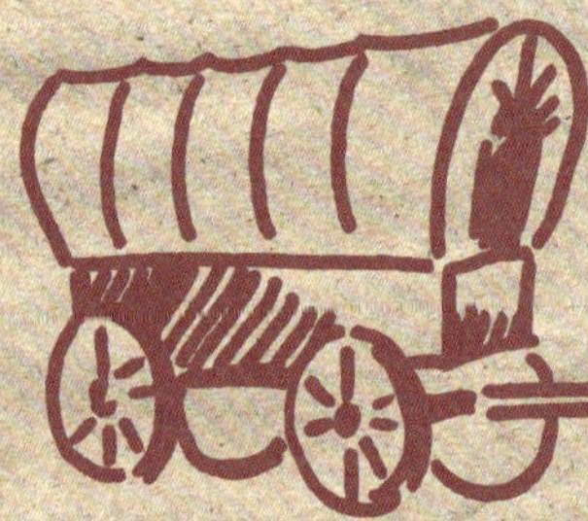

TICKER --- TICKER --- TICKER --- TICKER --- TICKER --- TICKER

0-0,5 km (0-0,3 mi) Lassen Peak Trail führt in drei längeren Serpentinen aufwärts durch karges Terrain (nordöstlich) --- **0,5-1,0 km** (0,3-0,6 mi) Weg führt gerade aufwärts durch lichten Wald --- **1,0-1,4 km** (0,6-0,9 mi) Weg führt aufwärts in Serpentinen entlang des Bergrückens, Baumbewuchs nimmt ab (nordwestlich/nordöstlich) --- **1,4-1,7 km** (0,9-1,1 mi) Weg führt fast eben in Serpentinen --- **1,7-2,0 km** (1,1-1,3 mi) Weg führt gerade aufwärts --- **2,0-3,3 km** (1,3-2,1 mi) Weg führt steil aufwärts in Serpentinen, später gerade durch felsiges Terrain (nordöstlich) --- **3,3 km** (2,1 mi) Plattform Lassen Peak erreicht --- **3,4-3,6 km** (2,1-2,3 mi) Weg führt erst abwärts, dann eben --- **3,6-3,7 km** (2,3-2,3 mi) Weg führt sehr steil in engen Serpentinen zum Gipfel --- **3,7 km** (2,3 mi) Lassen Peak erreicht

Lassen Peak

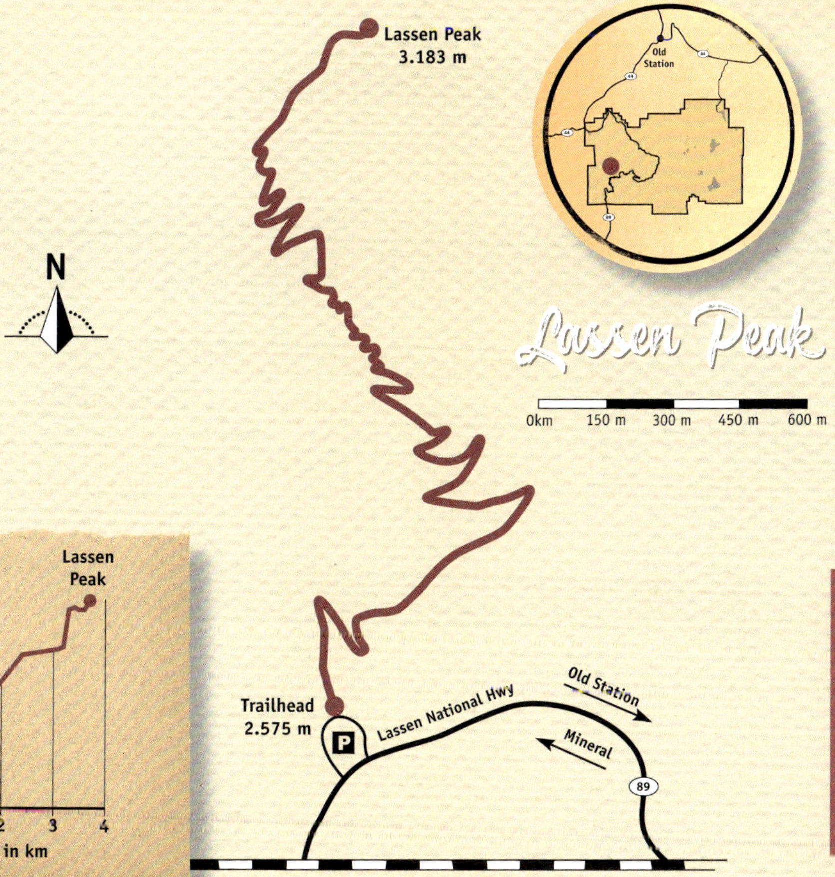

Lassen Peak
3.183 m

Old
Station

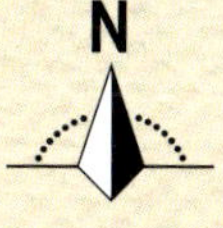

0km 150 m 300 m 450 m 600 m

Trailhead
2.575 m

P

Lassen National Hwy

Old Station

Mineral

89

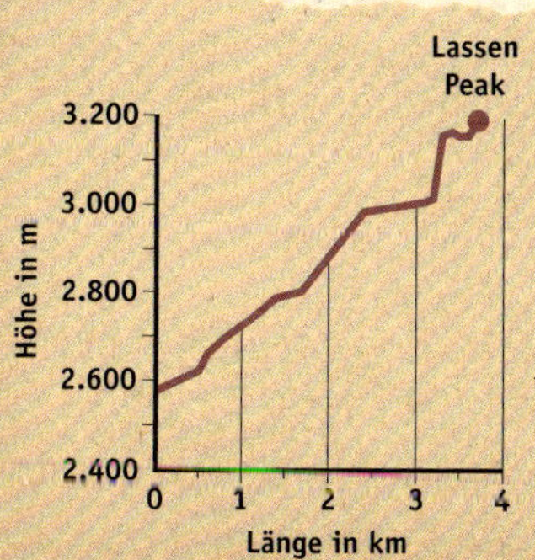

Register

ORTE UND WANDERZIELE

Auf einen Blick NÜTZLICHE TIPPS UND HINWEISE ZUR REISEPLANUNG

Anfahrtswege zum Trailhead – hier genug Zeit einplanen, gerade wenn Dirt Roads Teil der Anfahrt sind. ⚠ Viele Straßen im Winter gesperrt.

Auto – ein SUV mit „High Clearance" ist für eine längere Reise in den USA immer empfehlenswert.

Campingbedarf – ein Teil des Campingbedarfs sollte mitgebracht werden. Dinge wie eine Kühltasche oder ggf. Campingstühle kann man günstig in Warenhausketten wie z. B. Walmart kaufen und sie nach der Reise in Unterkünften oder Missionen verschenken.

Tanken – insbesondere bei weiteren Strecken oder Touren ins Hinterland immer darauf achten, genug Benzin im Tank zu haben.

Wanderwege – in höheren Lagen ist bis Juli Schnee möglich. Die Gewässerstände von Flüssen und Seen sind abhängig von Jahreszeiten und Niederschlagsmengen.

WLAN – wird in den USA mittlerweile kostenfrei in Hotels, Visitor Centers, Büchereien und einigen Supermärkten angeboten. Auf Naturcampingplätzen und in den Bergen existiert häufig weder WLAN noch Mobilfunkempfang.